캐릭터 소개

까비
호기심 많고 장난꾸러기이나 언제나 친구들을 위해 위험을 무릅쓰는 소년이다.

슬기
지식 내공이 높은 소녀로 주위 사람들을 잘 도와주고 미션을 제시한다.

토토

척척박사인 슬기의 애완견으로 까비의 미션 성공을 위해 많은 도움을 준다.

JN338744

엑셀 2016과 함께
테마공원 운영하기

초판 발행일 | 2021년 1월 20일
지은이 | 해람북스 기획팀
펴낸이 | 박재영
총편집인 | 이준우
기획진행 | 유효섭, 김미경
편집디자인 | 김영리

(주)해람북스
주소 | 서울시 용산구 한남대로 11길 12, 6층
문의전화 | 02-6337-5419 팩스 02-6337-5429
홈페이지 | http://www.hrbooks.co.kr

발행처 | (주)미래엔에듀파트너   **출판등록번호** | 제2016-000047호

ISBN 979-11-6571-115-3 13000

이 책은 저작권법에 따라 보호받는 저작물이므로 무단전재와 무단복제를 금지하며, 이 책 내용의 전부 또는 일부를 이용하려면 반드시 저작권자와 (주)미래엔에듀파트너의 서면동의를 받아야 합니다.

※ 잘못된 책은 바꾸어 드립니다.
※ 책 가격은 뒷면에 있습니다.

이 책의 구성

미션을 모두 성공하려면 이 책이 어떻게 구성되어 있고 따라해야 하는지 잘 알고 있어야겠죠? 미션 성공을 위해 이 책의 구성을 잘 살펴보세요.

타자 체크
수업 시작 전 날짜와 타자 연습한 기록을 적습니다.

오늘의 미션
해당 장에서 배울 기능을 미션으로 제시해 줍니다.

미션 Hint
따라하기를 하기 전 미션에서 제시한 기능을 설명합니다.

예제 따라하기
미션에서 제시된 기능들을 따라하기를 통해 학습합니다.

❺ [B6:B9] 셀을 마우스로 드래그하여 선택하고 서식 도구

[셀 서식]
테두리 색과 테두리
지정할 수 있단다!

토토가 알려주는 Tip
따라하기 쉽게 하기 위한 방법이나 보충 설명을 토토가 자세히 알려줍니다.

재미 Fun 실력 Up
셀에 입력한 내용을
글자를 변경할 수 있

재미 Fun 실력 Up
해당 장에서 배운 기능들에 대한 퀴즈를 풀어봅니다.

컴속 해결사

쑥쑥! 실력 키우기

컴속 해결사
따라하기 설명에 포함되지 않지만 중요한 내용들을 토토가 자세히 알려줍니다.

실력 쑥쑥!
배운 내용을 반복해서 학습하고 응용할 수 있도록 혼자서 문제를 풀어 봅니다.

도전! 자격증
배운 기능 레벨에 맞는 자격증 문제를 혼자서 풀어봅니다.

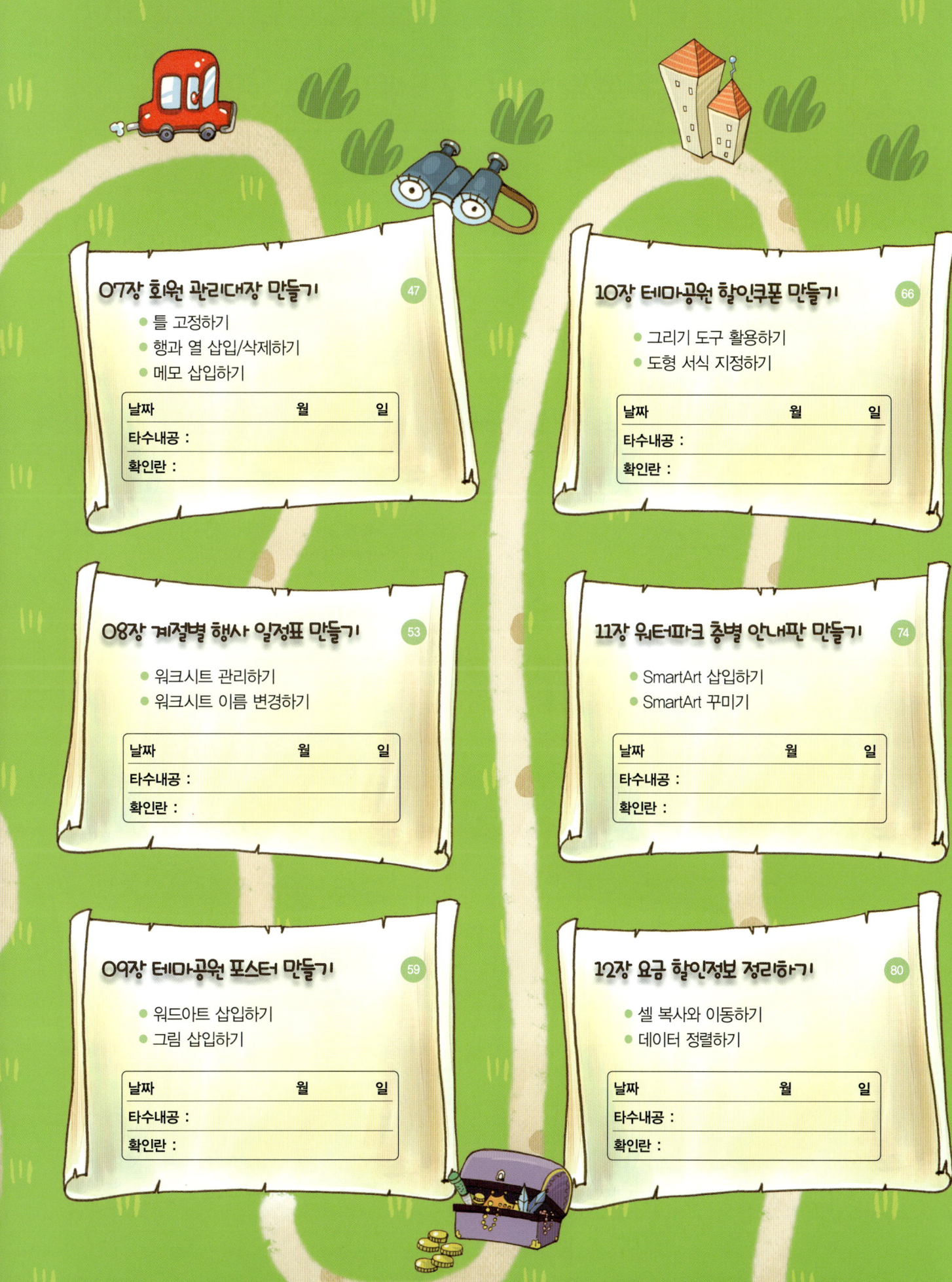

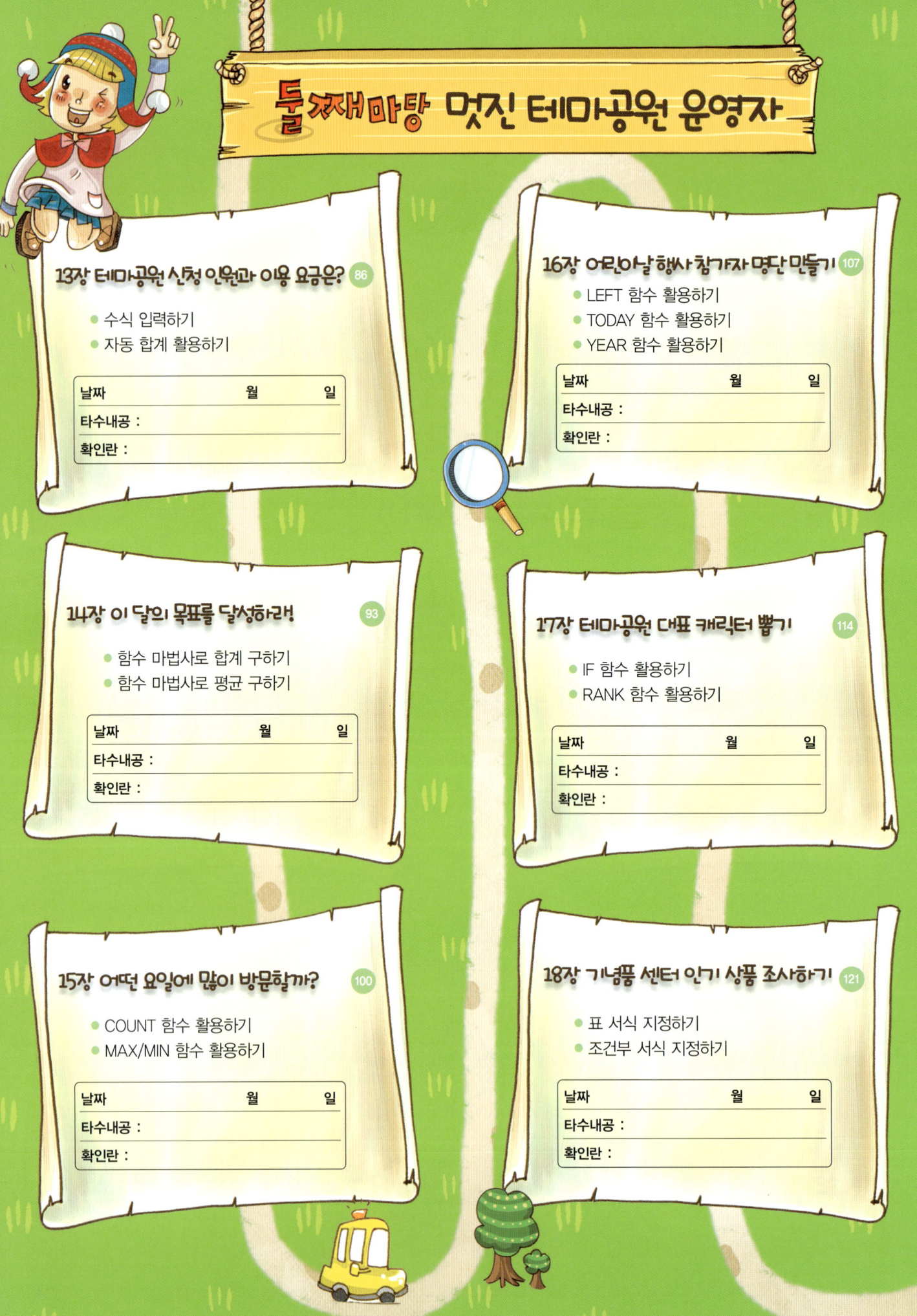

19장 사파리 인기 동물 투표하기 127
- 차트 삽입하기
- 차트 디자인 설정하기

날짜	월	일
타수내공 :		
확인란 :		

22장 테마공원 만족도 조사하기 146
- 고급 필터 활용하기
- 다른 위치에 결과 복사하기

날짜	월	일
타수내공 :		
확인란 :		

20장 계절별 동물원 방문 인원 구하기 133
- 차트 종류 변경하기
- 원형 차트 편집하기

날짜	월	일
타수내공 :		
확인란 :		

23장 방문객 연령대 살펴보기 152
- 부분합 활용하기
- 윤곽 기호 활용하기

날짜	월	일
타수내공 :		
확인란 :		

21장 생일 회원들에게 선물 보내기 140
- 자동 필터 사용하기
- 사용자 지정 자동 필터 활용하기

날짜	월	일
타수내공 :		
확인란 :		

24장 테마공원 매출액 확인하기 157
- 피벗 테이블 만들기
- 피벗 테이블 도구 모음 활용하기

날짜	월	일
타수내공 :		
확인란 :		

01 엑셀 2016 화면 구성을 살펴보아요.

테마공원을 운영하는 프로젝트를 맞게 된 까비가 슬기의 도움을 받아 운영에 필요한 문서와 통계를 엑셀로 작성하는 방법을 배우게 되었어요. 그럼 엑셀이 어떤 프로그램인지 먼저 살펴보아요.

① 바탕화면의 바로가기 아이콘()을 더블클릭하거나 [⊞]-[Excel 2016] 메뉴를 차례대로 클릭합니다.

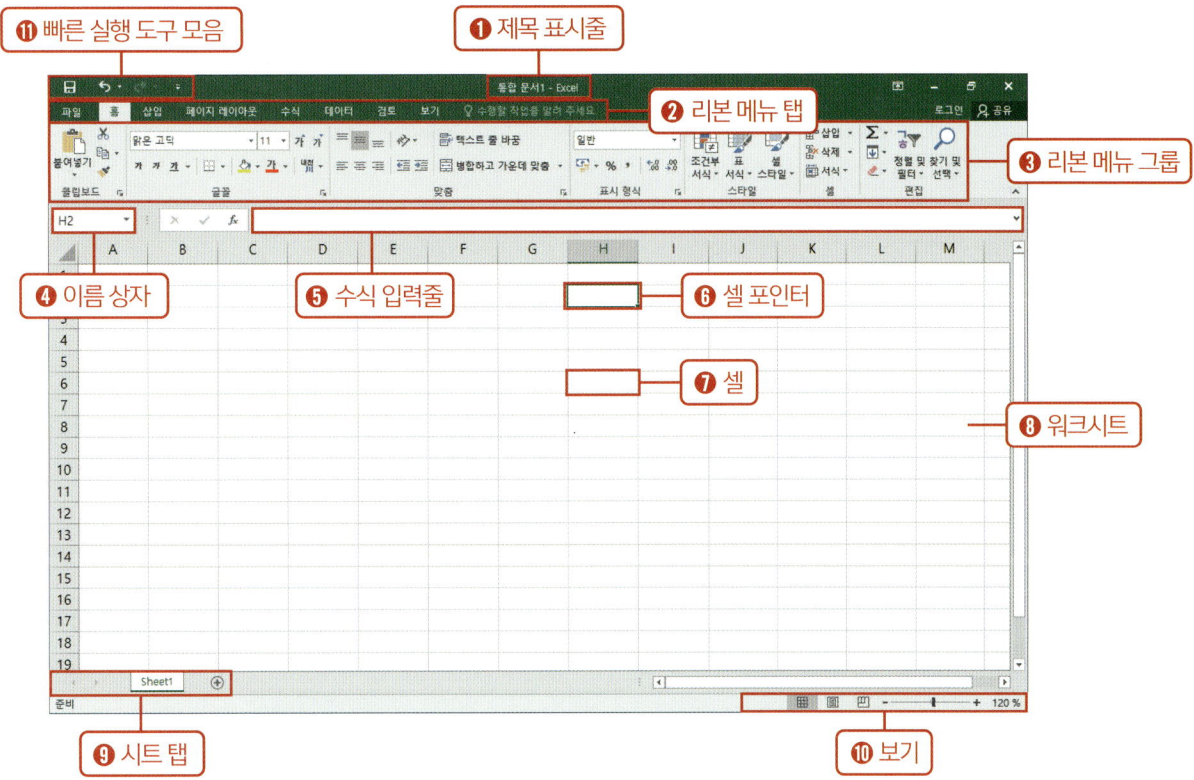

❶ 현재 작업 중인 파일 이름이 표시됩니다.
❷ 해당 탭에 해당하는 명령이 표시됩니다.
❸ 각 리본 메뉴 탭에 해당하는 기능을 모아 아이콘 형태로 제공합니다.
❹ 현재 선택된 셀의 주소나 이름이 표시됩니다.
❺ 수식을 입력하거나 입력된 수식이 표시됩니다.
❻ 현재 선택되어 있는 셀을 표시해줍니다.
❼ 행과 열이 만나는 곳으로 셀마다 내용을 입력합니다.
❽ 셀로 이루어진 하나의 문서입니다.
❾ 시트 이동 및 이름을 표시해 줍니다.
❿ 시트의 화면 보기 변경 및 확대/축소를 제공합니다.
⓫ 자주 사용하는 명령을 추가하여 사용합니다.

문자와 숫자를 입력해보아요.

입장료를 정하려면 즐길거리의 이름과 숫자를 입력해야겠죠? 엑셀은 문자, 숫자, 날짜, 시간 등을 알아서 구분해준답니다. 워크시트에 문자와 숫자를 입력해볼까요?

1 마우스로 [B2] 셀을 클릭하거나 키보드의 방향키를 이용해 셀 포인터를 [B2] 셀에 위치시킵니다.

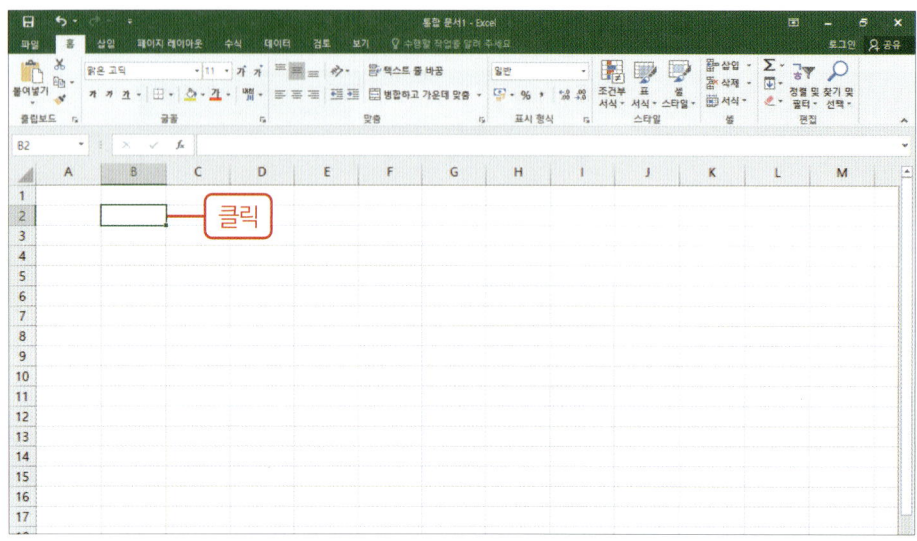

2 [B2] 셀에 "즐길거리"를 입력하고 Enter 를 누릅니다.

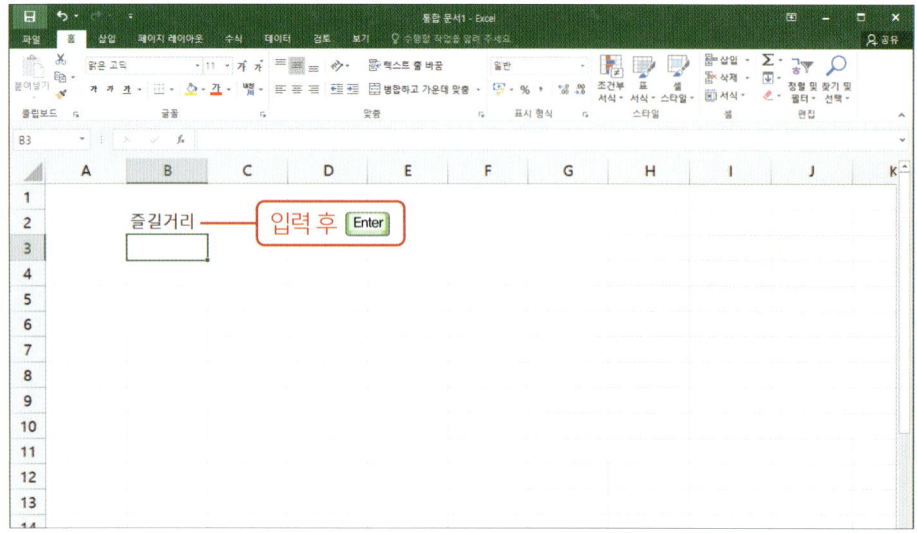

 엑셀에서는 글자를 입력한 후 Enter 나 Tab , 방향키 등을 눌러야 입력이 마무리돼!

③ 같은 방법으로 즐길거리의 이름을 입력합니다. 이어서 [C2] 셀을 클릭하고 "어린이"를 입력한 후 Tab 을 누릅니다.

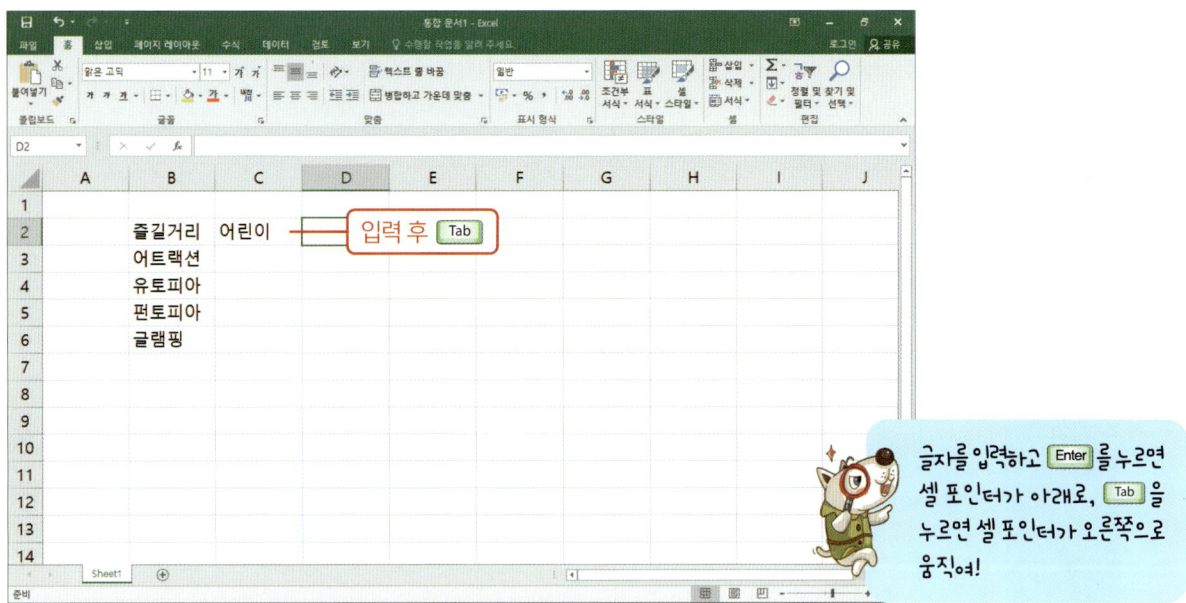

④ 같은 방법으로 다음과 같이 글자를 입력합니다.

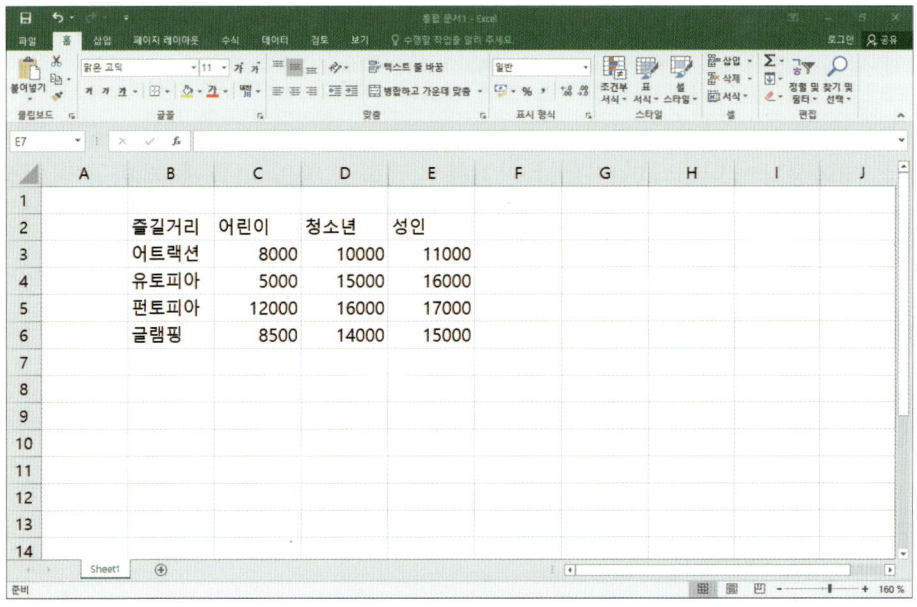

입력한 내용 수정하기

셀에 입력한 내용을 수정하려면 수정할 셀을 선택한 후 F2 를 누르거나 셀을 더블 클릭해요. 또 수정할 셀을 선택하고 수식 입력줄에서 바로 수정해도 돼요.

03 문서를 저장해보아요.

작성한 내용을 방문객에게 보여주려면 문서를 저장해야겠죠?
그럼, 테마공원 입장료 문서를 저장하는 방법을 알아보아요.

① [파일] 탭-[저장]-[찾아보기] 메뉴를 클릭하거나 빠른 실행 도구 모음의 [저장(🖫)]을 클릭합니다.

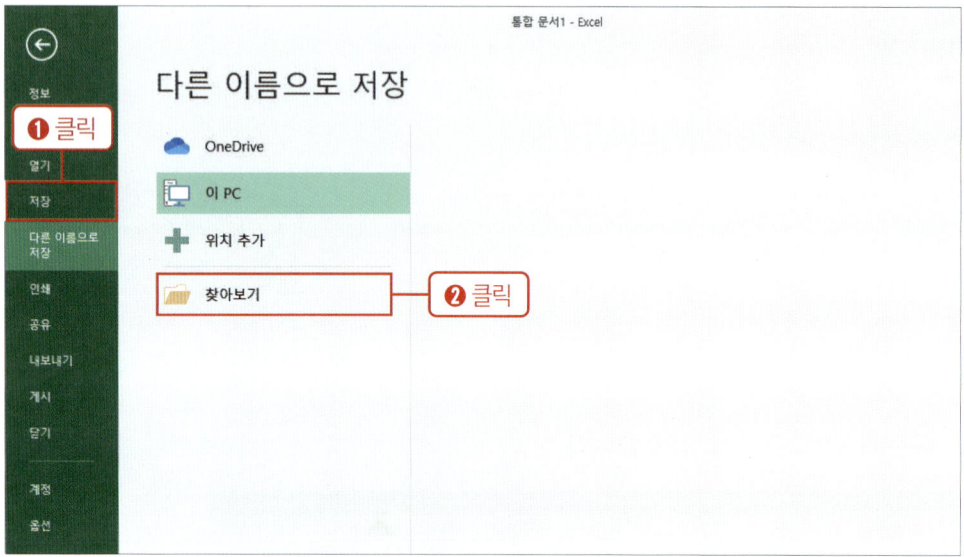

② [다른 이름으로 저장] 대화상자가 나타나면 저장할 위치를 지정하고 파일 이름에 "테마공원 입장료"를 입력한 후 [저장] 단추를 클릭합니다.

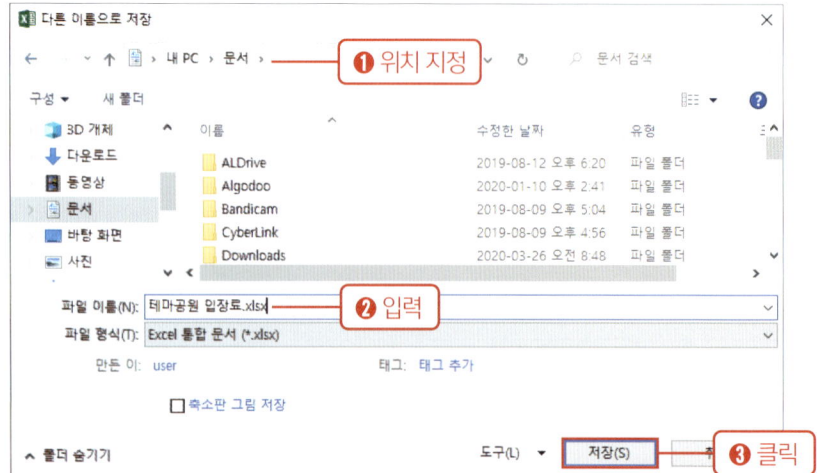

쑥쑥! 실력 키우기

1 친구들의 전화번호와 생일 목록을 만들고 '친구 연락처'로 저장해보세요.

	A	B	C	D	E
1					
2	친구 연락처				
3					
4	이름	생일	전화번호		
5	김은영	05월 05일	010-1212-2222		
6	유지민	10월 05일	010-5554-2135		
7	우희연	12월 23일	010-1111-2222		
8	최연우	07월 12일	010-4747-5858		
9	채시원	06월 13일	010-1254-3232		
10	황민주	12월 25일	010-8457-1212		

Hint [파일] 탭-[새로 만들기] 메뉴를 이용해 새 문서에서 작성하세요.

2 용돈 기입장을 만들고 '용돈 기입장'으로 저장해보세요.

	A	B	C	D	E
1					
2	12월 용돈 기입장				
3					
4	날짜	차비	간식	기타	
5	12월 06일	2000	1000	0	
6	12월 10일	2000	1500	3200	
7	12월 12일	2000	3000	0	
8	12월 15일	2000	0	0	
9	12월 24일	2500	0	0	
10	12월 30일	1500	1500	1200	

Hint 날짜는 "2-3"이나 "2/3"처럼 입력해보세요.

01 특수 문자와 한자를 입력해보아요.

다양한 기호와 한자를 이용하면 테마공원에 더 예쁜 이름을 지을 수 있겠죠?
저장해 놓았던 문서를 불러와 테마공원별로 이름을 붙여볼까요?

1 [파일] 탭-[열기]-[찾아보기] 메뉴를 클릭합니다. [열기] 대화상자에서 저장해 놓은 '테마공원 입장료.xlsx' 파일을 선택하고 [열기] 단추를 클릭합니다.

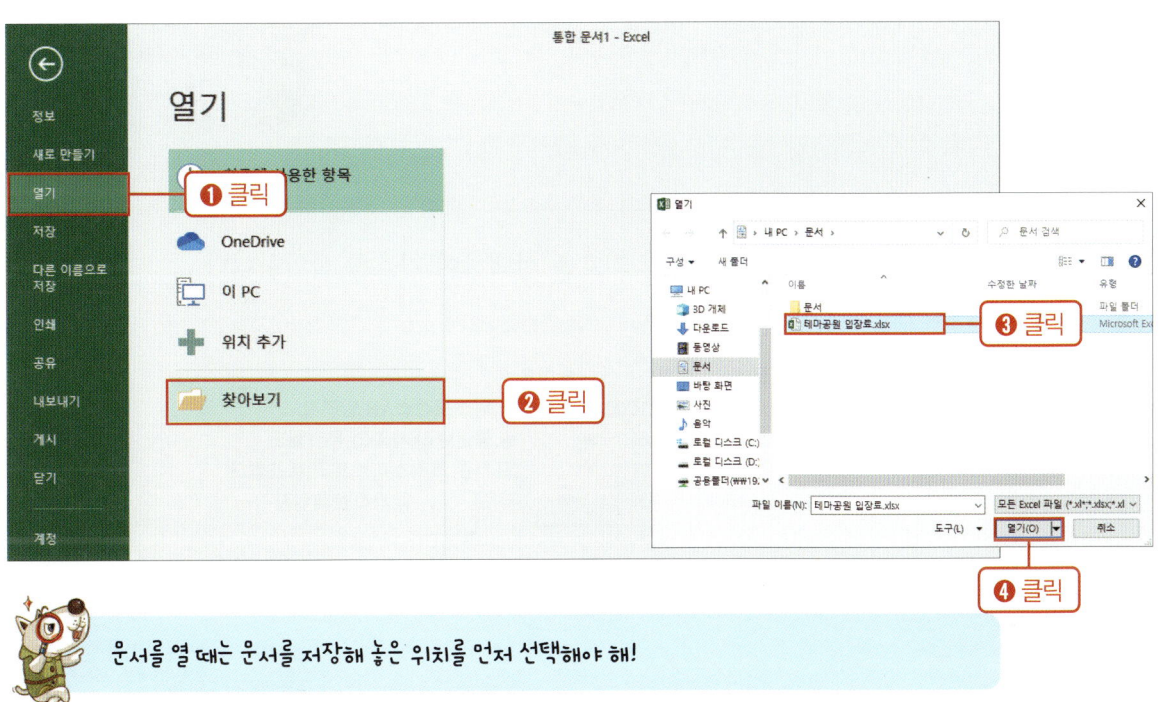

문서를 열 때는 문서를 저장해 놓은 위치를 먼저 선택해야 해!

2 엑셀 문서가 열리면 다음과 같이 내용을 입력합니다.

	A	B	C	D	E	F
1						
2		줄길거리	어린이	청소년	성인	세부이름
3		어트랙션	8000	10000	11000	콜롬버스,익스프레스,VR,빌리지
4		유토피아	5000	15000	16000	판다동물원,펭귄나라,사파리,몽키월드
5		펀토피아	12000	16000	17000	하늘공원,포시즌,크리스마스트리,로즈월드
6		글램핑	8500	14000	15000	BBQ패키지,쥬쥬패키지,카라반패키지

입력

❸ [F3] 셀을 더블클릭하고 "콜" 앞에 커서를 위치시킨 후 "ㅁ"을 입력합니다.

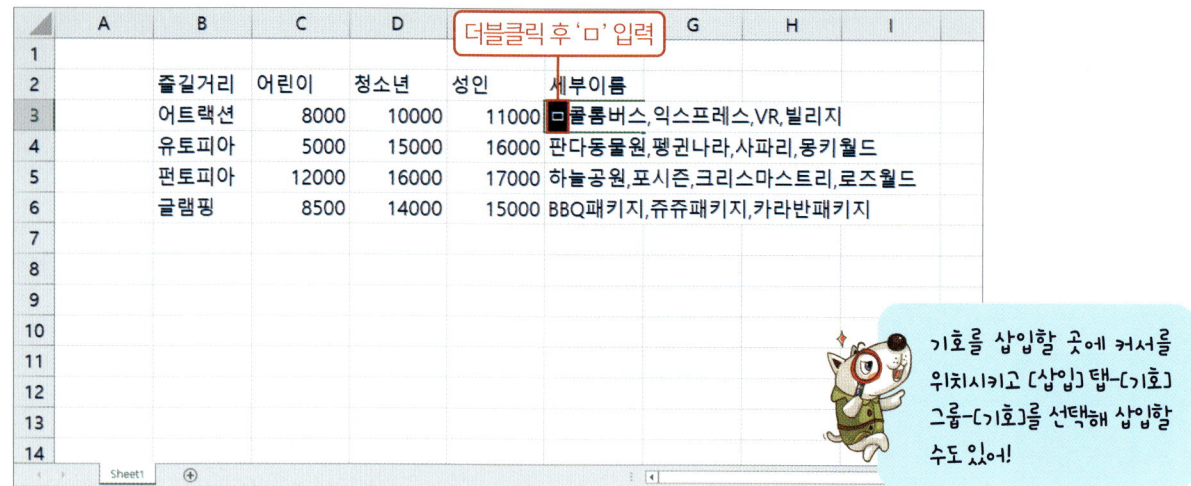

❹ [한자]를 눌러 기호 목록이 나타나면 삽입할 기호를 선택하여 기호를 삽입합니다.

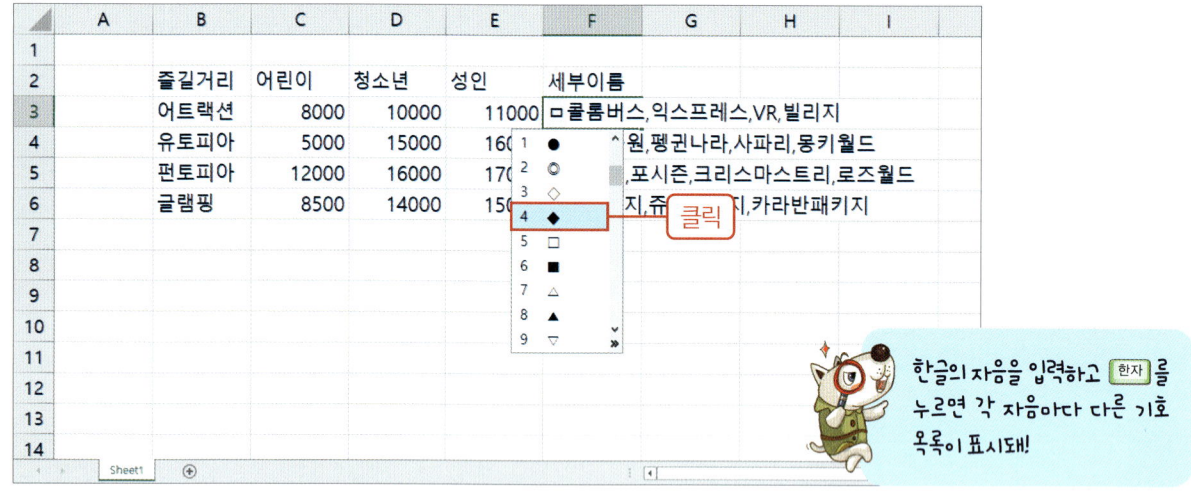

❺ 같은 방법으로 다음과 같이 예쁜 기호들을 삽입해봅니다.

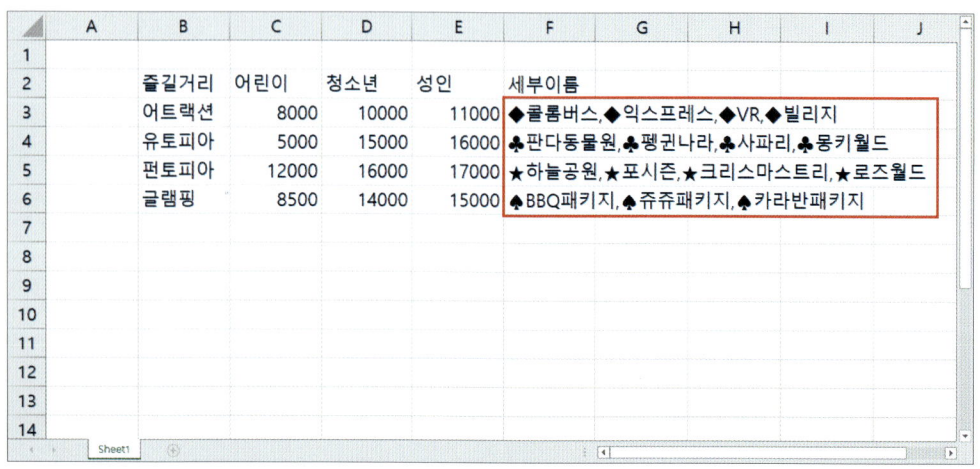

❻ 동물원을 한자로 변환하기 위해 [F4] 셀을 더블클릭하고 "동물원"을 영역 선택합니다.

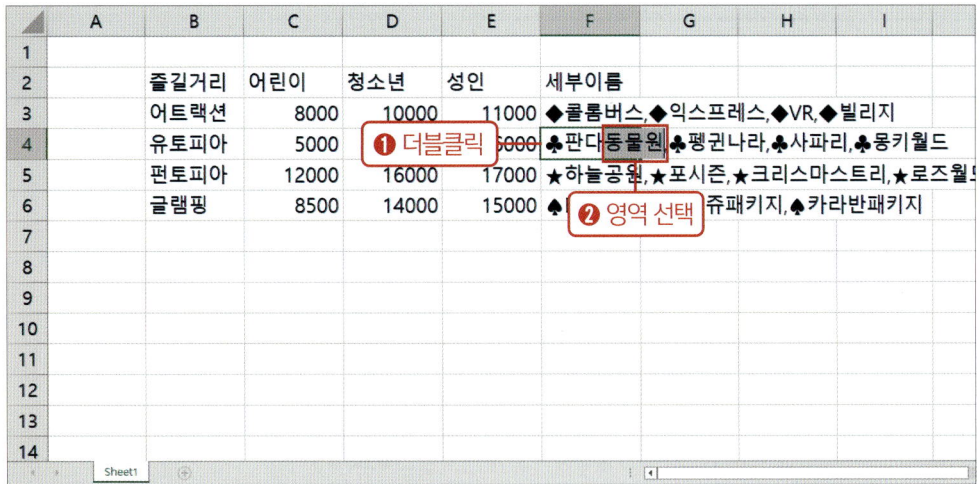

❼ [한자]를 누르면 나타나는 [한글/한자 변환] 대화상자에서 변환할 한자를 선택하고 [입력 형태]로 '漢字'를 선택한 후 [변환] 단추를 클릭합니다.

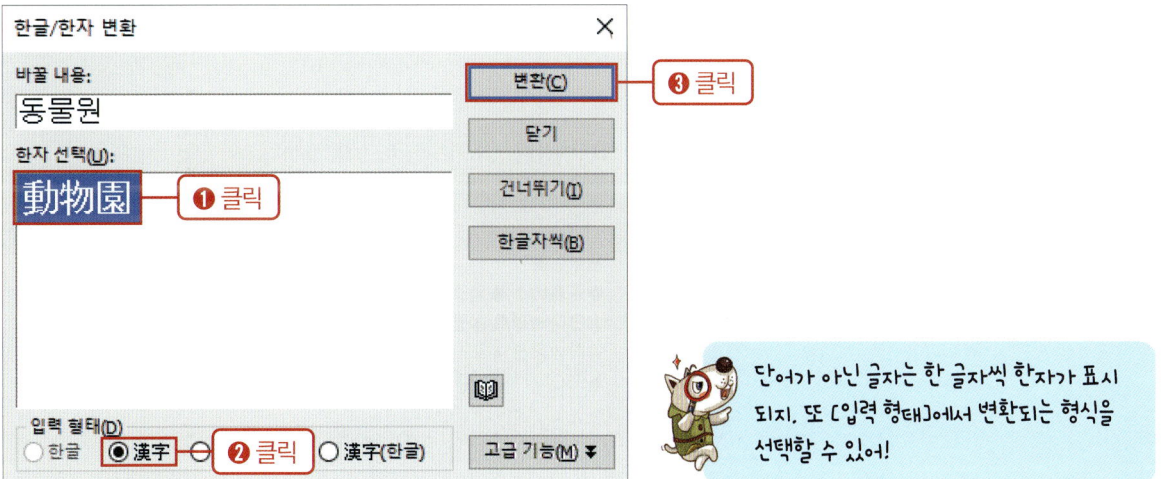

단어가 아닌 글자는 한 글자씩 한자가 표시되지, 또 [입력 형태]에서 변환되는 형식을 선택할 수 있어!

셀 크기를 변경해보아요.

보기 좋은 문서를 만들려면 글자 크기와 셀의 크기를 맞추는 것이 더 좋겠죠? 마우스를 이용해 셀의 크기를 변경하는 방법을 알아보아요.

① 글자에 맞게 셀 크기를 변경하기 위해 [F] 열과 [G] 열 머리글 사이에 마우스 포인터를 위치시키고 마우스 포인터가 ✥ 모양으로 바뀌면 드래그하여 크기를 변경합니다.

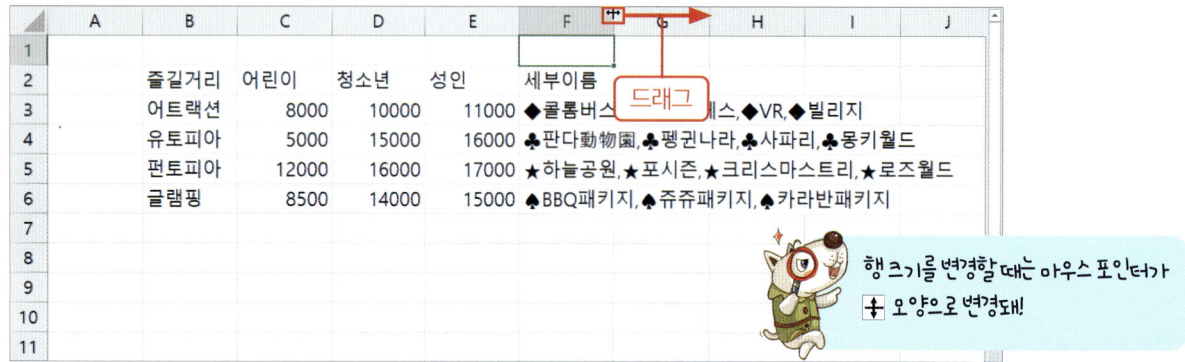

② 열을 선택하기 위해 [C] 열 머리글에서 [E] 열 머리글까지 드래그합니다.

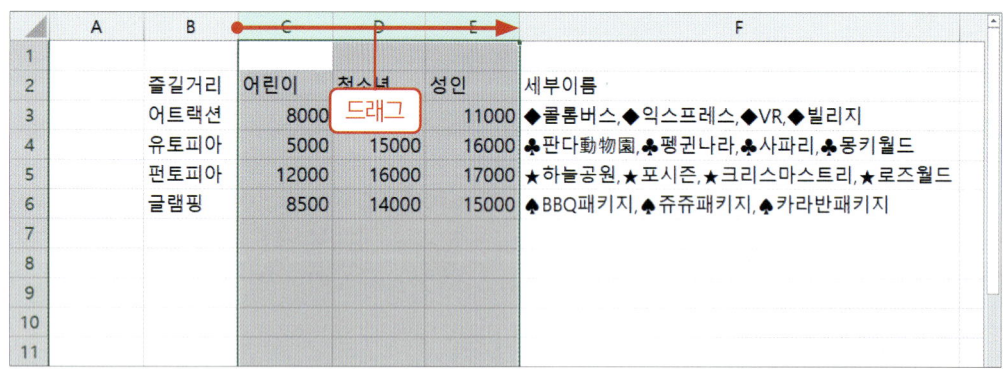

③ [E] 열과 [F] 열 머리글 사이에 마우스 포인터를 위치시키고 마우스 포인터가 ✥ 모양으로 바뀌면 더블클릭합니다.

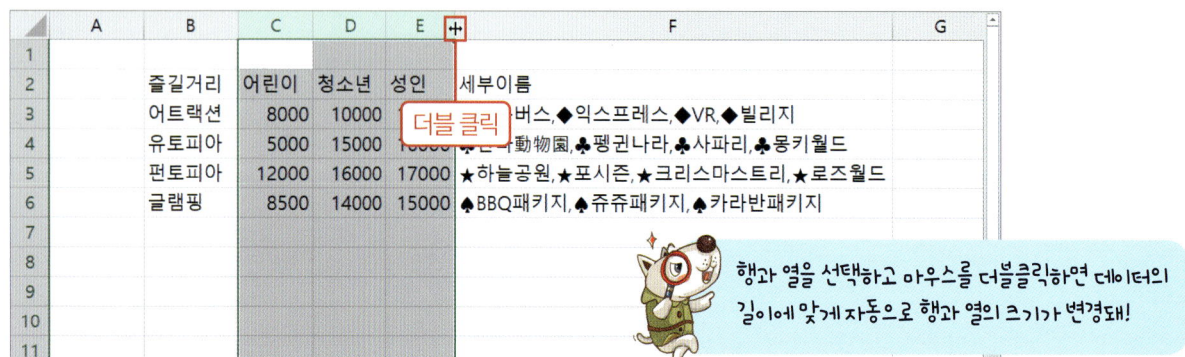

암호를 지정하여 저장해보아요.

아직 개장하지 않은 상태에서 테마공원 이름이 알려지면 안 되겠죠?
테마공원 이름이 적힌 문서에 암호를 지정하여 저장하는 방법을 알아보아요.

① [파일] 탭-[정보]-[통합 문서 보호]-[암호 설정]을 클릭합니다.

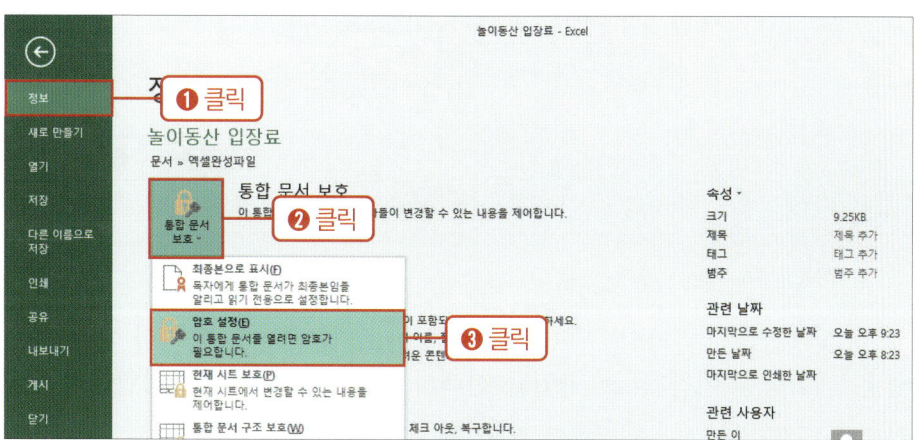

② [문서 암호화] 대화상자에서 [암호]를 "1234"로 입력하고 [확인] 단추를 클릭합니다.

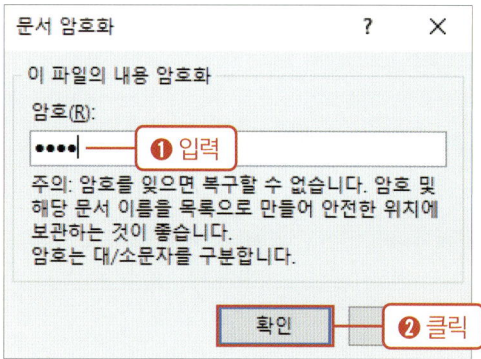

③ [암호 확인] 대화상자가 나타나면 앞서 입력한 암호와 동일한 암호를 입력하고 [확인] 단추를 클릭합니다.

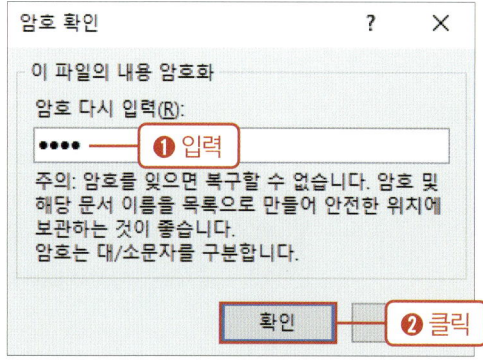

④ [파일] 탭-[다른 이름으로 저장]-[찾아보기] 메뉴를 클릭하여 [다른 이름으로 저장] 대화상자가 나타나면 파일 이름을 "테마공원 이름"으로 입력한 후 [저장] 단추를 클릭합니다.

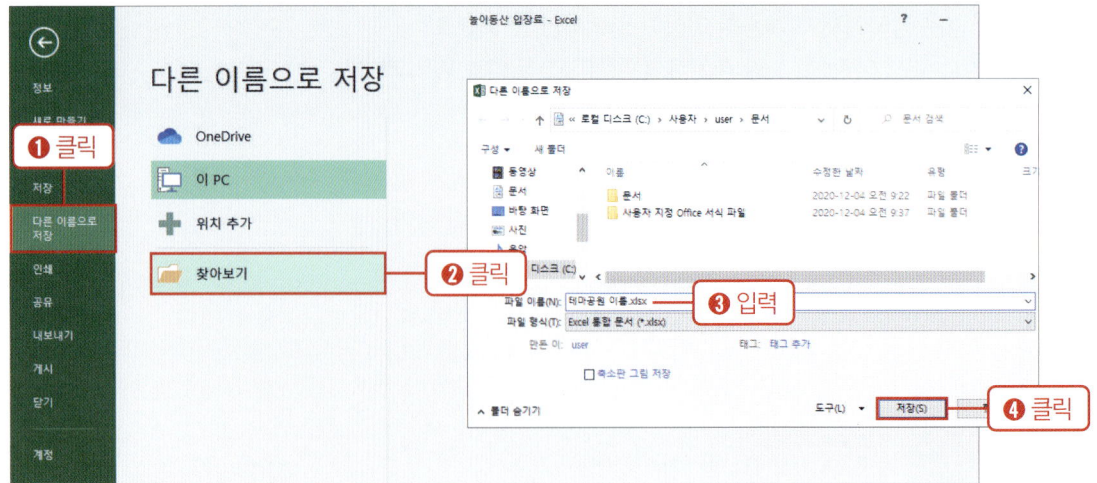

⑤ 엑셀을 종료하고 다시 실행합니다. [파일] 탭-[열기]-[찾아보기] 메뉴를 클릭한 후 [열기] 대화상자에서 저장해 놓은 '테마공원 이름.xlsx' 파일을 선택하고 [열기] 단추를 클릭합니다.

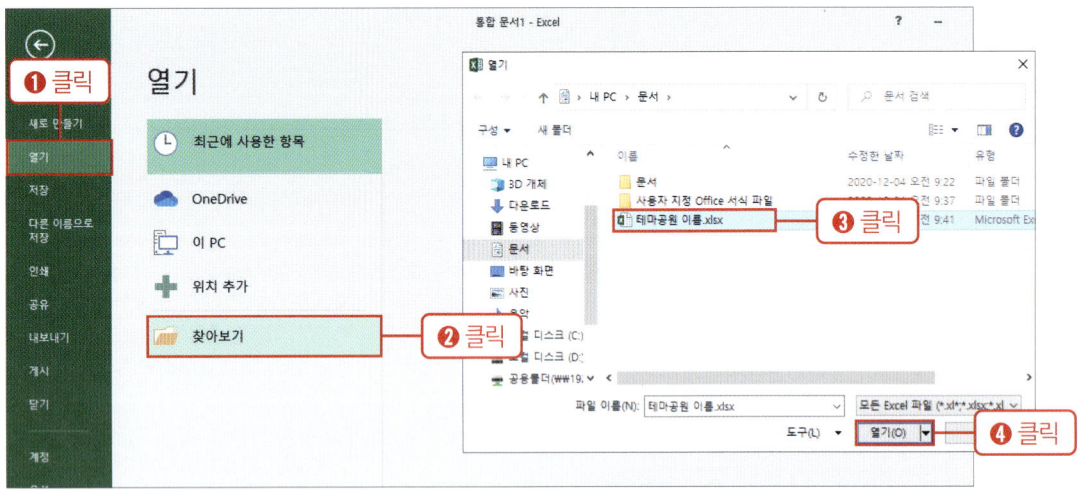

⑥ [암호] 대화상자가 나타나면 지정했던 암호를 입력하고, [확인] 단추를 클릭합니다.

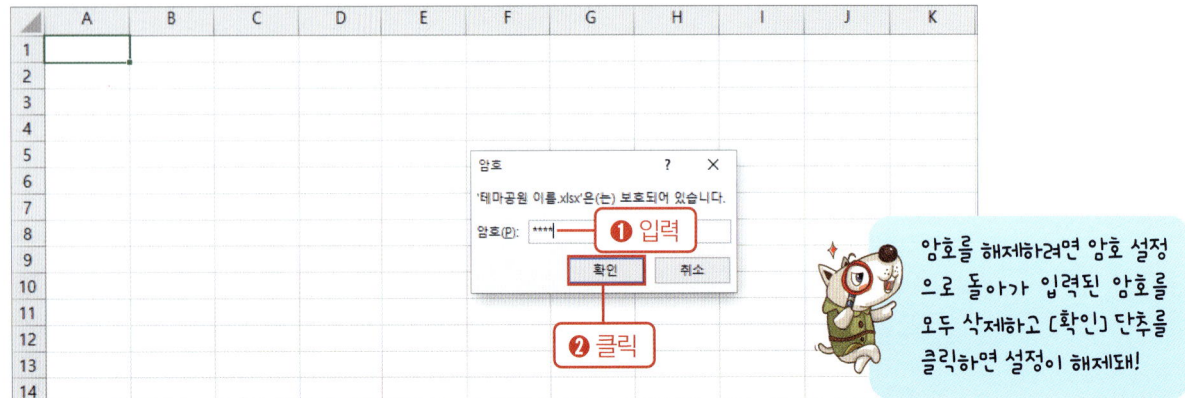

쑥쑥! 실력 키우기

1 '친구 연락처' 문서를 열고 다음과 같이 수정해 '친구 애정도'로 저장해보세요.

	A	B	C	D	E	F
1						
2	친구 연락처					
3						
4	이름	생일	전화번호	우정표현		
5	김은영	05월 05일	010-1212-2222	★★★★★		
6	유지민	10월 05일	010-5554-2135	★★★☆☆		
7	우희연	12월 23일	010-1111-2222	★★☆☆☆		
8	최연우	07월 12일	010-4747-5858	★★★☆☆		
9	채시원	06월 13일	010-1254-3232	★★★★★		
10	황민주	12월 25일	010-8457-1212	★★☆☆☆		
11						
12						

2 '용돈 기입장' 문서를 열고 다음과 같이 한자로 변환해보세요.

	A	B	C	D	E	F	G
1							
2	12月 용돈 기입장						
3							
4	날짜	차비	간식(間食)	기타(其他)			
5	12月 06日	2000	1000	0			
6	12月 10日	2000	1500	3200			
7	12月 12日	2000	3000	0			
8	12月 15日	2000	0	0			
9	12月 24日	2500	0	0			
10	12月 30日	1500	1500	1200			
11							
12							

3 한자로 변환한 문서를 암호를 지정해 '용돈정리'로 저장해보세요.
· 암호 : 5419

셀을 병합하고 글자 서식을 지정해보아요.

입력한 글자를 예쁘게 꾸미면 눈에도 잘 띄고 보기도 좋아요. 셀을 병합하고 글자 서식을 지정하여 운영 시간표를 예쁘게 꾸며볼까요?

1. [B2] 셀에 "테마공원 운영 시간표"를 입력하고 [B2:F2] 셀을 드래그하여 선택합니다.

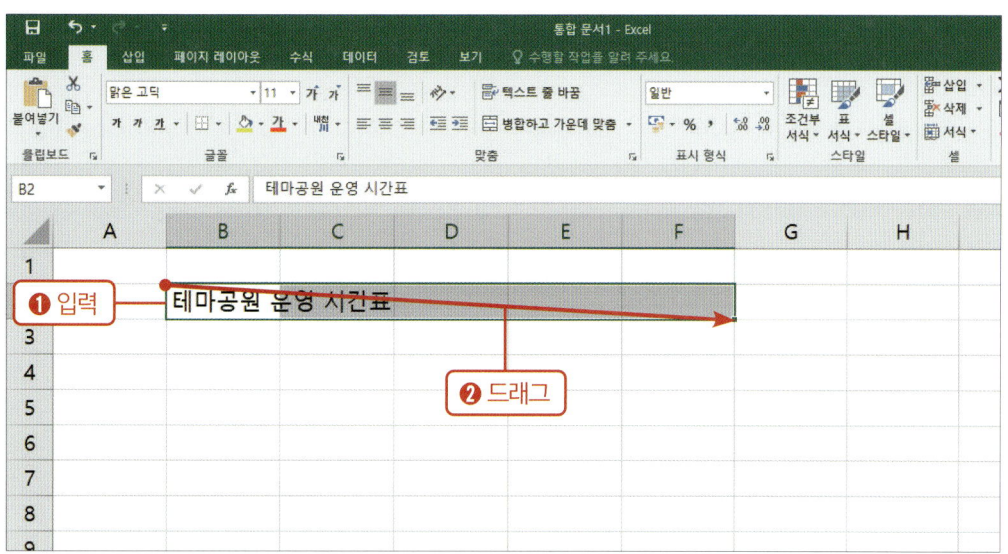

 Shift 를 누른 상태로 셀을 클릭하면 연속적인 셀을 선택할 수 있고 Ctrl 을 누른 상태로 셀을 클릭하면 떨어져 있는 셀을 선택할 수 있지!

2. [홈] 탭-[글꼴] 그룹에서 글꼴 'HY견고딕', 크기 '20', 글꼴 색 '파랑, 강조 1'로 설정한 후 [맞춤] 그룹에서 [병합하고 가운데 맞춤]을 클릭합니다.

[병합하고 가운데 맞춤]은 선택한 셀들을 하나로 합치고 가운데 정렬을 시켜주는 기능이야!

❸ 다음과 같이 운영 시간표 본문 내용을 입력합니다.

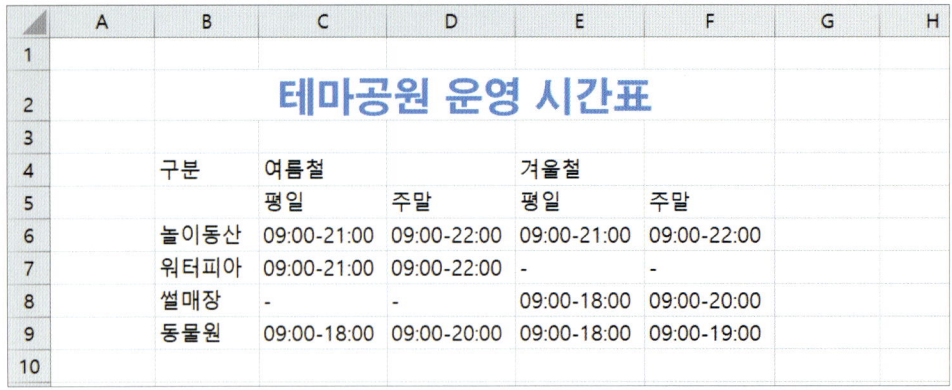

❹ [B4:F5] 셀을 드래그하여 선택한 후 [글꼴] 그룹-[굵게(가)]를 클릭합니다.

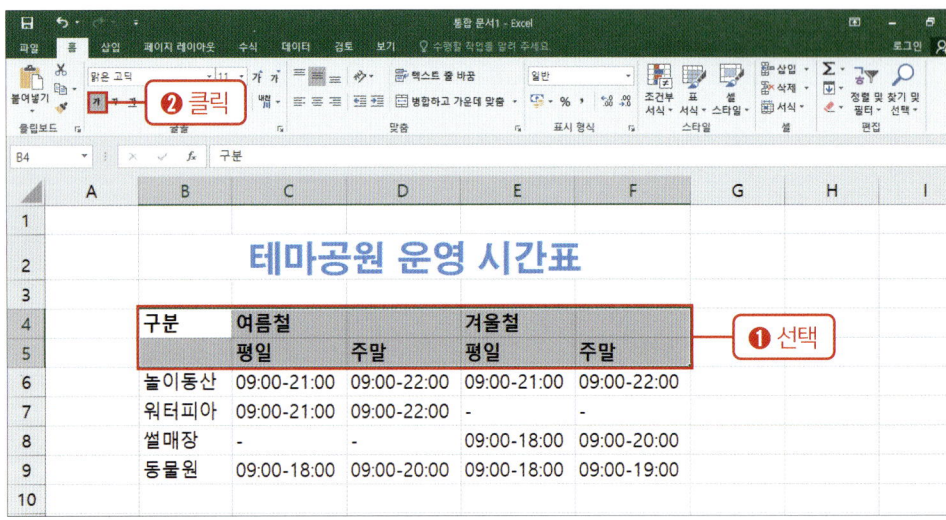

❺ [B6:B9] 셀을 드래그하여 선택한 후 [글꼴] 그룹-[굵게(가)]를 클릭합니다.

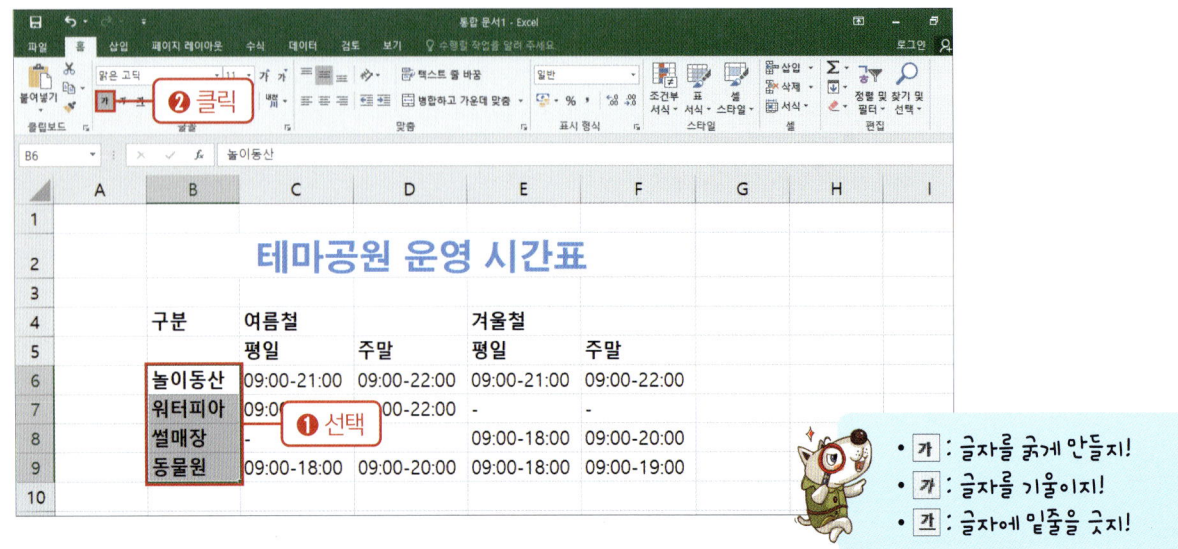

02 글자를 정렬하고 인쇄 내용을 확인해보아요.

운영 시간표를 방문객들이 더욱 쉽게 알아보도록 하려면 글자들이 잘 정렬되어 있어야겠죠? 맞춤 기능을 이용해 글자들을 정렬해보고, 인쇄될 운영 시간표의 내용을 미리 확인해보아요.

1. [B4:B5] 셀을 드래그하여 선택하고 Ctrl 을 누른 상태에서 [C4:D4], [E4:F4] 셀을 각각 드래그하여 선택한 후 [맞춤] 그룹-[병합하고 가운데 맞춤(国)]을 클릭합니다.

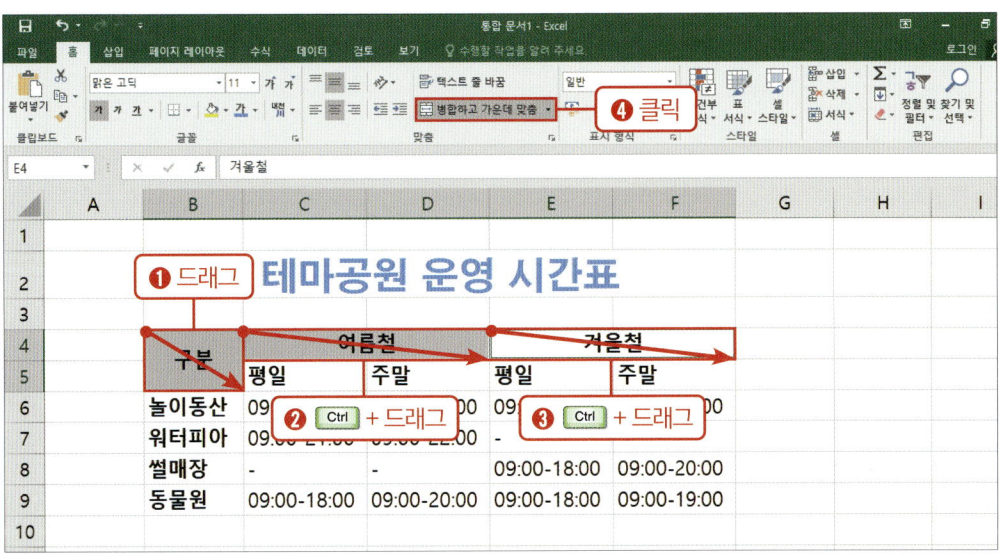

2. [B4:F9] 셀을 드래그하여 선택하고 [맞춤] 그룹-[가운데 맞춤(三)]을 클릭합니다.

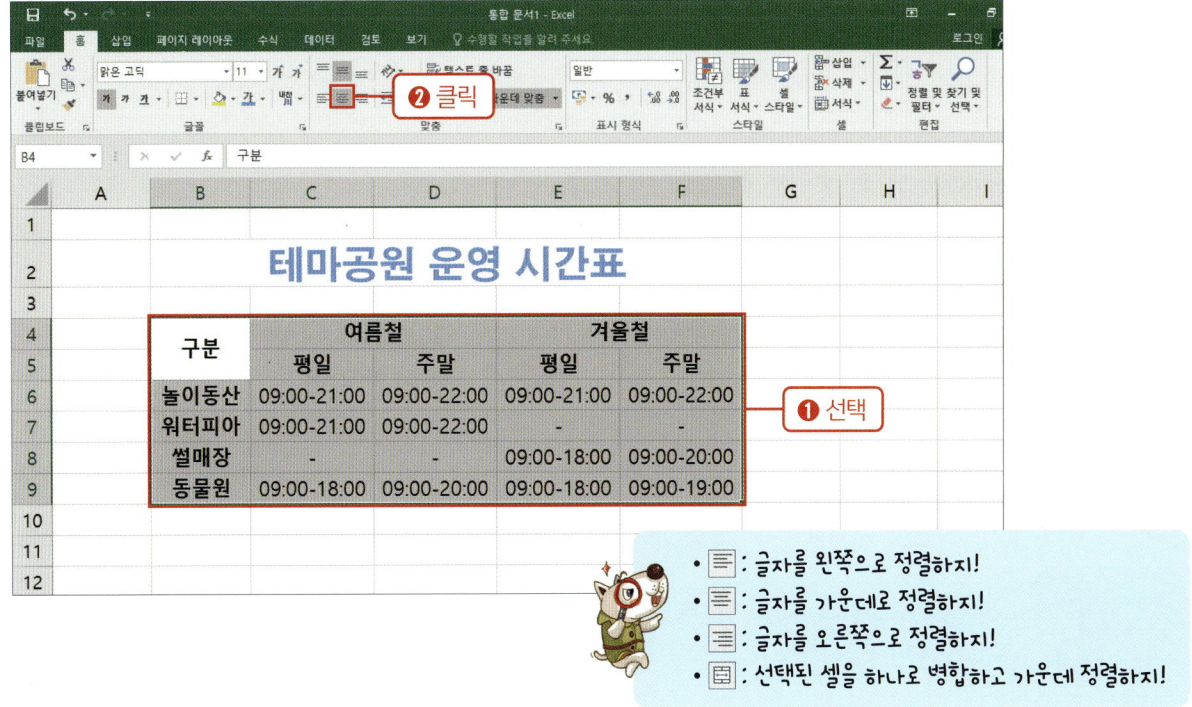

❸ 작성한 문서가 인쇄될 모양을 미리 확인하기 위해 [파일] 탭-[인쇄]-[페이지 설정]을 클릭합니다.

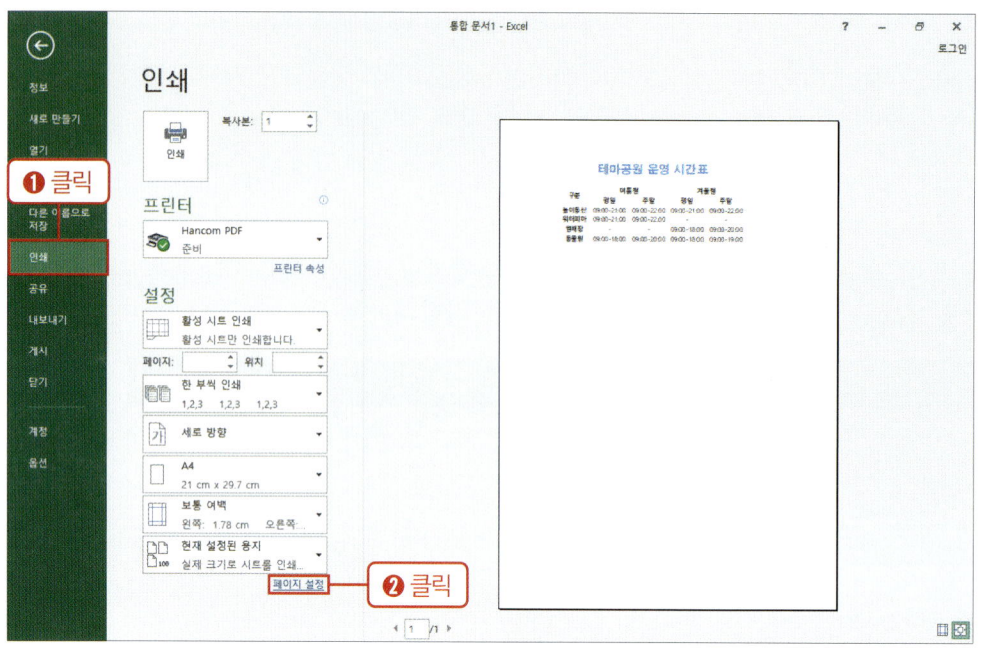

❹ [페이지 설정] 대화상자가 나타나면 [여백] 탭-[페이지 가운데 맞춤]에서 '세로'를 선택하고 [확인] 단추를 클릭합니다.

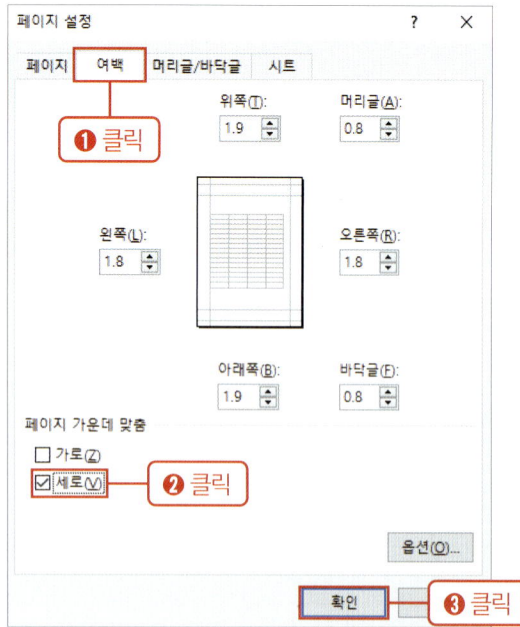

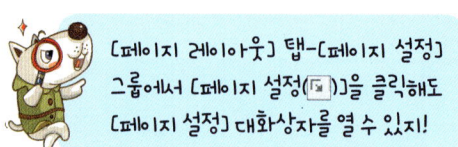

[페이지 레이아웃] 탭-[페이지 설정] 그룹에서 [페이지 설정(□)]을 클릭해도 [페이지 설정] 대화상자를 열 수 있지!

❺ 인쇄 내용이 가운데로 지정된 것을 확인하고, [닫기(✕)] 단추를 클릭하여 미리 보기 창을 닫습니다.

미리 보기 창에서 [여백 표시(□)] 단추를 클릭해 여백이 점선으로 표시되면 마우스로 드래그하여 여백을 조정할 수 있고, [페이지 확대/축소(□)] 단추를 클릭하면 보여지는 화면 비율을 확대하거나 축소할 수 있지!

쑥쑥! 실력 키우기

1 다음과 같이 생일에 맞는 별자리를 입력하고 글자를 자유롭게 꾸며보세요.

B	C	D	E
◎ 생일에 맞는 별자리 명칭 ◎			
12월25일~01월19일	염소자리	06월22일~07월22일	게자리
01월20일~02월18일	물병자리	07월23일~08월22일	사자자리
02월19일~03월20일	물고기자리	08월23일~09월23일	처녀자리
03월21일~04월19일	양자리	09월24일~10월22일	천칭자리
04월20일~05월20일	황소자리	10월23일~11월22일	전갈자리
05월21일~06월21일	쌍둥이자리	11월23일~12월24일	사수자리

※ HY견고딕, 16pt, 굵게, 글꼴 색 : 주황, 강조 2, 병합하고 가운데 맞춤

2 샌드위치 만들기 레시피를 입력한 후 글자를 자유롭게 꾸며보세요.

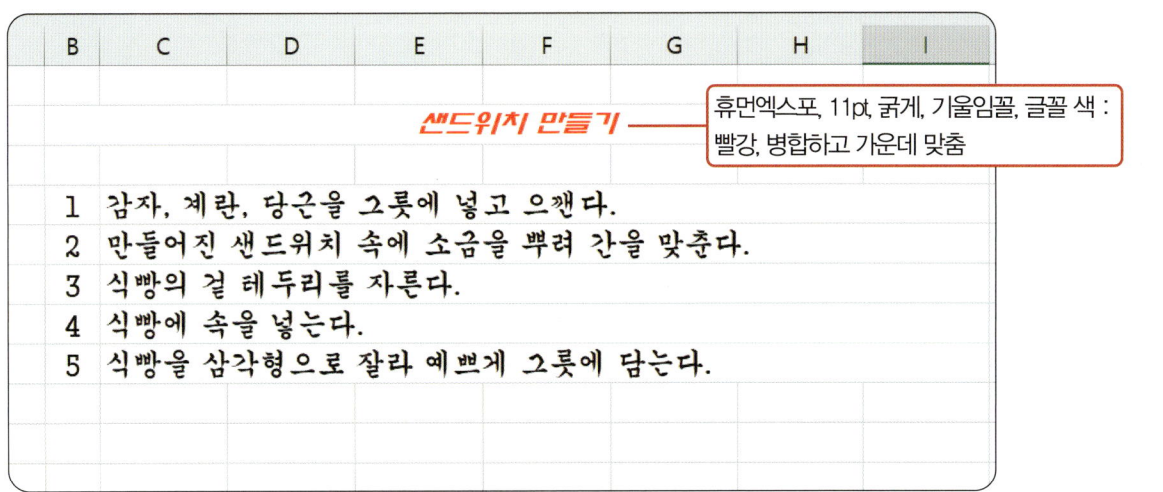

※ 휴먼엑스포, 11pt, 굵게, 기울임꼴, 글꼴 색 : 빨강, 병합하고 가운데 맞춤

3 '샌드위치 만들기' 문서의 '머리글' 여백과 '바닥글' 여백을 각각 '0'으로 만들어보세요.

테두리와 셀 배경을 지정해보아요.

방문객들이 놀이기구 주의사항을 쉽게 확인할 수 있도록 테두리와 배경색을 넣어 문서를 만들면 좋겠죠? 함께 테두리와 셀 배경을 지정하는 방법을 알아보아요.

① 다음과 같이 내용을 입력하고 열 너비를 글자에 맞게 변경합니다.

	A	B	C	D
1				
2		놀이기구 주의사항 및 가격		
3				
4		이용료		
5		대인	청소년	소인/경로
6		56,000원	45,000원	40,000원
7				
8		놀이기구이름	제한 키	
9		썬더폴스	100cm	
10		로스트벨리	100cm	
11		어드벤쳐	140cm	
12		로보카	80cm	

② [B2:D2] 셀을 드래그하여 선택하고 Ctrl 을 누른 상태에서 [B4:D4] 셀을 드래그하여 선택한 후 [홈] 탭-[맞춤] 그룹-[병합하고 가운데 맞춤(囯)]을 클릭합니다.

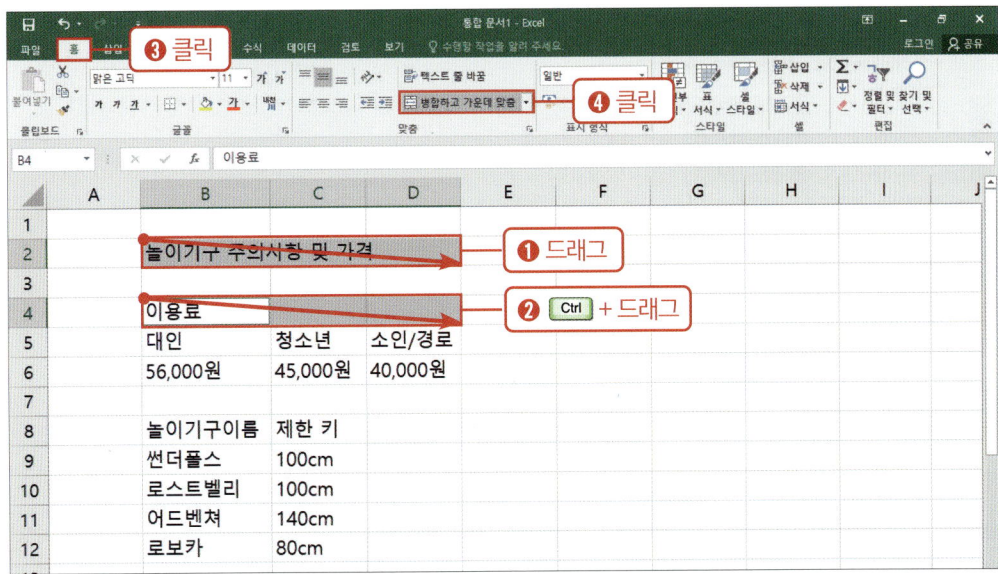

③ [B2] 셀을 클릭하고 [홈] 탭-[글꼴] 그룹에서 글꼴 'HY목각파임B', 크기 '15', 글꼴 색 '파랑, 강조 5'로 각각 지정합니다.

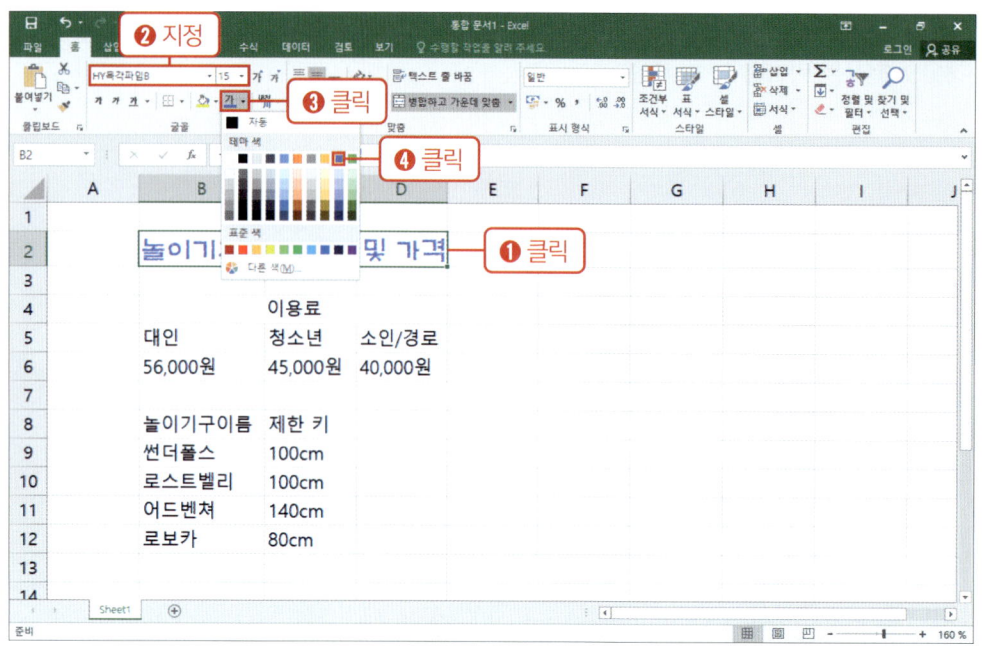

④ [B4:D6] 셀을 드래그하여 선택하고 Ctrl 을 누른 상태에서 [B8:C12] 셀을 드래그하여 선택한 후 [홈] 탭-[글꼴] 그룹-[테두리(⊞)]-[모든 테두리(⊞)]를 클릭합니다.

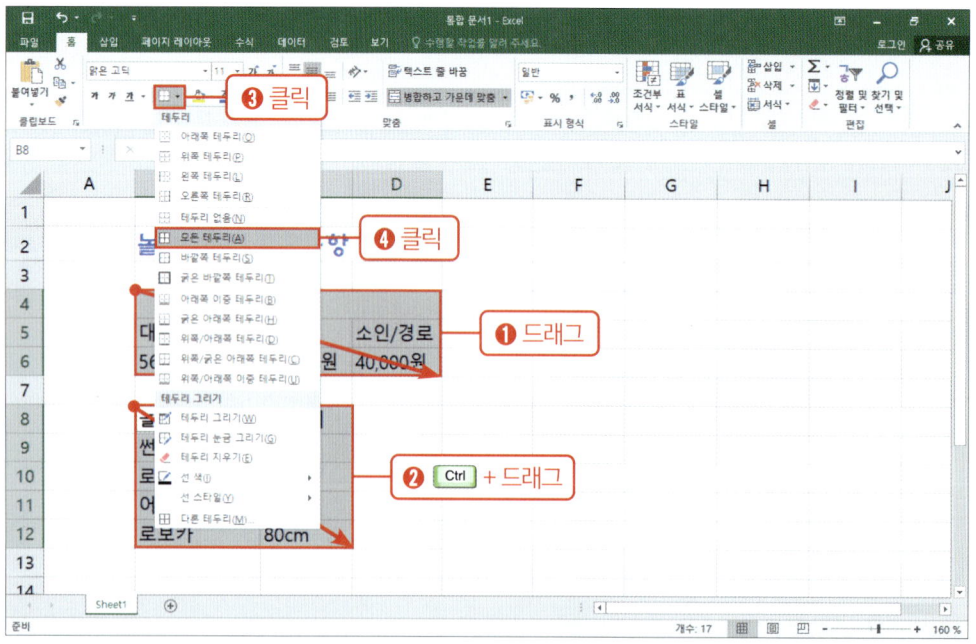

[테두리 그리기]를 선택하면 마우스로 드래그하여 테두리를 그릴 수 있어!

5 표의 바깥쪽을 굵은 테두리로 지정하기 위해 [테두리(⊞)]-[굵은 바깥쪽 테두리(⊡)]를 클릭합니다.

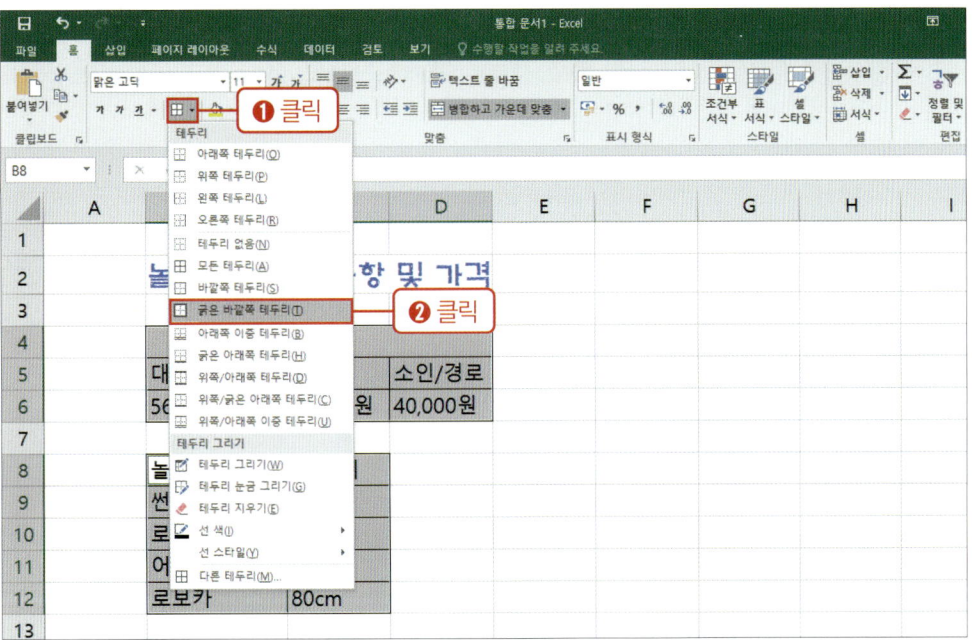

6 셀 배경에 색을 넣기 위해 [B4] 셀을 선택하고 Ctrl 을 누른 상태에서 [B8:C8] 셀을 드래그하여 선택한 후 [홈] 탭-[글꼴] 그룹-[채우기 색(🖌)]에서 '녹색, 강조 6'을 클릭합니다.

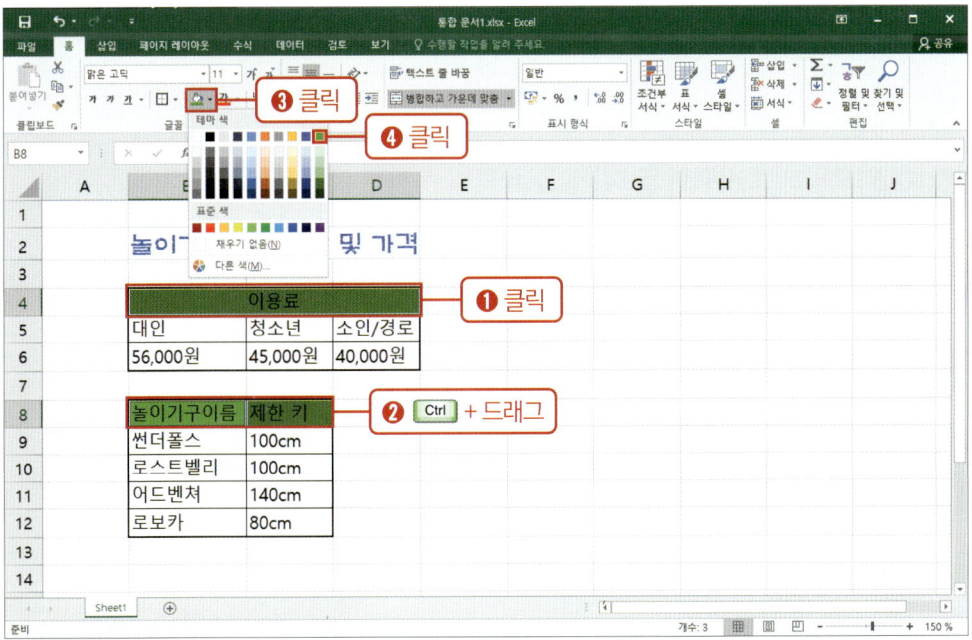

지정된 서식을 복사해보아요.

똑같은 서식을 매번 지정하려니 힘들다고요? 서식 복사 기능을 이용해 보세요. 클릭 한 번으로 같은 서식을 지정할 수 있어요.

① [B14] 셀에 "※ 입구 앞에서 키를 확인 후 입장하세요."를 입력하고 제목에 지정한 서식을 복사하기 위해 [B2] 셀을 선택한 후 [홈] 탭–[클립보드] 그룹–[서식 복사(🖌)]를 클릭합니다.

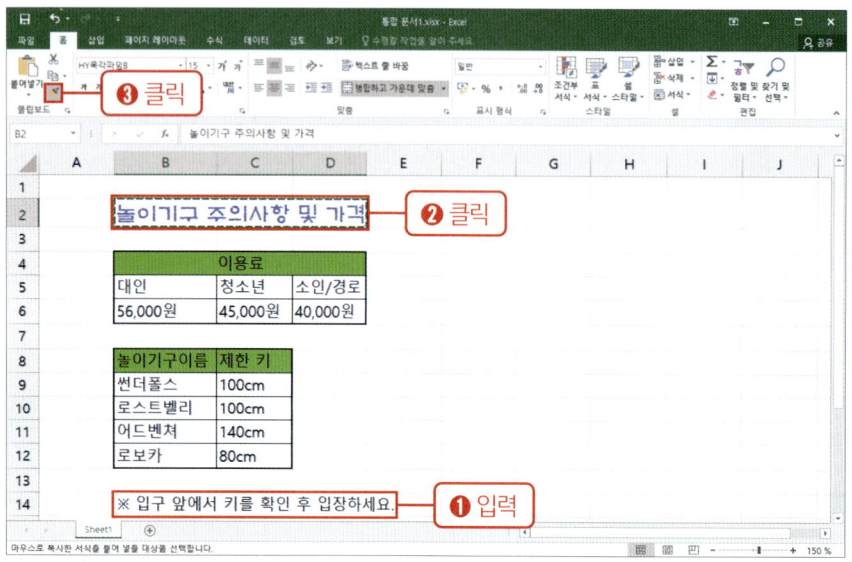

② 마우스 포인터가 ➕🖌 모양으로 바뀌면 [B14] 셀을 클릭해 복사된 서식을 적용합니다.

③ 복사된 서식이 셀에 맞도록 글꼴 크기를 '10pt'로 변경합니다.

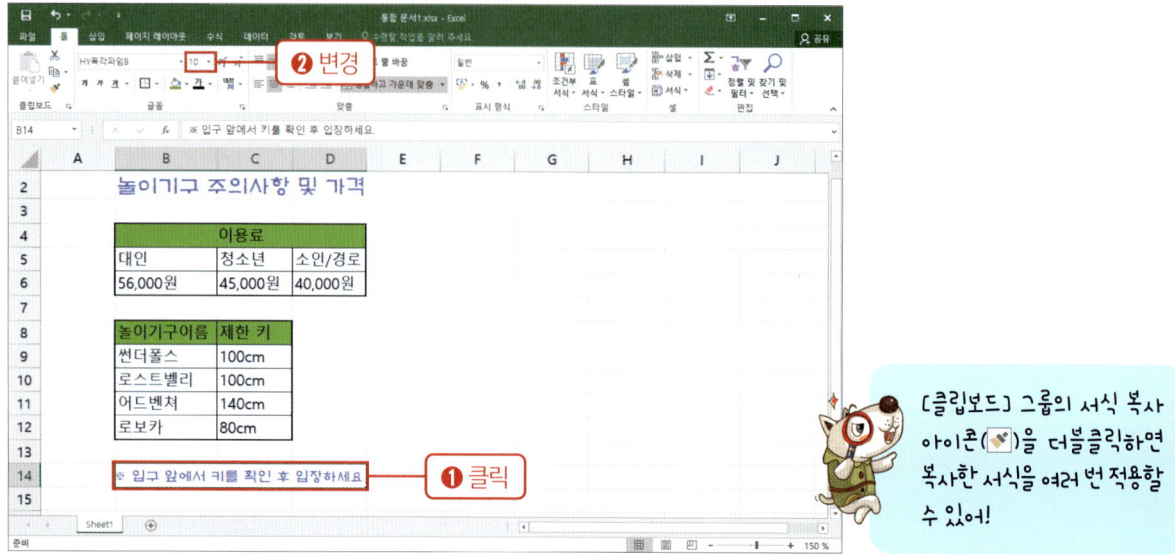

[클립보드] 그룹의 서식 복사 아이콘(🖌)을 더블클릭하면 복사한 서식을 여러 번 적용할 수 있어!

쑥쑥! 실력 키우기

1 셀 병합과 테두리, 채우기 색을 이용해 다음과 같이 그림을 그려보세요.

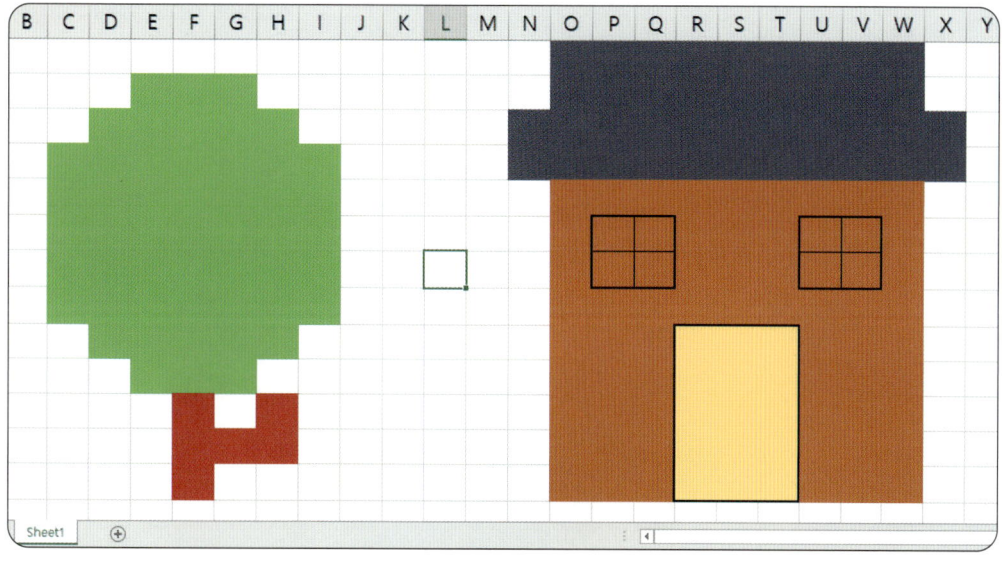

2 서식 복사를 이용해 완성한 그림에 사과와 지붕 패턴을 만들어보세요.

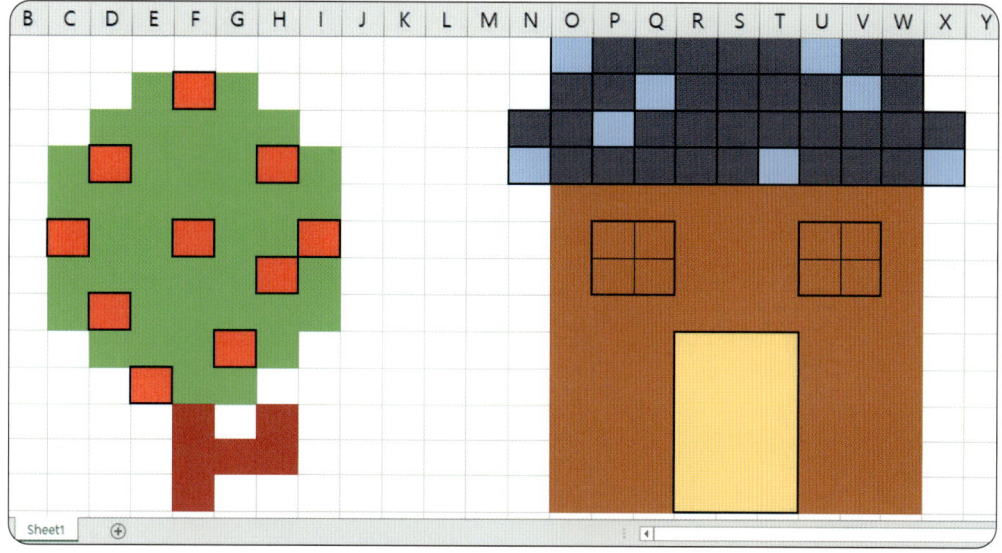

Hint
- 사과와 지붕 패턴을 한 개씩 그린 후 서식 복사를 이용하여 그림을 완성해보세요.
- 채우기 색은 임의로 예쁘게 지정해보세요.

자동 채우기로 입력해보아요.

반복되는 글자나 차례로 늘어나는 숫자는 채우기 핸들을 이용하면 쉽게 입력할 수 있어요. 함께 자동 채우기를 이용해 문서를 완성해볼까요?

① 다음과 같이 문서를 작성하고 서식을 지정합니다.

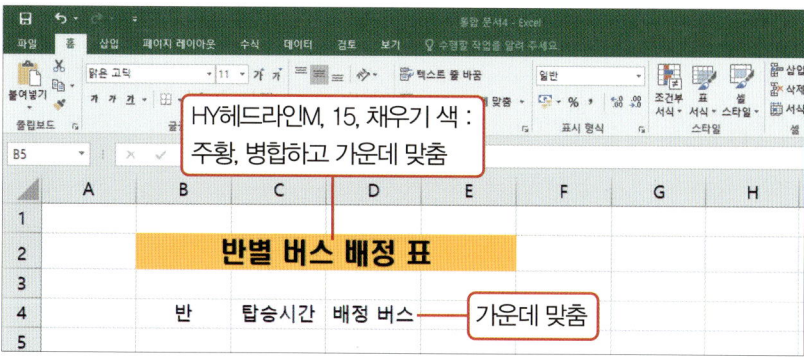

② [B5] 셀에 "1반"을 입력하고 [B5] 셀의 채우기 핸들에 마우스 포인터를 위치시킨 후 '+' 모양으로 변하면 [B14] 셀까지 드래그합니다.

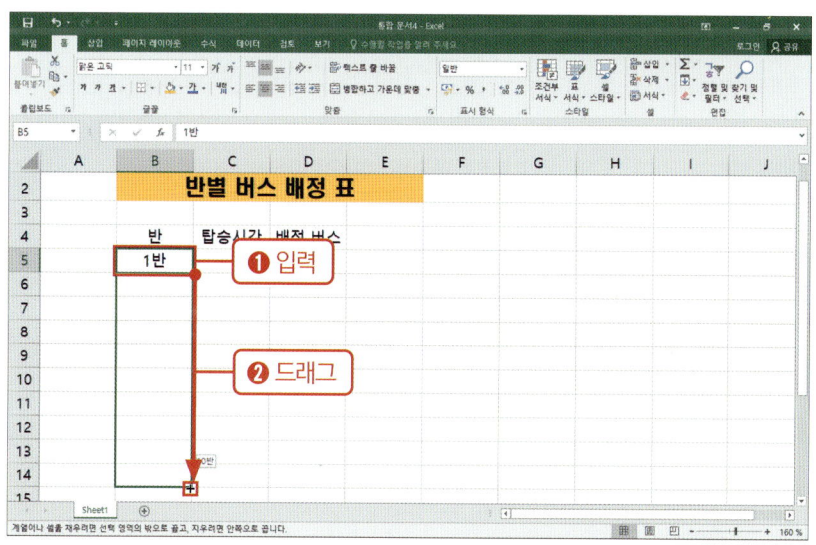

 자동 채우기로 입력하기

- 숫자 : Ctrl +드래그하면 복사되고, 드래그하면 1씩 증가해요.
- 글자 : 글자가 복사돼요.
- 숫자+글자 : 숫자는 1씩 증가하고, 글자는 복사돼요.

❸ [C5] 셀에 "08시50분"을 입력하고 Ctrl 을 누른 상태로 채우기 핸들을 [C14] 셀까지 드래그합니다.

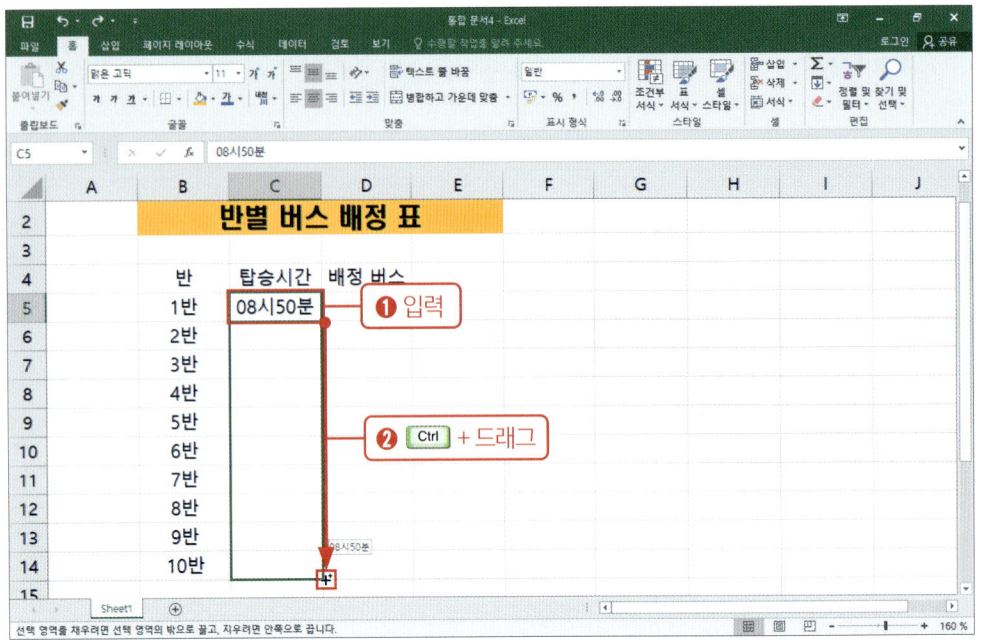

❹ [D5] 셀에 "신영버스", [D6] 셀에 "명신버스"를 각각 입력하고 [D5:D6] 셀을 선택한 후 채우기 핸들을 [D14] 셀까지 드래그합니다.

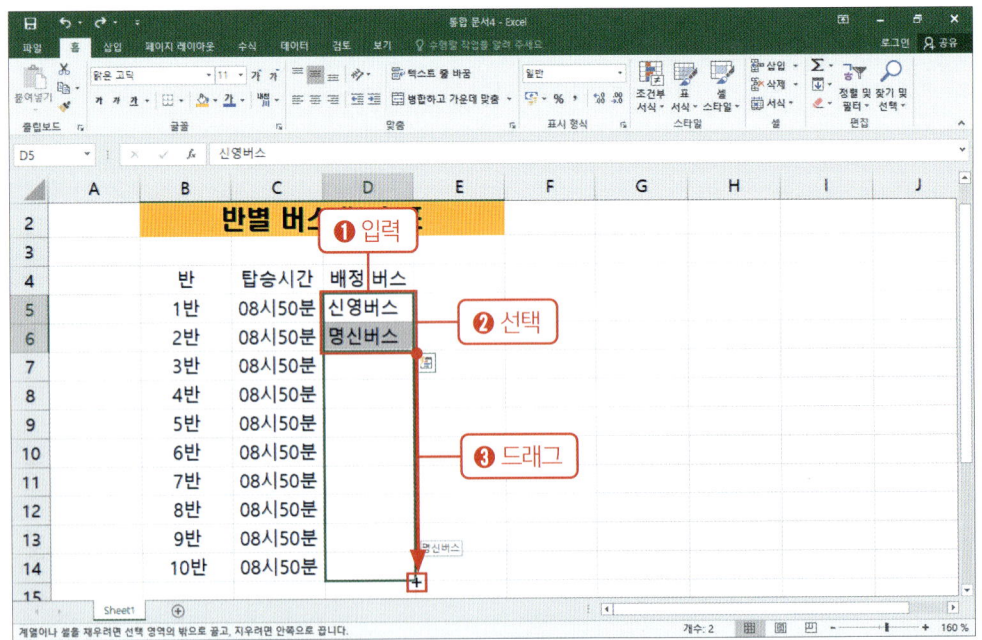

 두 셀에 서로 다른 글자를 입력하고 채우기 핸들을 드래그하면 입력한 글자가 반복되어 입력돼!

02 사용자 지정 목록을 만들어보아요.

자동 채우기는 숫자나 요일과 같이 이미 정해져 있는 목록을 표시하는 기능이에요. 사용자 지정 목록을 만들면 정해져 있지 않은 목록을 자동 채우기로 채울 수도 있어요.

1 [E4] 셀에 "출발지"를 입력한 후 사용자 지정 목록을 만들기 위해 [파일] 탭-[옵션] 메뉴를 선택한 후 [Excel 옵션] 대화상자에서 [고급]-[일반]-[사용자 지정 목록 편집]을 클릭합니다.

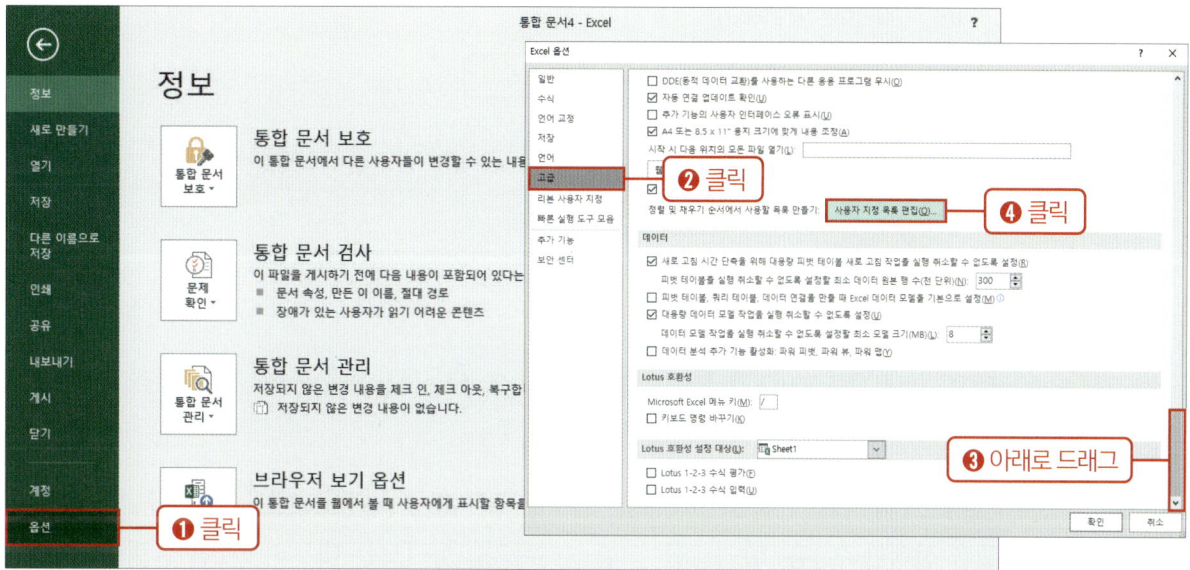

2 [사용자 지정 목록] 대화상자에서 '새 목록'을 선택한 후 [목록 항목]에 "학교정문", "학교후문", "운동장"을 입력하고 [추가] 단추를 클릭합니다. [사용자 지정 목록]에 입력한 목록이 확인되면 [확인] 단추를 클릭한 후 [Excel 옵션] 대화상자가 다시 나타나면 [확인] 단추를 클릭합니다.

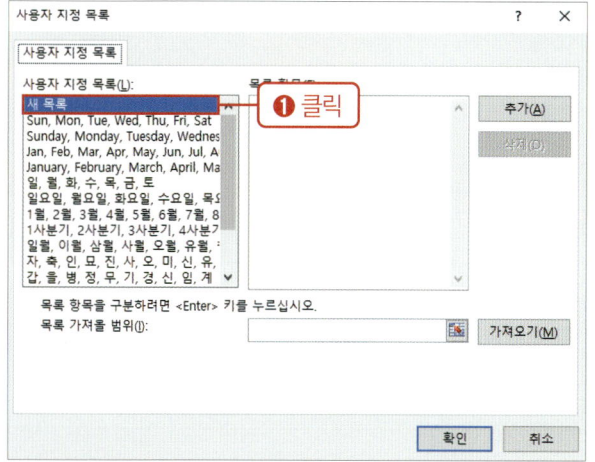 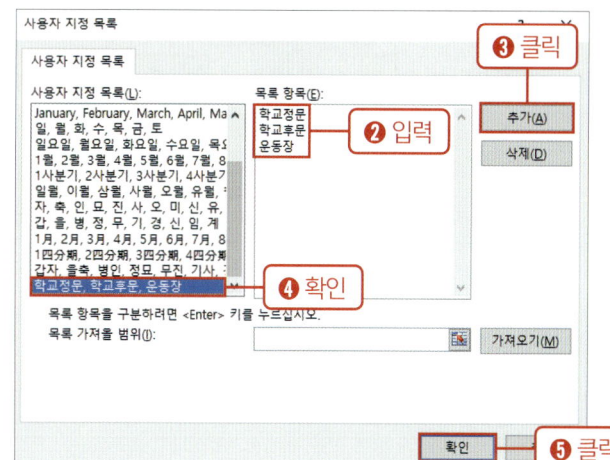

❸ [E5] 셀에 "학교정문"을 입력한 후 채우기 핸들을 [E14] 셀까지 드래그합니다.

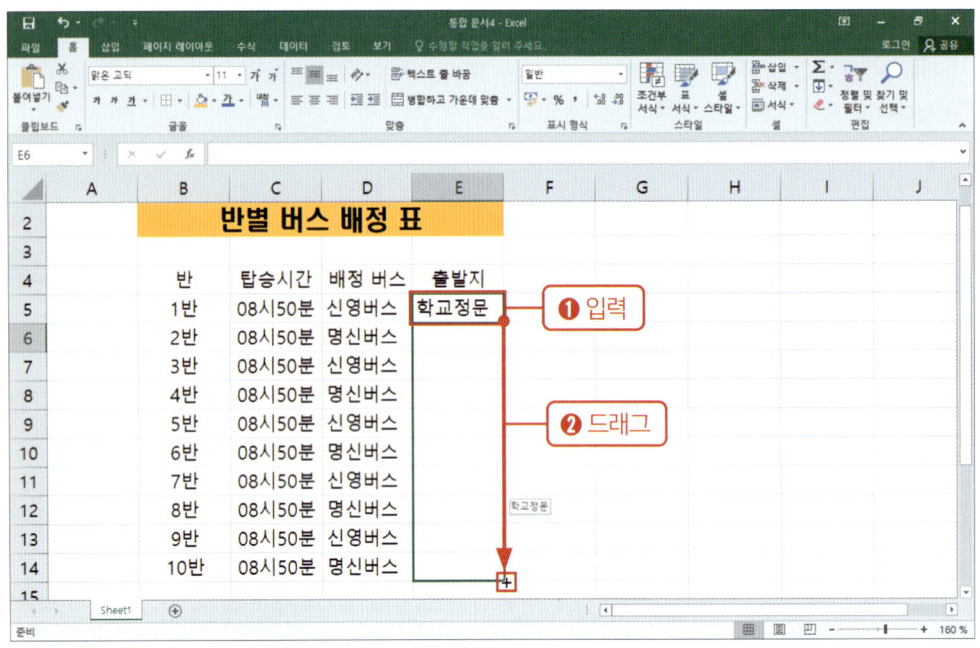

 지정한 목록의 첫 단어가 아니어도 목록이 반복해서 채워져!

❹ [B4:E14] 셀을 선택한 후 [홈] 탭-[글꼴] 그룹-[테두리(⊞)]-[모든 테두리(⊞)]를 클릭합니다.

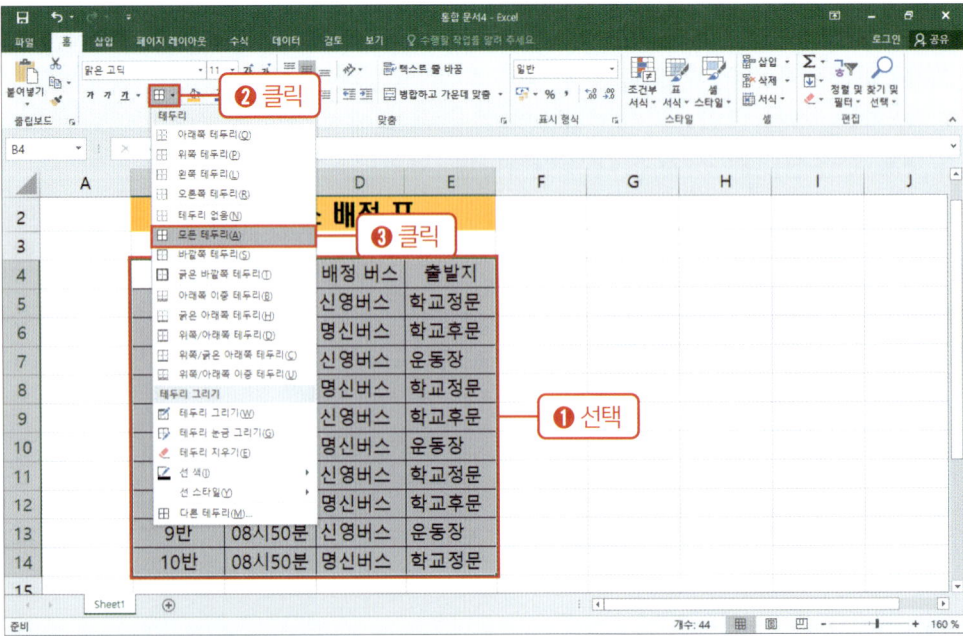

쑥쑥! 실력 키우기

1 테두리와 자동 채우기를 이용해 다음과 같은 구구단 표를 만들어보세요.

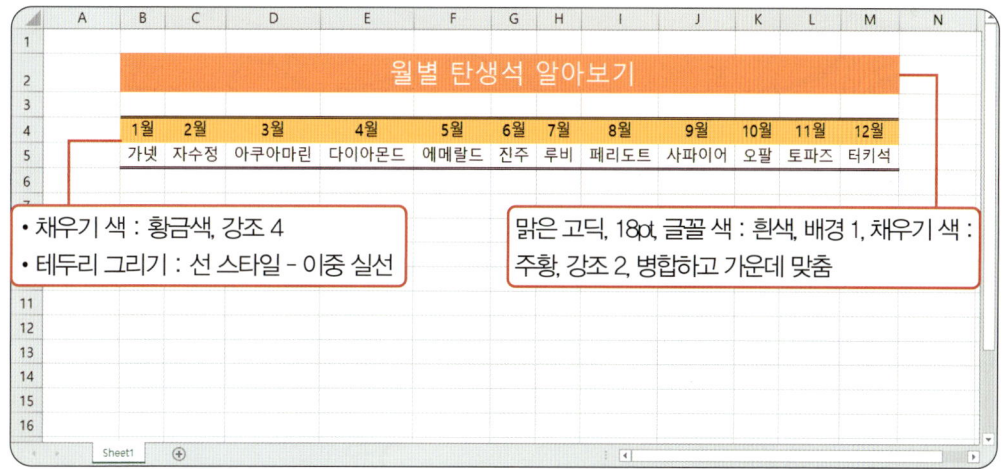

• 테두리
 - 테두리 종류 : 모든 테두리
 - 선 스타일 : 실선, 1pt

2 자동 채우기와 사용자 지정 목록을 이용해 다음과 같은 탄생석 표를 만들어보세요.

• 채우기 색 : 황금색, 강조 4
• 테두리 그리기 : 선 스타일 - 이중 실선

맑은 고딕, 18pt, 글꼴 색 : 흰색, 배경 1, 채우기 색 : 주황, 강조 2, 병합하고 가운데 맞춤

Hint 가넷, 자수정, 아쿠아마린, 다이아몬드, 에메랄드, 진주, 루비, 페리도트, 사파이어, 오팔, 토파즈, 터키석을 사용자 지정 목록으로 등록해보세요.

05장 반별 버스 배정표 만들기

01 셀 서식을 지정하여 예쁘게 꾸며보아요.

많은 사람들이 공연을 보게 하려면 공연 시간표를 예쁘게 만들어야겠죠? 셀 서식을 이용하면 서식을 다양하고 예쁘게 지정할 수 있어요.

① 다음과 같이 내용을 입력하고 서식을 지정합니다.

구분	공연명	시작시간	입장료	공연시간
			행사월	2020-09-25
인형극	해님과 달님	10:30	4500	30
	뽀로로와 친구들	13:30	9000	30
마술쇼	어린이 마술쇼	11:30	9500	30
	매직쇼	14:30	10000	40
뮤지컬	번개맨	12:30	4500	25
	피노키오	15:30	8500	35

> HY헤드라인M, 15pt, 글꼴 색 : 청회색, 텍스트 2, 채우기 색 : 녹색, 강조 6, 40% 더 밝게, 병합하고 가운데 맞춤

> [F4] 셀에는 '2020-09-25"로 입력해봐!

② 테두리 서식을 지정하기 위해 [B5:F11] 셀을 선택한 후 [홈] 탭-[셀] 그룹-[서식]-[셀 서식]을 선택합니다.

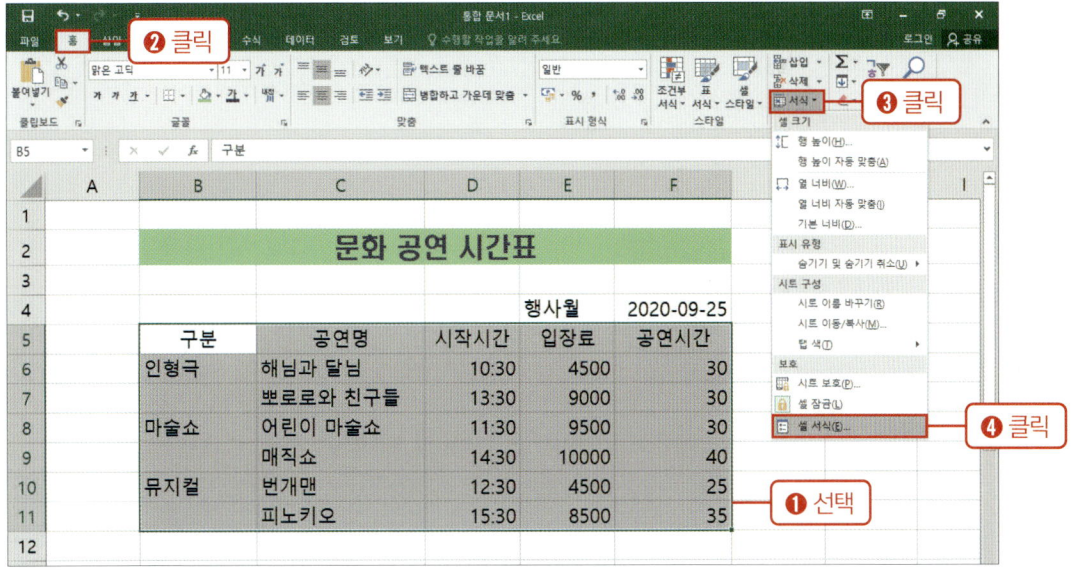

❸ [셀 서식] 대화상자에서 [테두리] 탭-[스타일]에서 '점선', [색]에서 '청회색, 텍스트 2', [미리 설정]에서 '안쪽'을 선택합니다.

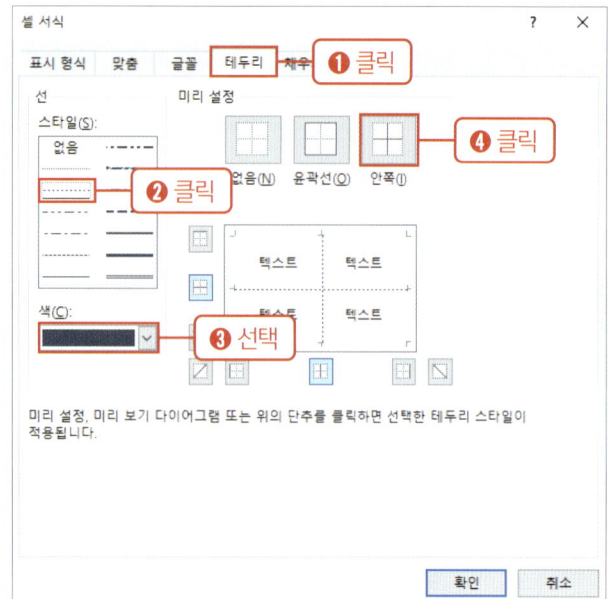

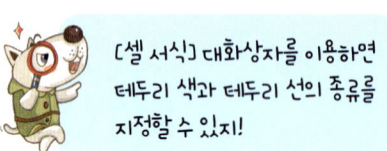

❹ 위쪽과 아래쪽 선을 지정하기 위해 [스타일]에서 '이중 실선', [테두리]에서 '위쪽'과 '아래쪽'을 선택하고 [확인] 단추를 클릭합니다.

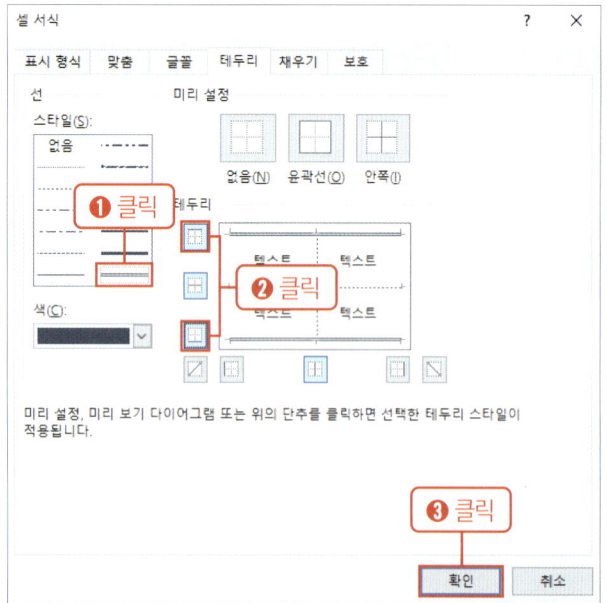

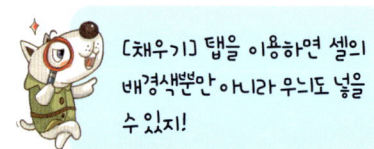

5. [B6:B7] 셀을 선택하고 Ctrl 을 누른 상태에서 [B8:B9], [B10:B11] 셀을 각각 선택한 후 [셀] 그룹-[서식]-[셀 서식]을 선택합니다.

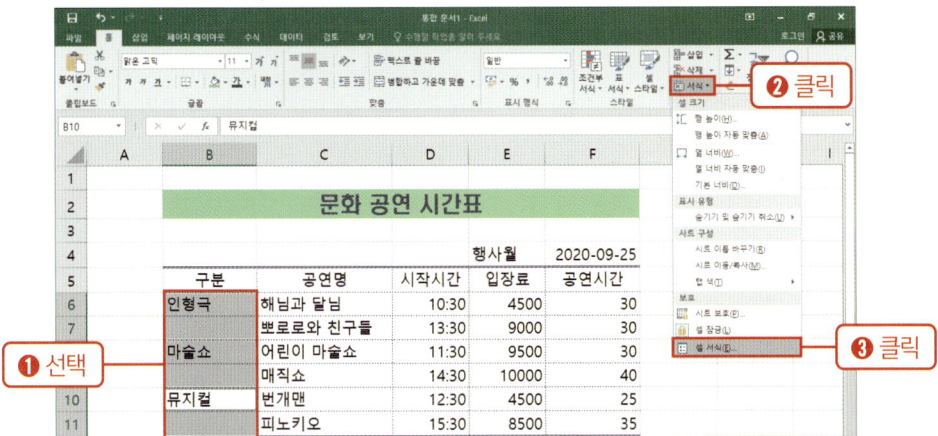

6. [셀 서식] 대화상자에서 [맞춤] 탭-[텍스트 조정]에서 '셀 병합', [방향]에서 '세로'를 지정한 후 [확인] 단추를 클릭합니다.

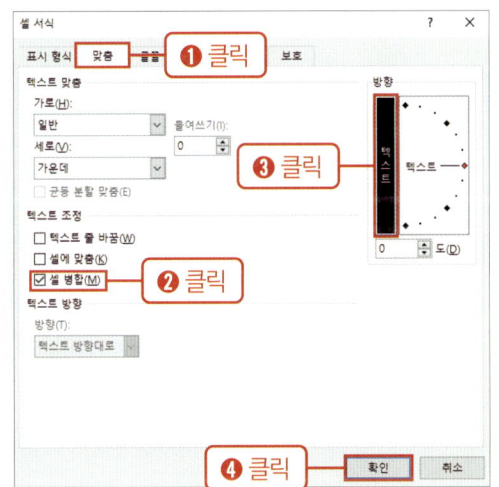

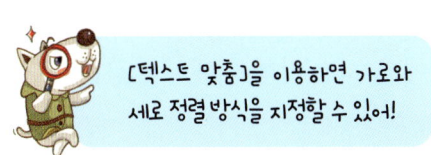

[텍스트 맞춤]을 이용하면 가로와 세로 정렬 방식을 지정할 수 있어!

7. [B5:F5] 셀을 선택한 후 [글꼴] 그룹-[채우기 색]에서 '파랑, 강조 1, 80% 더 밝게'로 지정하고, [6:11] 행의 높이를 글자에 맞게 조절합니다.

[6:11] 행 머리글을 드래그하여 선택하고 머리글을 아래쪽으로 드래그하면 한 번에 크기를 변경할 수 있지!

표시 형식을 지정해보아요.

시간이나 날짜를 알기 쉽게 표현하려면 표시 형식을 이용하면 돼요. 시간과 날짜, 금액 등을 한 눈에 알아보도록 표시 형식을 지정해볼까요?

① [F4] 셀을 선택하고 [홈] 탭-[셀] 그룹-[서식]-[셀 서식]을 클릭합니다. [셀 서식] 대화상자에서 [표시 형식] 탭-[범주]에서 '날짜', [형식]에서 '2012년 3월 14일'을 선택한 후 [확인] 단추를 클릭합니다.

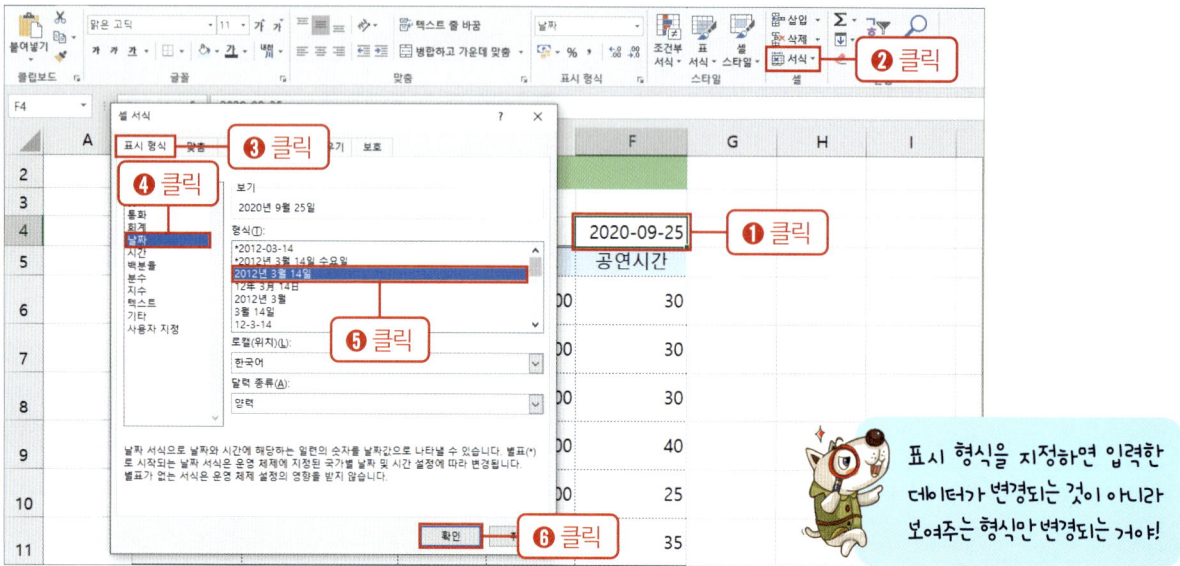

② [D6:D11] 셀을 선택하고 [셀] 그룹-[서식]-[셀 서식]을 클릭합니다. [셀 서식] 대화상자에서 [표시 형식] 탭-[범주]에서 '시간', [형식]에서 '13시 30분'을 선택한 후 [확인] 단추를 클릭합니다.

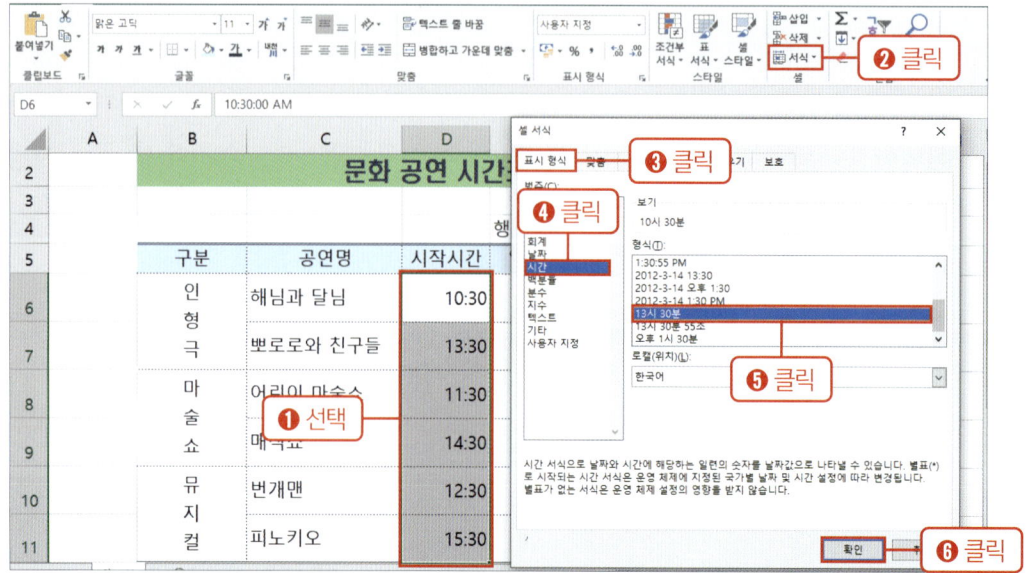

❸ [E6:E11] 셀을 선택하고 [셀] 그룹-[서식]-[셀 서식]을 클릭합니다. [셀 서식] 대화상자에서 [표시 형식] 탭-[범주]에서 '회계', [기호]에서 '₩'을 선택한 후 [확인] 단추를 클릭합니다.

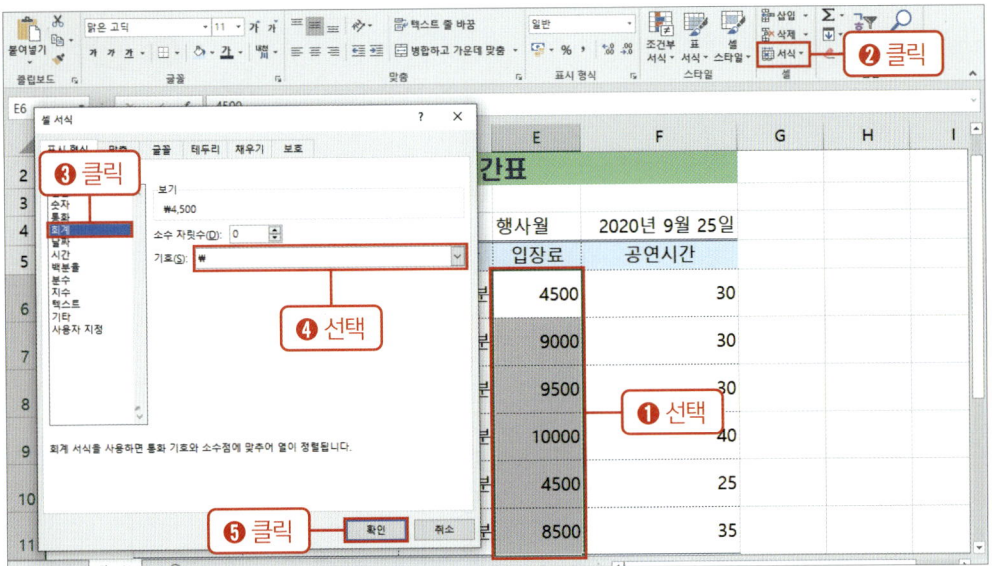

- 🖳 : 통화 기호를 표시하지!
- % : 숫자를 백분율로 표시하지!
- , : 천 단위마다 쉼표를 표시하지!
- ⁺⁰ ⁰⁰ : 소숫점 이하 자릿수를 늘리거나 줄이지!

❹ [F6:F11] 셀을 선택하고 [셀] 그룹-[서식]-[셀 서식]을 클릭합니다. [셀 서식] 대화상자에서 [표시 형식] 탭-[범주]에서 '사용자 지정', [형식]에서 '00"분"'을 입력한 후 [확인] 단추를 클릭합니다.

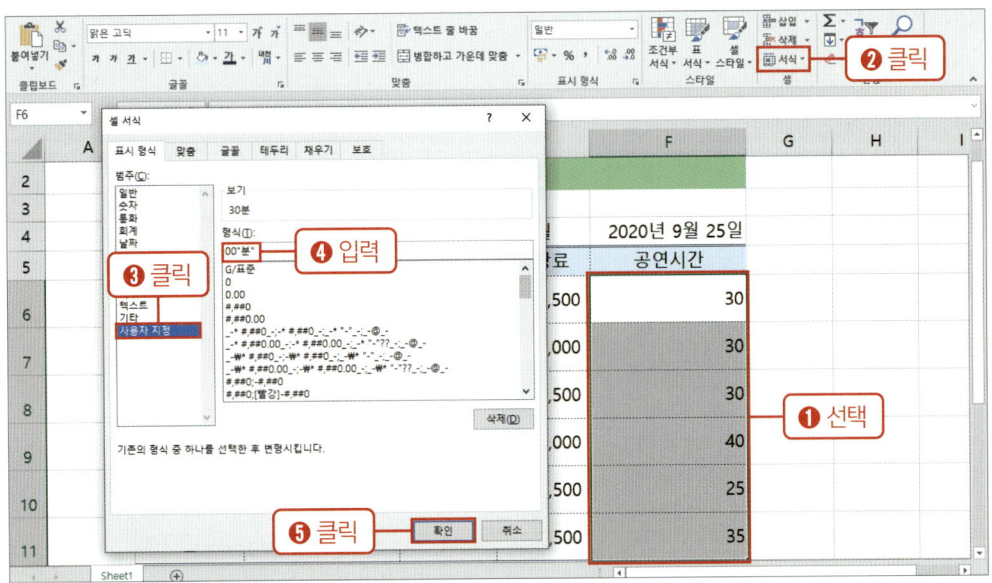

사용자 지정에서 '0'은 숫자 자릿수를, '#'은 문자나 숫자 자릿수를 나타내. 또 글자를 표시하려면 ' " "'를 붙이고 글자를 입력해야 돼!

쑥쑥! 실력 키우기

1 표시 형식과 셀 서식을 이용해 다음과 같은 문서를 만들어보세요.

	A	B	C	D	E	F
1						
2		행사 참여 인원 현황				
3						
4		공연	공연일	참여인원		
5		해님달님	5월 5일	30명		
6		어린이 마술쇼	12월 31일	20명		
7		매직쇼	7월 12일	15명		
8		피노키오	5월 18일	25명		
9						
10						

→ HY견고딕,16pt, 글꼴 색 : 검정, 텍스트 1, 채우기 색 : 황금색, 강조 4, 병합하고 가운데 맞춤

- 공연일 : [셀 서식]-[표시 형식] 탭 '날짜' 범주에서 '3월 14일'을 지정해요.
- 참여인원 : [셀 서식]-[표시 형식] 탭 '사용자 지정' 범주에서 '00"명"'을 입력해요.
- 테두리 서식 및 채우기 색 등은 임의로 예쁘게 지정해보세요.

2 표시 형식과 셀 서식을 이용해 다음과 같은 문서를 만들어보세요.

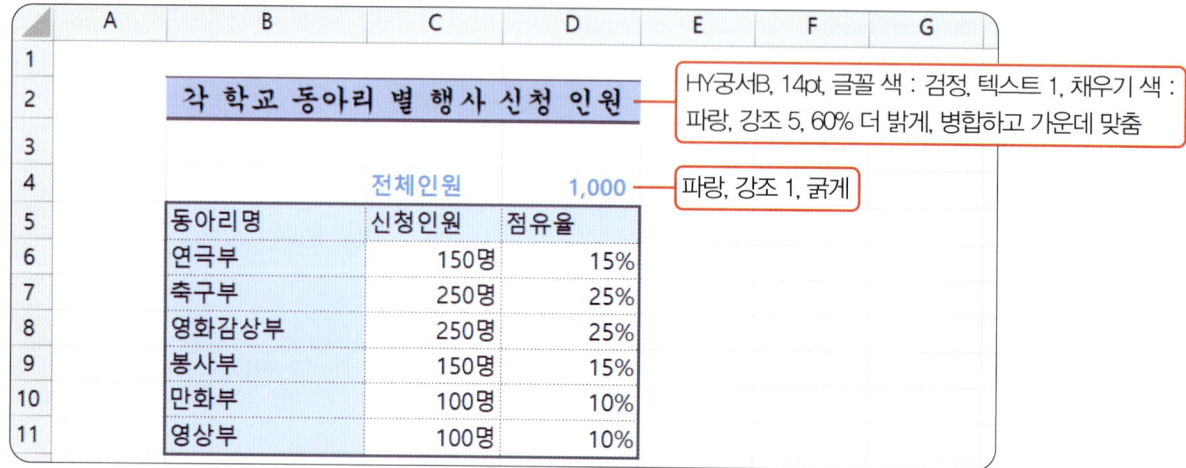

- 신청인원 : [셀 서식]-[표시 형식] 탭 '사용자 지정' 범주에서 '000"명"'을 입력해요.
- 전체인원 : [홈]-[표시 형식] 그룹의 '쉼표 스타일(,)'을 이용해요.
- 점유율 : [홈]-[표시 형식] 그룹의 '백분율 스타일(%)'을 이용해요.
- 테두리 서식 및 채우기 색 등은 임의로 예쁘게 지정해보세요.

01 틀을 고정해보아요.

회원 목록을 작성할 때 회원 수가 많으면 위에 있는 회원 정보를 확인할 수가 없겠죠? 틀 고정 기능을 이용하면 원하는 셀이 항상 화면에 나타나도록 할 수 있어요.

① 다음과 같이 회원 명단을 입력하고 서식을 지정합니다.

HY얕은샘물M, 20pt, 글꼴 색 : 흰색, 배경 1, 채우기 색 : 황금색, 강조 4, 병합하고 가운데 맞춤

② [D5] 셀을 선택하고 [보기] 탭-[창] 그룹-[틀 고정]-[틀 고정]을 클릭한 후 스크롤바를 아래쪽으로 드래그하여 4행에 있는 항목이 계속 표시되는 것을 확인해 봅니다.

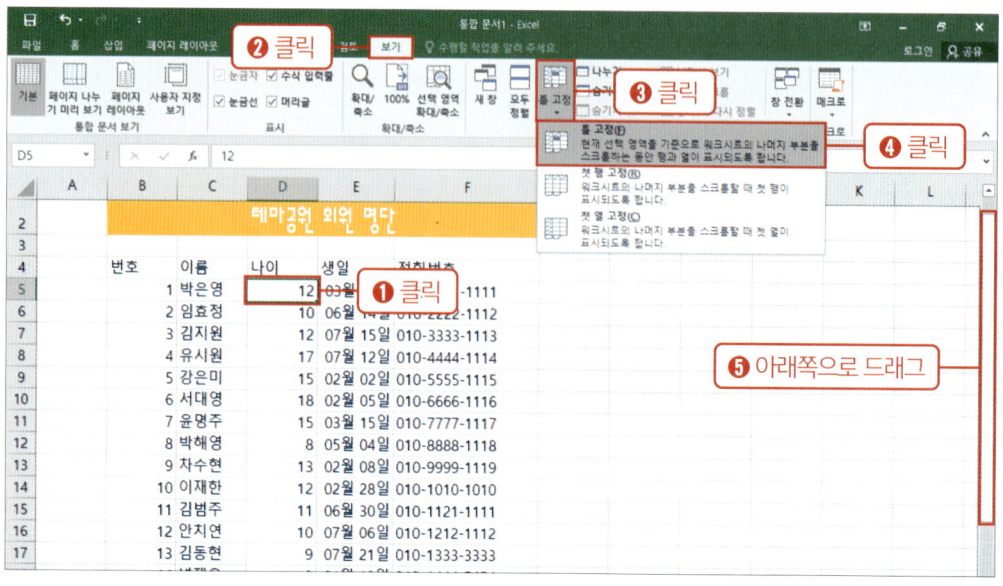

지정한 틀 고정을 취소하려면 [보기] 탭-[창] 그룹-[틀 고정]-[틀 고정 취소]를 선택해!

 **행과 열을 삽입하고 숨겨보아요.**

회원 목록에서 추가로 데이터를 입력하려면 행이나 열을 삽입해야겠죠? 회원 등급을 입력할 열을 삽입해보고 원하는 데이터만 표시되도록 행을 숨겨보아요.

1 [D] 열 머리글을 마우스 오른쪽 단추로 클릭한 후 [삽입]을 클릭합니다.

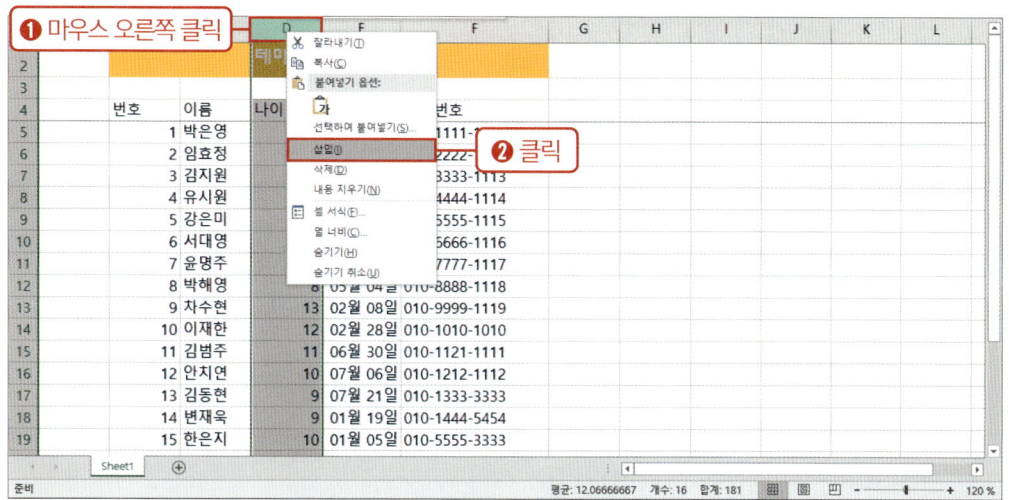

 셀을 삽입하거나 삭제할 때는 그 자리에 있던 셀을 어떤 방향으로 밀어 삽입하거나 삭제할지 지정해야 해!

2 회원 등급을 "우수"와 "VIP"로 나누어 임의로 입력합니다.

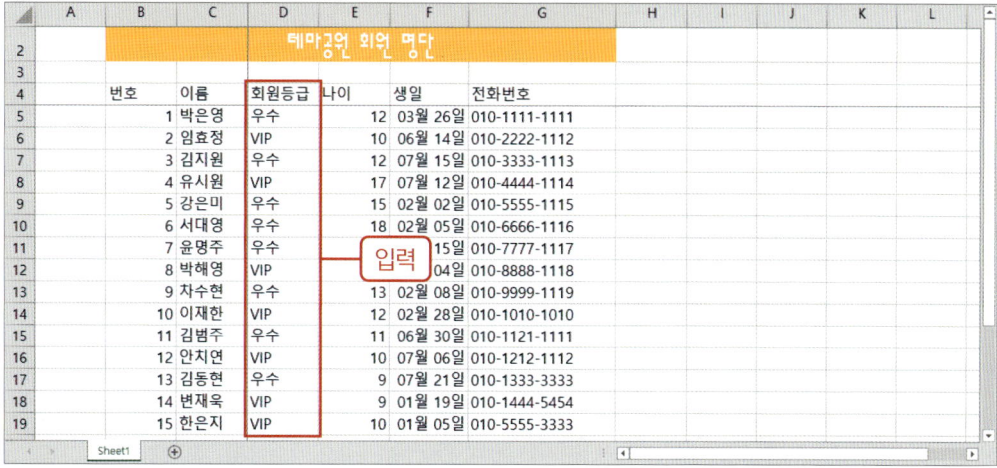

❸ [E] 열 머리글을 마우스 오른쪽 단추로 클릭한 후 [삭제]를 클릭합니다.

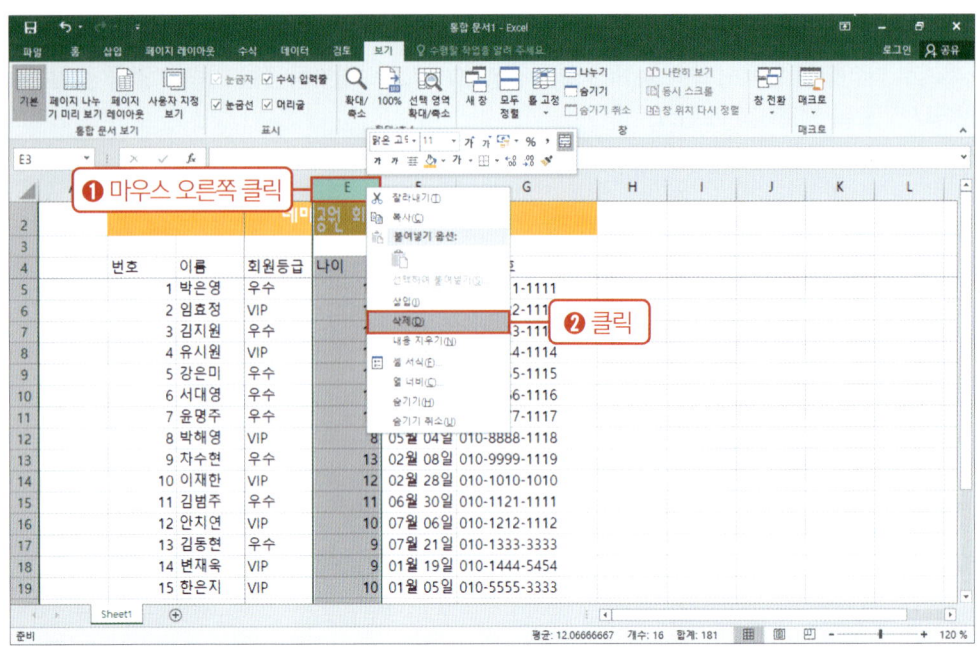

❹ Ctrl 을 누른 상태로 회원 등급이 '우수'인 회원들의 행을 클릭하여 선택한 후 행 머리글을 마우스 오른쪽 단추로 클릭하고 [숨기기]를 클릭합니다.

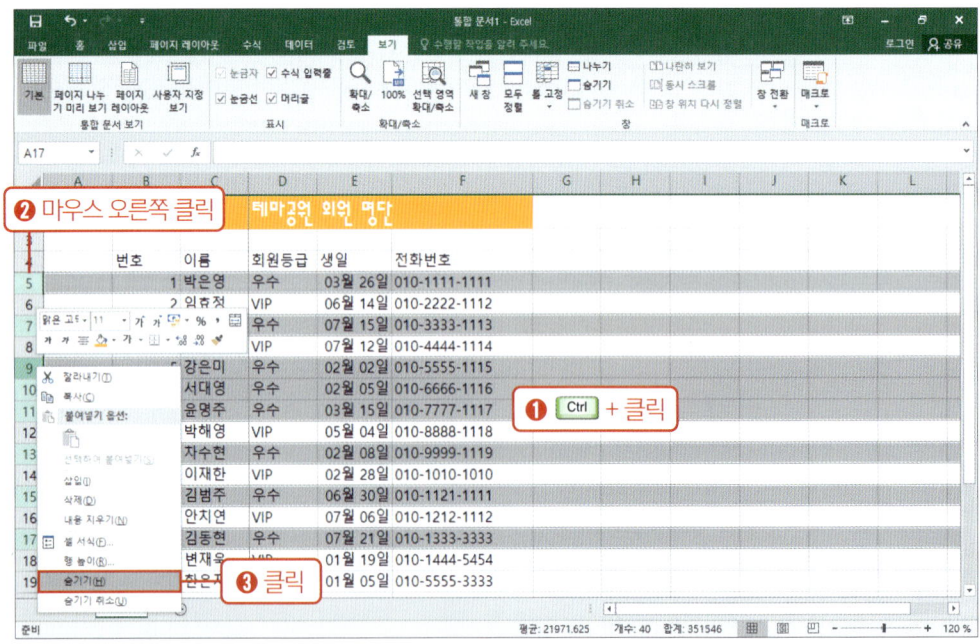

❺ 선택한 행이 숨겨지면 숨겨진 행을 다시 표시하기 위해 [4:19] 행을 선택한 후 행 머리글을 마우스 오른쪽 단추로 클릭하고 [숨기기 취소]를 클릭합니다.

셀에 메모를 삽입해보아요.

메모 삽입 기능을 이용하면 셀에 대한 보충 설명을 입력할 수 있어요. 그럼 메모를 이용해 보충 설명을 입력해 보아요.

❶ [C5] 셀을 마우스 오른쪽 단추로 클릭한 후 [메모 삽입]을 클릭합니다.

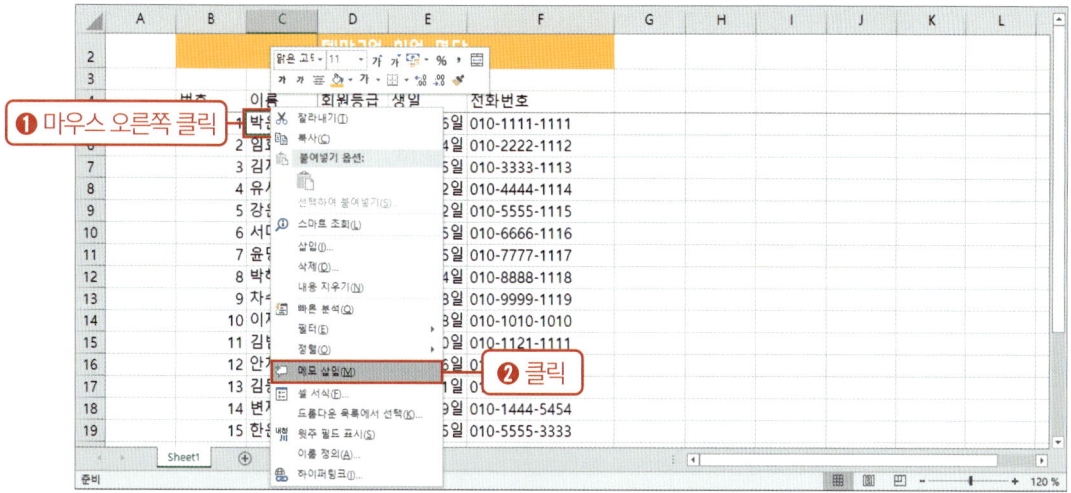

❷ 메모지가 생성되면 "테마공원 1호 회원"을 입력하고 메모지의 조절점을 드래그하여 크기를 조절합니다.

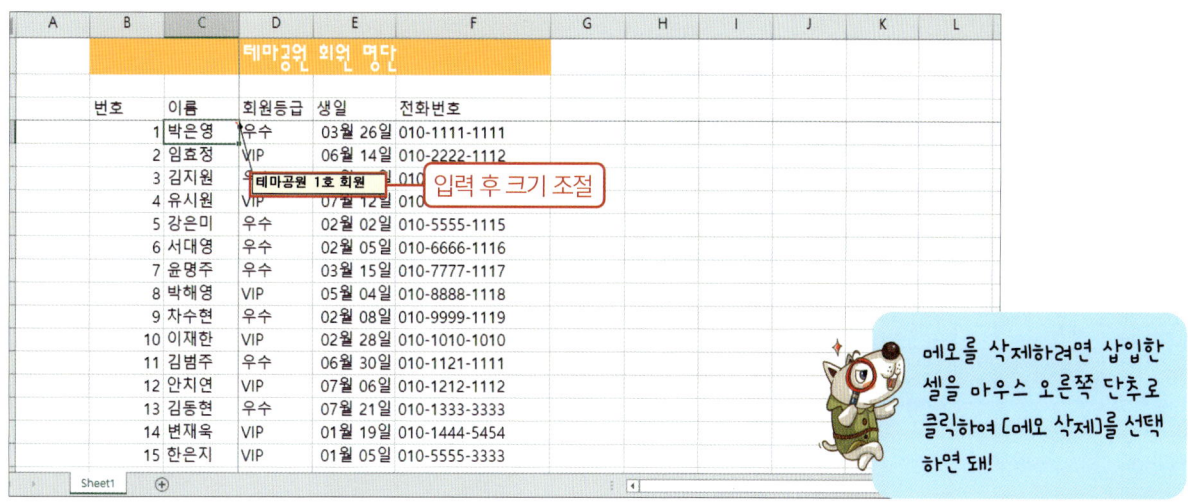

❸ 메모가 삽입되면 셀의 오른쪽 상단에 빨간 삼각형이 생성되고 셀 위에 마우스 포인터를 위치시키면 삽입한 메모가 표시됩니다.

쑥쑥! 실력 키우기

1 테두리와 셀 서식을 이용해 다음과 같은 문서를 만들어보세요.

테마공원 주간 신규회원 관리 대장

해당월	1월	2월	3월	4월	5월	6월	7월	8월	9월	10월	11월	12월
남자	10	25	20	2	24	9	24	21	56	48	25	14
여자	25	35	15	14	11	13	42	32	67	53	41	52
총인원	35	60	35	16	35	22	66	53	123	101	66	66

- HY견고딕, 20pt, 글꼴 색 : 주황, 강조 2, 병합하고 가운데 맞춤
- 굴림, 12pt, 굵게, 가운데 맞춤
- 틀 고정

Hint 테두리 서식 및 채우기 색 등은 임의로 예쁘게 지정해보세요.

2 메모 삽입을 이용해 다음과 같은 문서를 만들어보세요.

테마공원 주간 신규회원 관리 대장

해당월	1월	2월	3월	4월	5월	6월	7월	8월	9월	10월	11월	12월
남자	10	25	20	2	24	9	24	21	56	48	25	14
여자	25	35	15	14	11	13	42	32	67	53	41	52
총인원	35	60	35	16	35	22	66	53	123	101	66	66

- 테마공원 오픈 달
- 이벤트가 많았던 달

Hint 메모를 모두 표시하려면 메모가 작성된 셀을 마우스 오른쪽 단추로 클릭하고 [메모 표시/숨기기]를 선택하세요.

01 워크시트를 복사하고 삭제해보아요.

엑셀은 하나의 파일에 작업할 수 있는 여러 개의 워크시트를 가지고 있어요. 계절별 행사 일정표처럼 봄, 여름, 가을, 겨울로 구분해야 하는 문서들은 워크시트를 구분하여 작업하면 편리해요.

1 다음과 같이 문서를 작성하고 서식을 지정한 후 [Sheet1] 탭을 마우스 오른쪽 단추로 클릭하고 [이동/복사]를 클릭합니다.

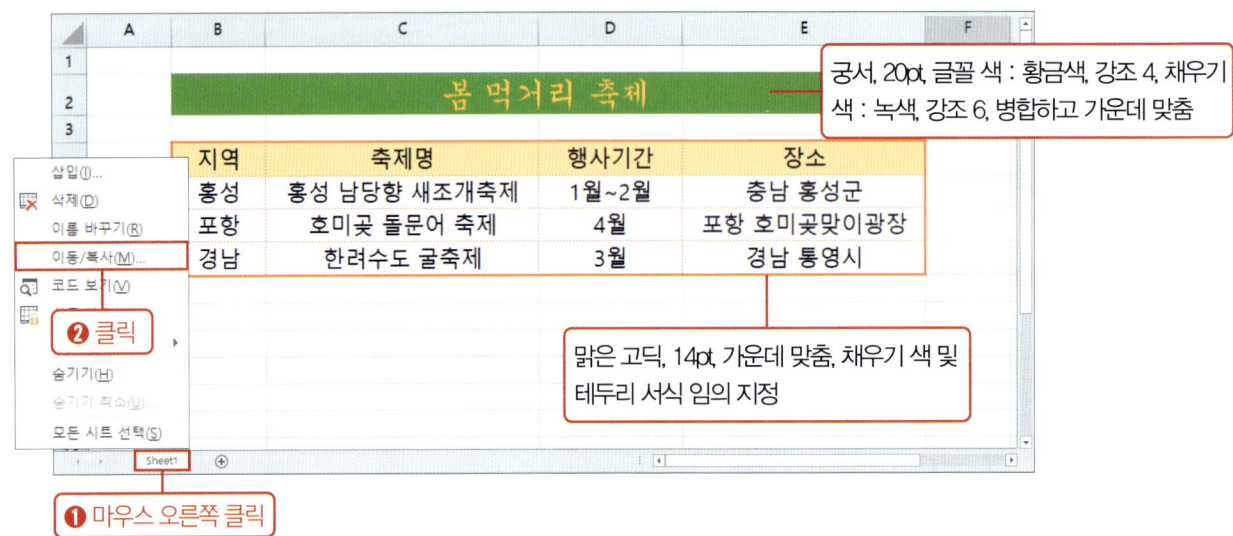

2 [이동/복사] 대화상자가 나타나면 [다음 시트의 앞에] 항목에서 '(끝으로 이동)'을 선택하고 '복사본 만들기'에 체크한 후 [확인] 단추를 클릭합니다.

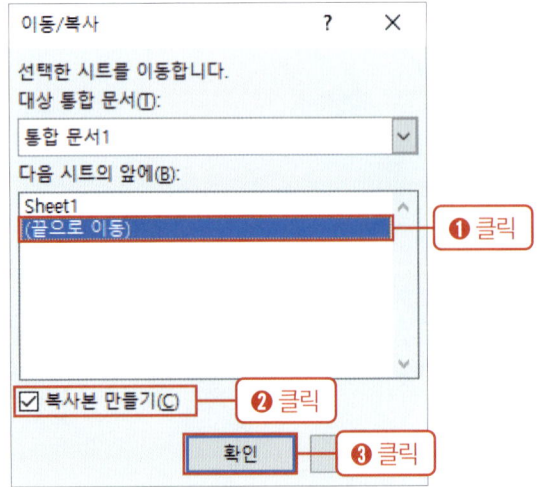

3 같은 방법으로 시트를 4개 더 복사한 후 [Sheet1 (5)]와 [Sheet1 (6)] 시트 탭을 Ctrl+클릭하여 선택하고 마우스 오른쪽 단추를 클릭하여 [삭제]를 선택합니다. 이어서 안내창이 나타나면 [삭제] 단추를 클릭하여 시트를 삭제합니다.

④ [Sheet1 (2)] 시트 탭을 클릭하고 문서의 내용을 다음과 같이 변경합니다.

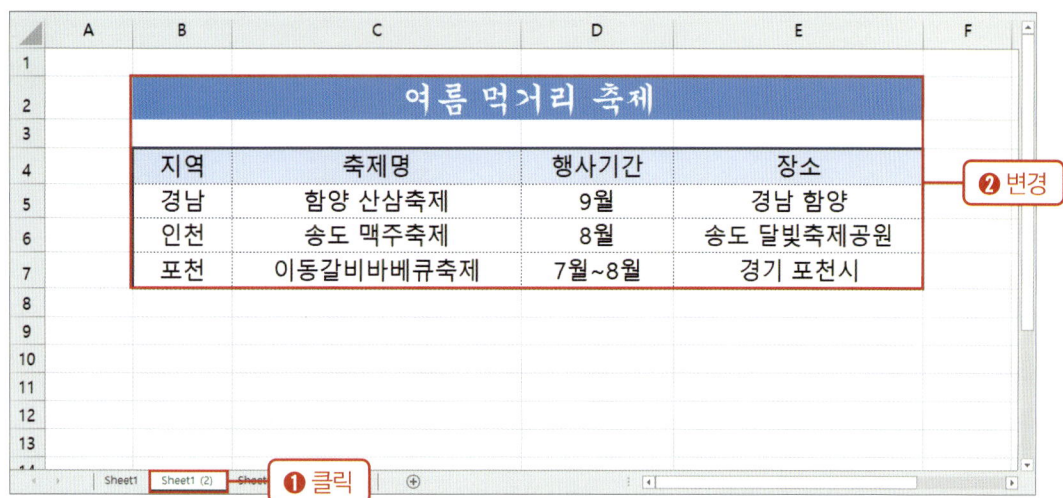

⑤ [Sheet1 (3)] 시트 탭을 클릭하고 문서의 내용을 다음과 같이 변경합니다.

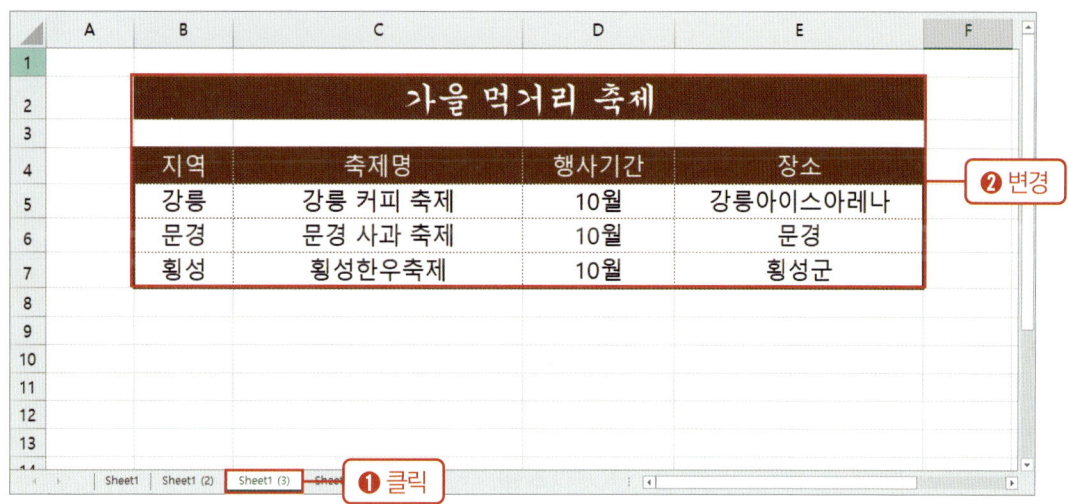

⑥ [Sheet1 (4)] 시트 탭을 클릭하고 문서의 내용을 다음과 같이 변경합니다.

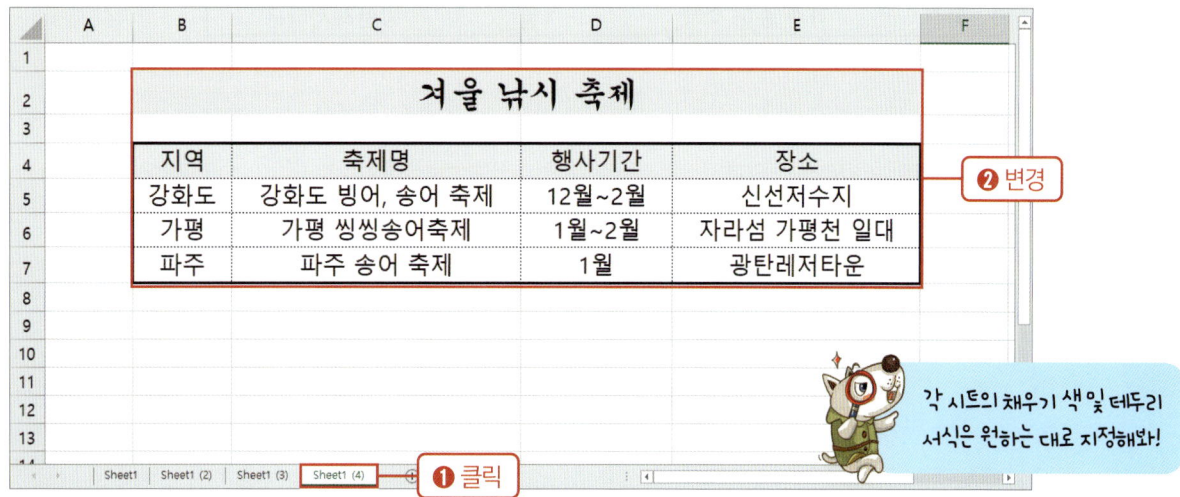

02 워크시트의 이름과 색을 변경해보아요.

워크시트의 내용에 맞게 시트 탭의 이름을 변경할 수 있고 색도 변경할 수 있어요. 작성한 문서의 내용에 맞게 시트 탭의 이름과 색을 지정해보아요.

① [Sheet1] 시트 탭을 마우스 오른쪽 단추로 클릭하고 [이름 바꾸기]를 클릭합니다. 시트 탭의 이름을 변경할 수 있는 상태가 되면 시트 이름을 "봄 먹거리"로 입력하고 Enter 를 누릅니다.

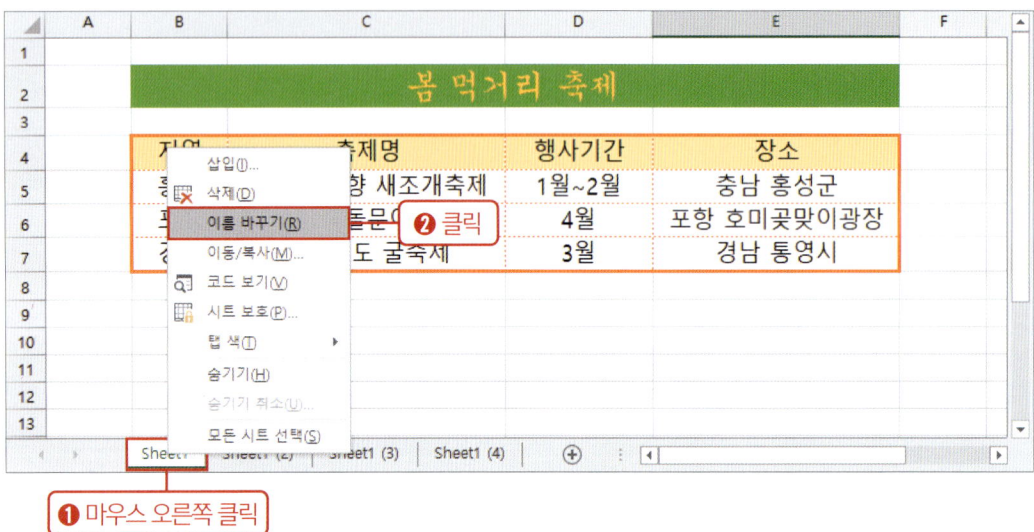

② 같은 방법으로 [Sheet1 (2)]~[Sheet1 (4)]의 시트 이름을 변경합니다.

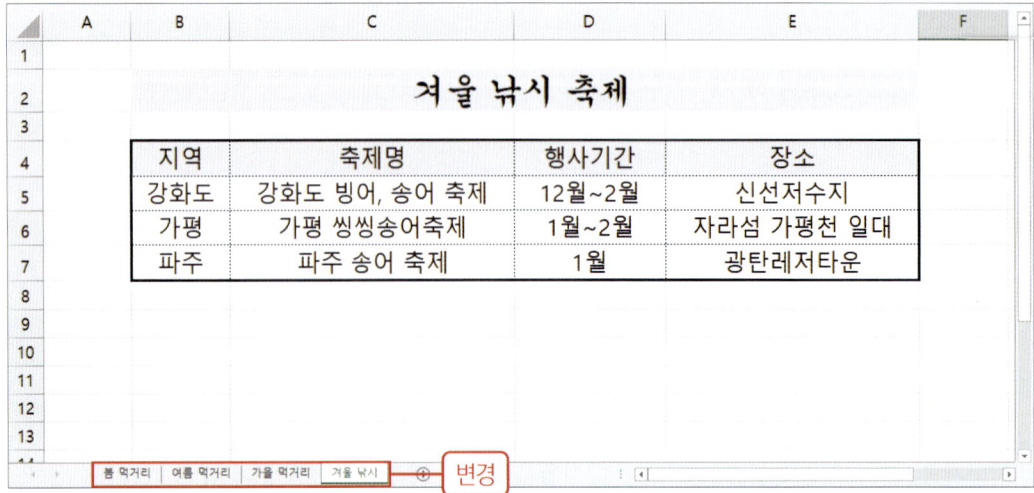

3 [봄 먹거리] 시트 탭을 마우스 오른쪽 단추로 클릭하고 [탭 색]에서 '녹색, 강조 6'을 선택합니다.

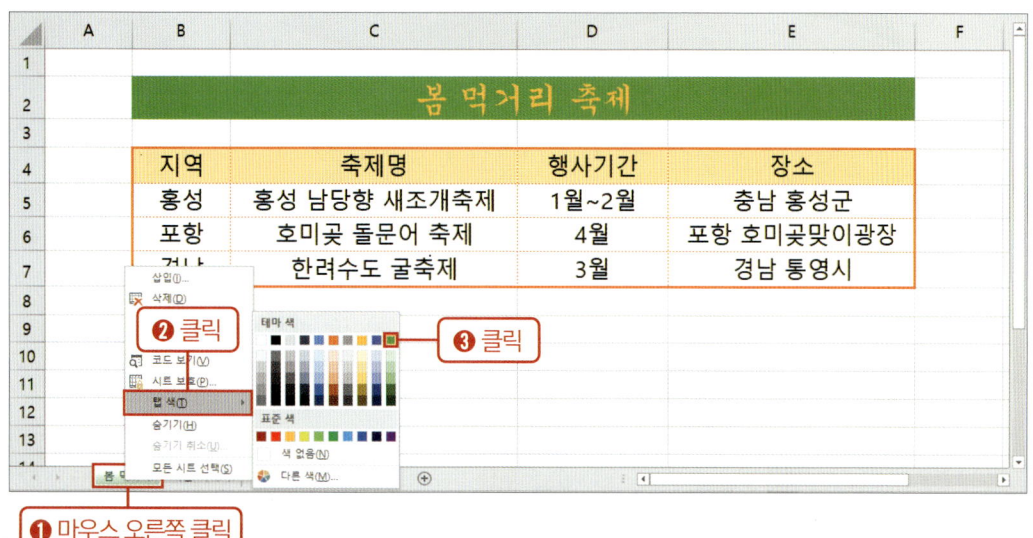

4 같은 방법으로 각 시트 탭의 색을 다음과 같이 변경합니다.

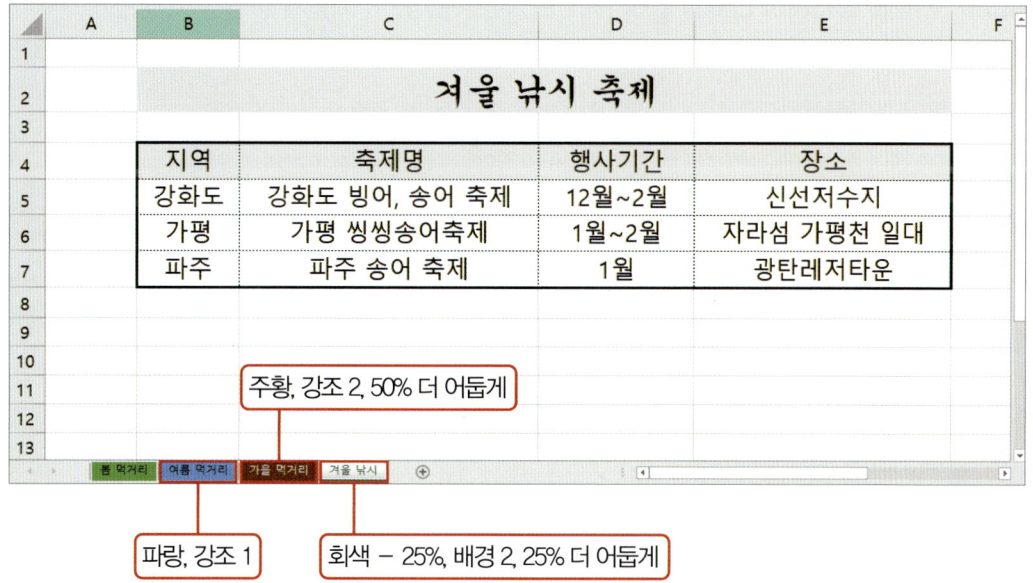

주황, 강조 2, 50% 더 어둡게

파랑, 강조 1

회색 − 25%, 배경 2, 25% 더 어둡게

쑥쑥! 실력 키우기

1 색 채우기를 이용해 다음과 같이 캐릭터를 만들고 시트 이름을 '캐릭터1'로 변경해 보세요.

HY견고딕, 24pt, 글꼴 색 : 빨강, 채우기 색 : 황금색, 강조 4, 병합하고 가운데 맞춤

2 [캐릭터1] 시트를 복사하여 다음과 같이 [캐릭터2]와 [캐릭터3] 시트를 만들고 시트 탭 이름과 색을 변경해보세요.

Hint • [캐릭터1] 탭 : 빨강   • [캐릭터2] 탭 : 주황   • [캐릭터3] 탭 : 연한 파랑

워드아트로 제목을 꾸며보아요.

화려하고 예쁜 포스터 제목을 만들고 싶다고요? 워드아트를 이용해보세요. 멋지고 예쁜 나만의 포스터 제목을 만들 수 있답니다.

① 다음과 같이 문서를 만들고 셀 서식과 셀 높이를 변경합니다.

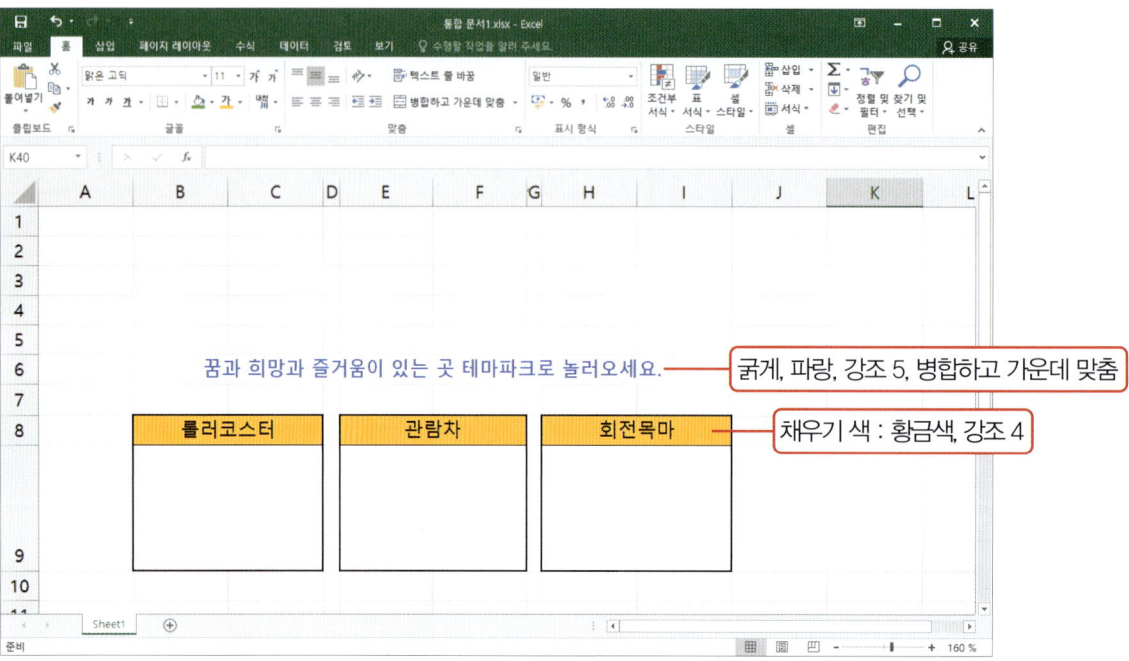

② [삽입] 탭-[텍스트] 그룹-[WordArt(가)]에서 '채우기 - 황금색, 강조 4, 부드러운 입체'를 선택합니다.

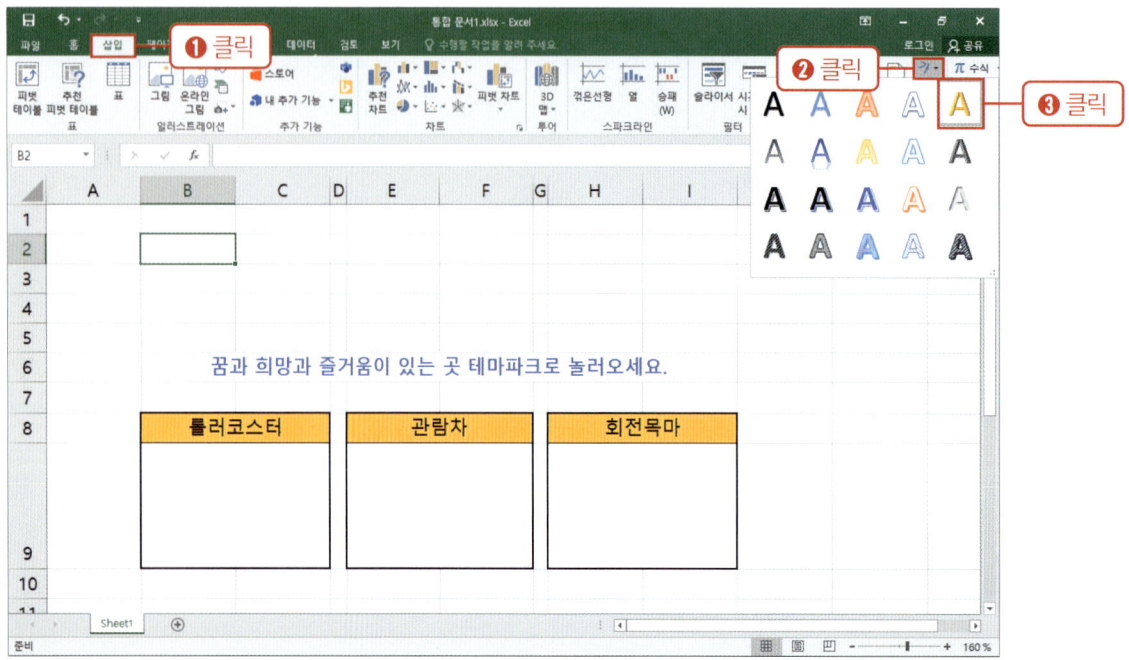

③ 텍스트 상자가 나타나면 "테마파크"를 입력하고 다음과 같이 위치를 이동합니다.

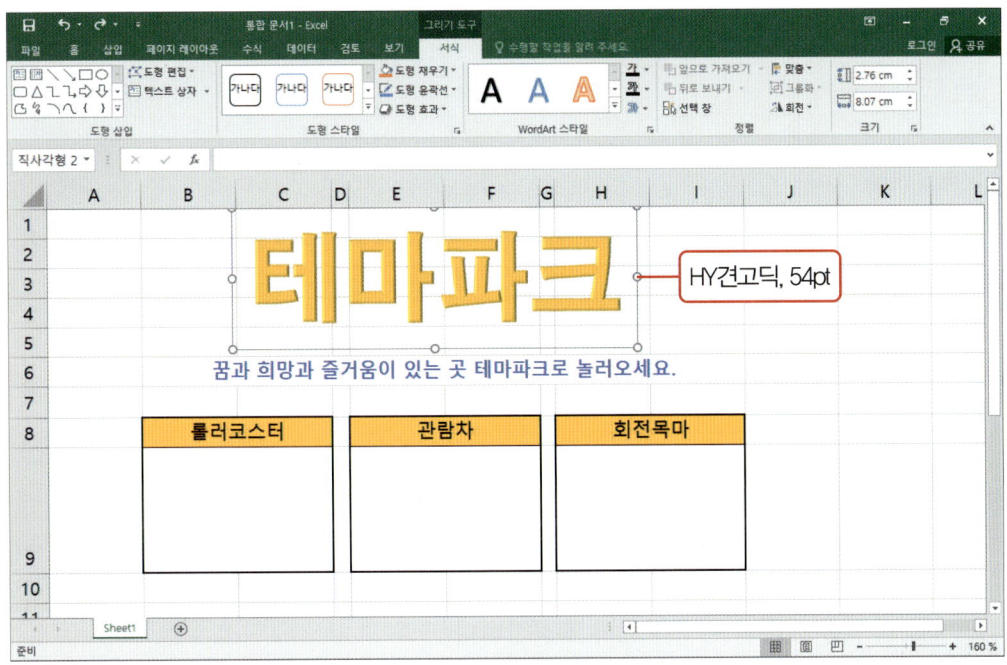

④ 텍스트 상자를 선택하여 [그리기 도구]-[서식] 탭-[WordArt 스타일] 그룹-[텍스트 효과]-[변환]-[휘기]에서 '이중 물결 1'을 클릭합니다.

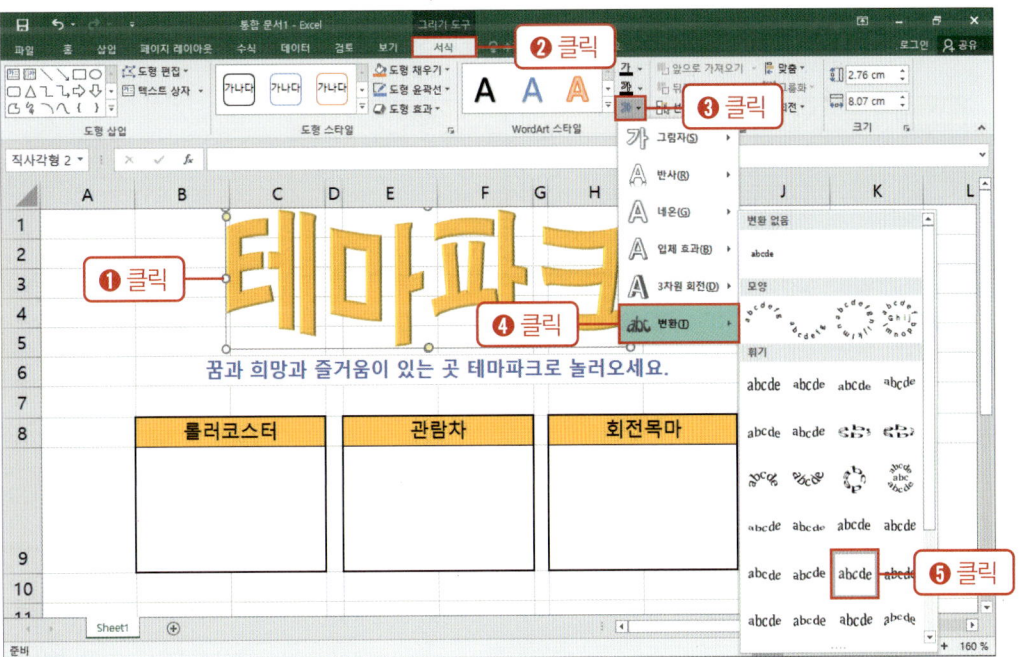

5 워드아트의 모양을 변경하기 위해 '조절점(◉)'을 드래그하여 다음과 같이 모양을 만듭니다.

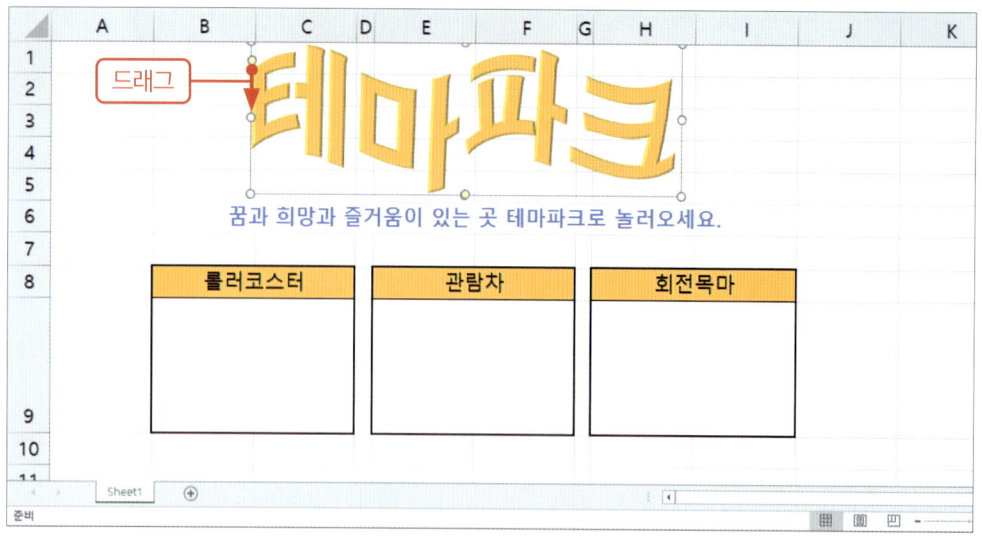

6 워드아트의 크기를 작성한 내용과 어울리도록 조절합니다.

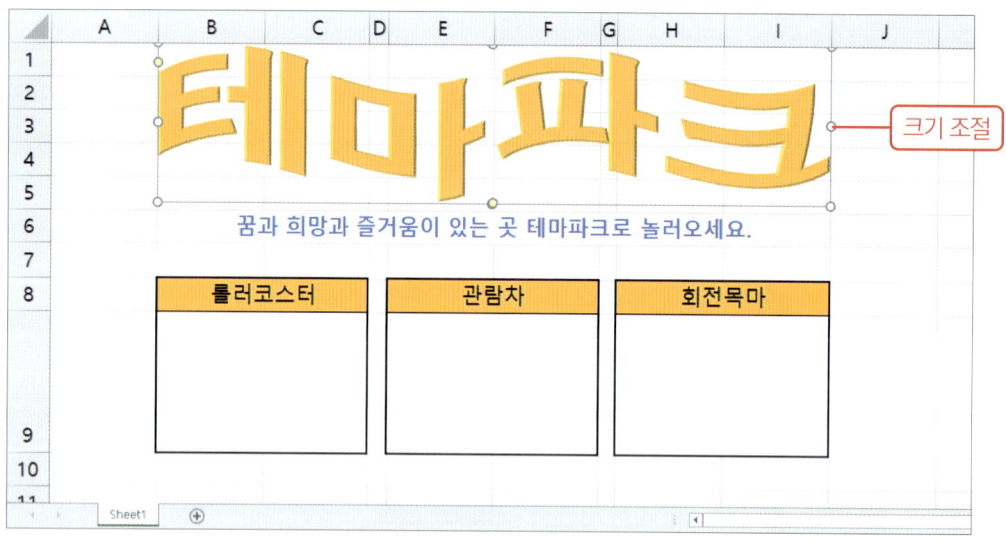

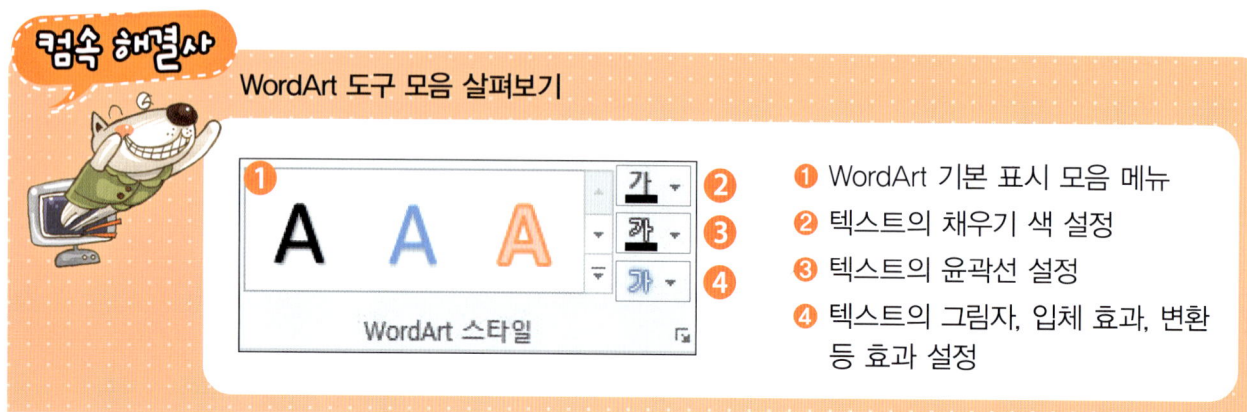

WordArt 도구 모음 살펴보기

❶ WordArt 기본 표시 모음 메뉴
❷ 텍스트의 채우기 색 설정
❸ 텍스트의 윤곽선 설정
❹ 텍스트의 그림자, 입체 효과, 변환 등 효과 설정

02 그림을 삽입해보아요.

포스터에 테마공원과 어울리는 예쁜 그림이 있으면 더욱 좋겠죠?
그림을 삽입해 포스터를 더 예쁘게 만들어보아요.

① 그림을 삽입하기 위해 [B9] 셀을 선택한 후 [삽입] 탭-[일러스트레이션] 그룹-[그림]을 클릭합니다.

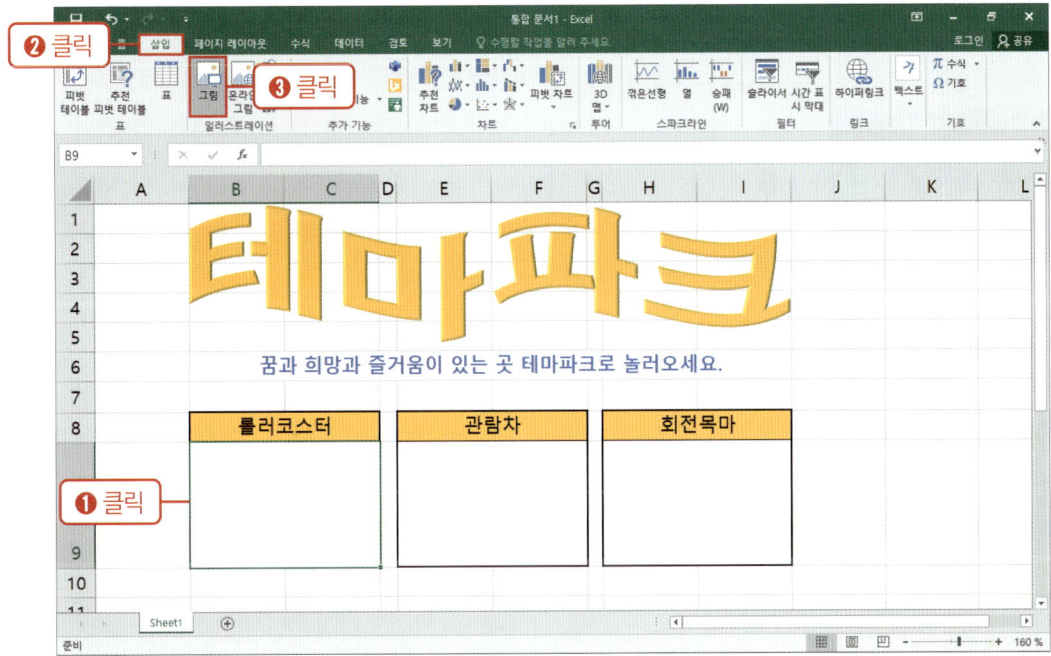

② [그림 삽입] 대화상자가 나타나면 '롤러코스터.jpg' 파일을 선택하고, [삽입] 단추를 클릭합니다.

③ 워크시트에 그림이 삽입되면 그림을 선택한 후 [그림 도구]-[서식] 탭-[크기] 그룹에서 [크기 및 속성(📐)]을 클릭합니다.

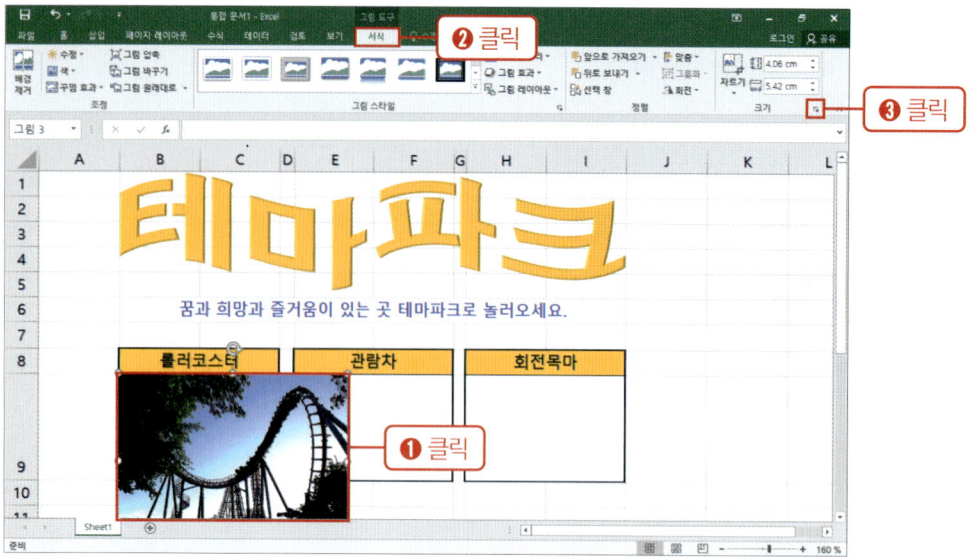

④ 화면 오른쪽에 [그림 서식] 창이 나타나면 '가로 세로 비율 고정'을 체크 해제한 후 높이를 '2.4cm', 너비를 '3.8cm'로 변경하고 [닫기(❌)]를 클릭합니다. 이어서 그림을 선택하고 위치를 조절합니다.

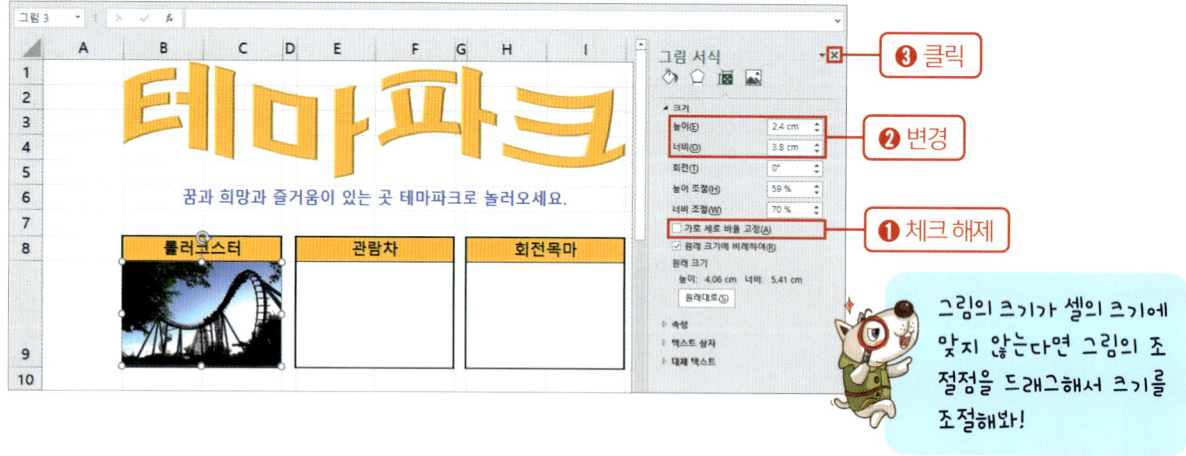

⑤ [E9], [H9] 셀에도 그림을 삽입하고, 위치와 크기를 변경합니다.

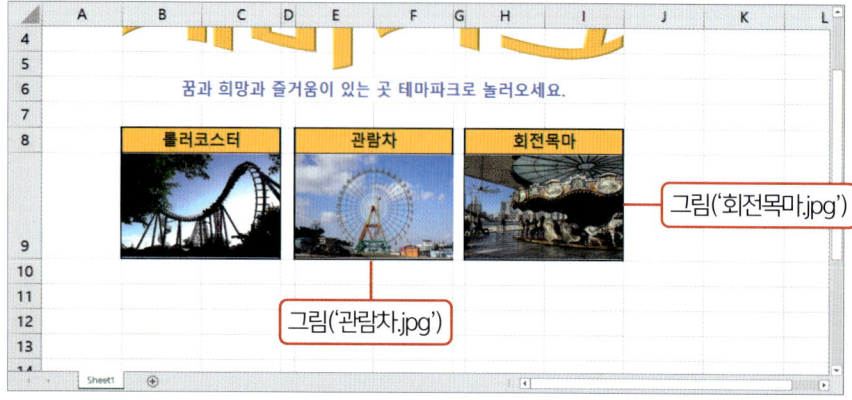

쑥쑥! 실력 키우기

1 워드아트를 이용해 다음과 같은 문서를 만들어보세요.

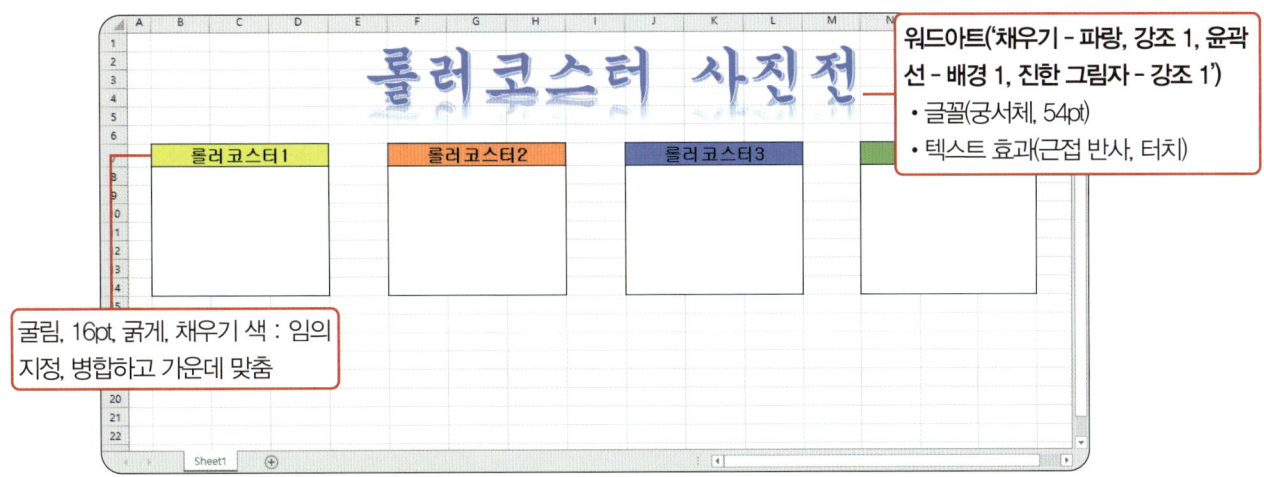

- 워드아트('채우기 - 파랑, 강조 1, 윤곽선 - 배경 1, 진한 그림자 - 강조 1')
  - 글꼴(궁서체, 54pt)
  - 텍스트 효과(근접 반사, 터치)
- 굴림, 16pt, 굵게, 채우기 색 : 임의 지정, 병합하고 가운데 맞춤

2 그림을 삽입하여 다음과 같이 문서를 완성해보세요.

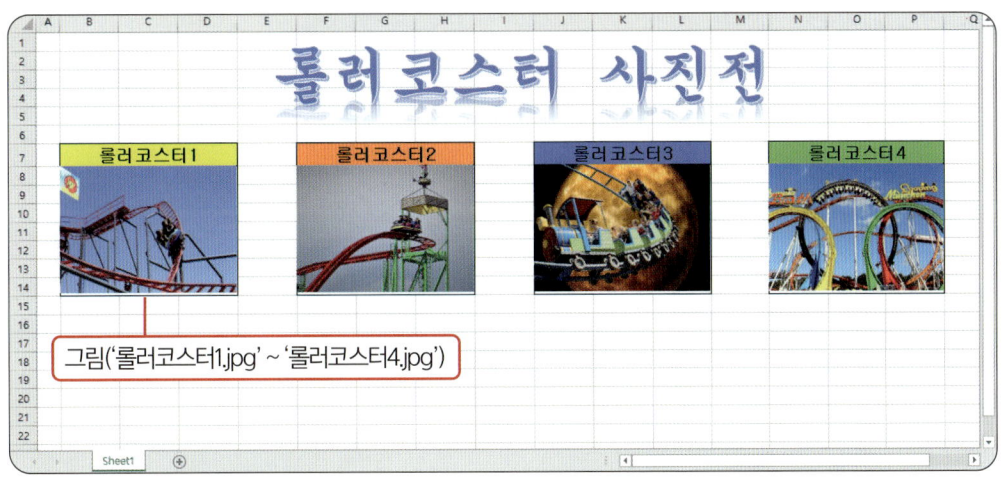

- 그림('롤러코스터1.jpg' ~ '롤러코스터4.jpg')

Hint
- 크기 : 높이 '4cm', 너비 '5.7cm'
- '가로 세로 비율 고정' 체크 해제

도형 서식으로 배경을 꾸며보아요.

할인쿠폰을 예쁘게 만들려면 배경을 예쁘게 꾸며야겠죠?
도형 서식을 이용해 도형의 배경을 예쁘게 꾸며보아요.

❶ [삽입] 탭-[일러스트레이션] 그룹-[도형]에서 '직사각형(□)'을 클릭합니다.

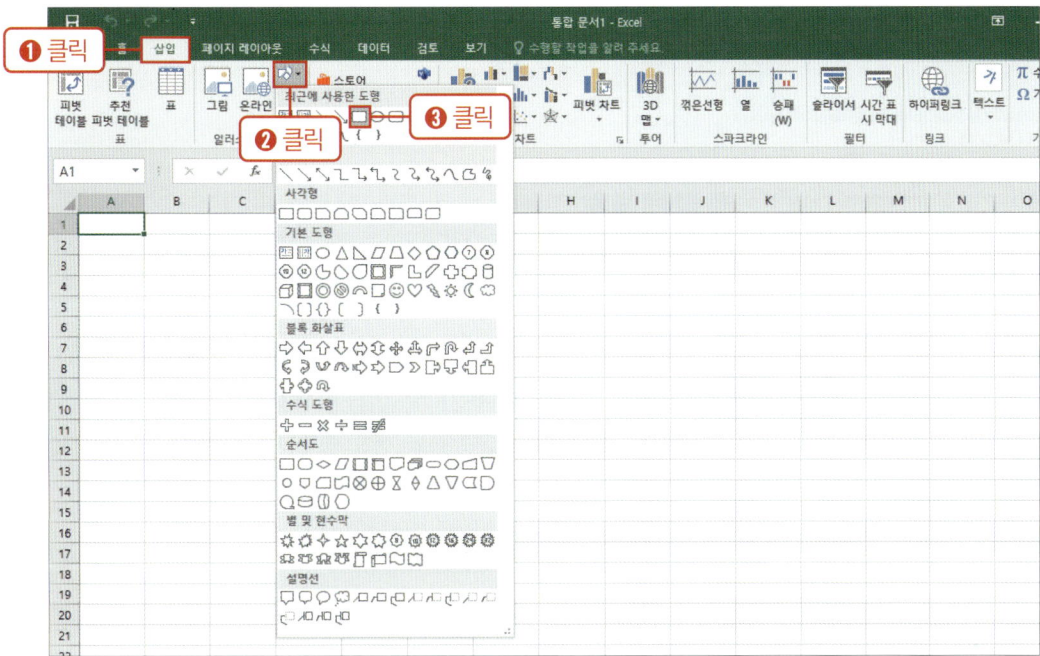

❷ [B2] 셀부터 [I14] 셀까지 드래그하여 직사각형을 그립니다.

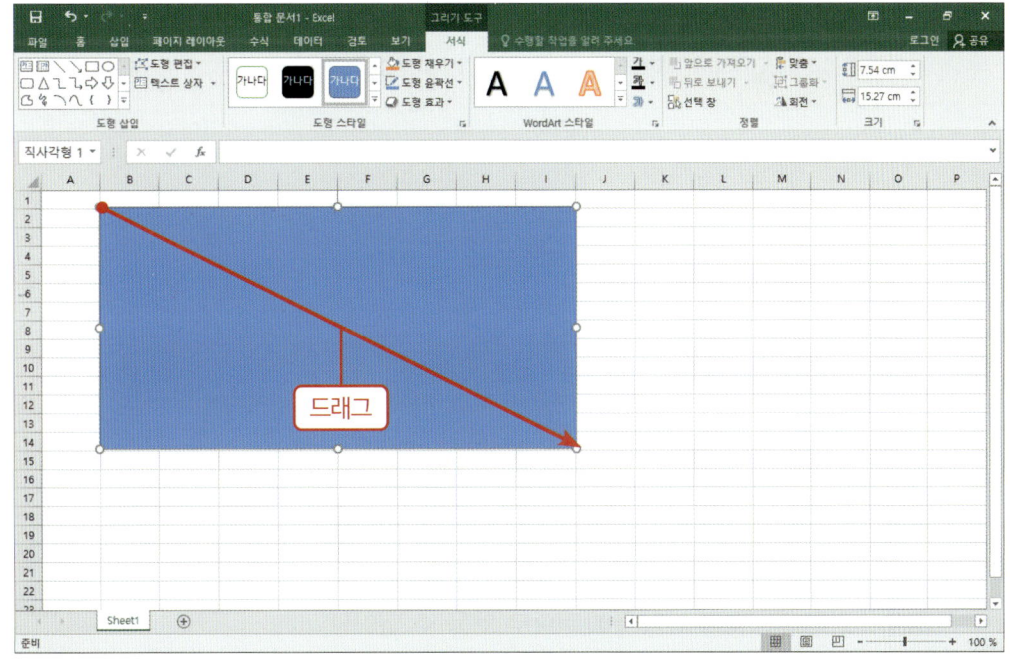

10장 • 테마공원 할인쿠폰 만들기 **67**

❸ 직사각형 도형을 선택하고 [그리기 도구]-[서식] 탭-[도형 스타일] 그룹-[도형 채우기(🎨)]-[그라데이션]-[기타 그라데이션]을 클릭합니다.

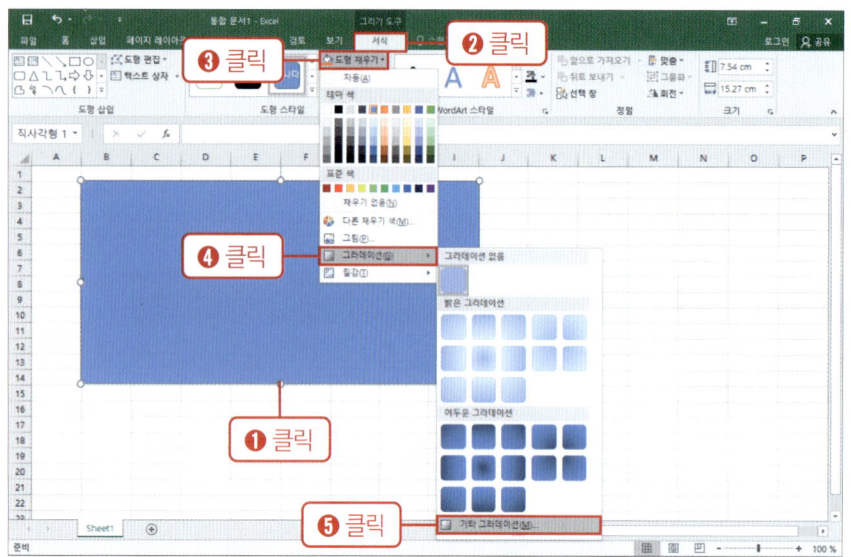

❹ 화면 오른쪽에 [도형 서식] 창이 나타나면 [도형 옵션]-[채우기 및 선]-[그라데이션 채우기] 클릭하고, [그라데이션 미리 설정]을 '위쪽 스포트라이트 강조 4', [종류]를 '경로형'으로 지정한 후 [닫기(✖)]를 클릭합니다.

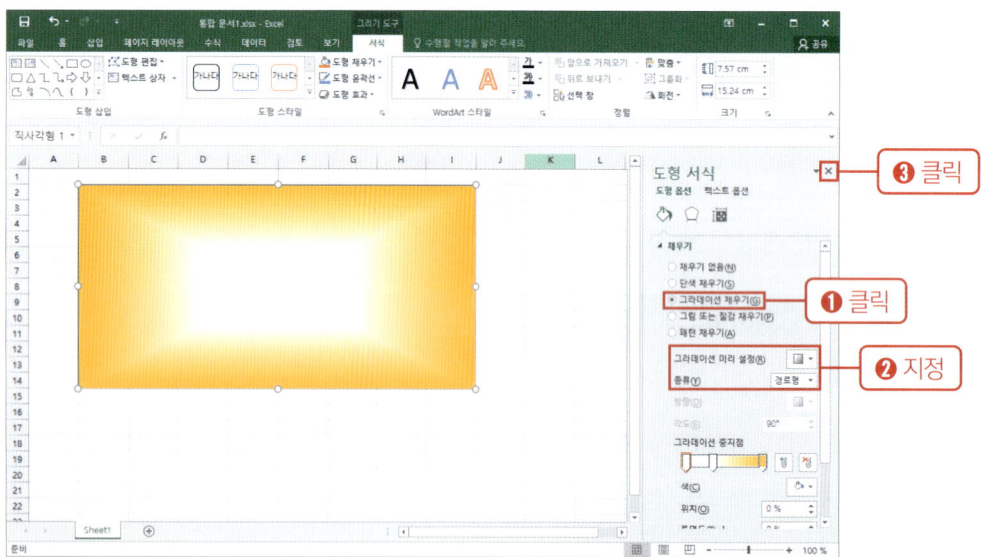

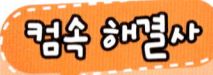

[채우기] 대화상자 살펴보기

- 단색 채우기 : 도형의 배경을 한 가지 색으로 채울 수 있어요.
- 그라데이션 : 도형의 배경을 그라데이션으로 채울 수 있어요.
- 그림 : 도형의 배경을 다양한 그림으로 채울 수 있어요.
- 질감 : 도형의 배경을 다양한 질감으로 채울 수 있어요.
- 패턴 : 도형의 배경을 다양한 패턴으로 채울 수 있어요.

02 다양한 도형을 활용해보아요.

다양한 도형을 삽입하여 할인쿠폰을 완성해보세요.
그리기 도구를 활용하면 삽입한 도형을 예쁘게 꾸밀 수도 있어요.

① [삽입] 탭-[텍스트] 그룹-[WordArt(가)]에서 '채우기 - 주황, 강조 2, 윤곽선 - 강조 2'를 선택한 후 텍스트 상자가 나타나면 "OPEN 할인쿠폰"을 입력하고 다음과 같이 위치를 조절합니다.

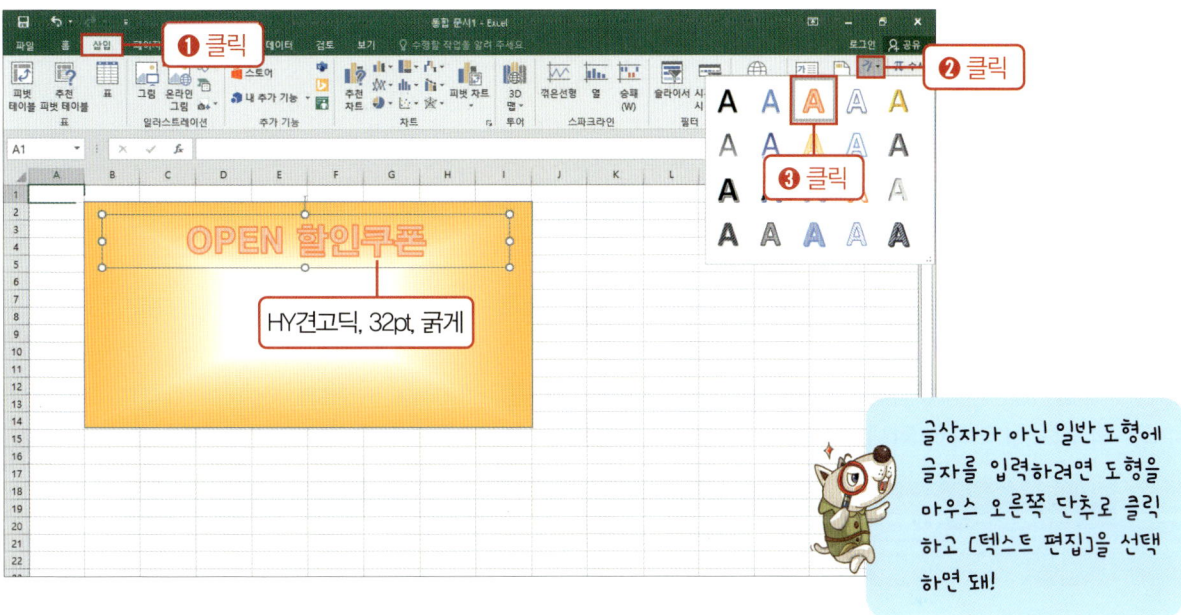

글상자가 아닌 일반 도형에 글자를 입력하려면 도형을 마우스 오른쪽 단추로 클릭하고 [텍스트 편집]을 선택하면 돼!

② [삽입] 탭-[일러스트레이션] 그룹-[도형]-[웃는 얼굴(☺)] 도형을 삽입하고 [그리기 도구]-[서식] 탭-[도형 스타일] 그룹에서 '밝은색 1 윤곽선, 색 채우기 - 황금색, 강조 4'를 지정한 후 Ctrl +드래그하여 도형을 복사합니다.

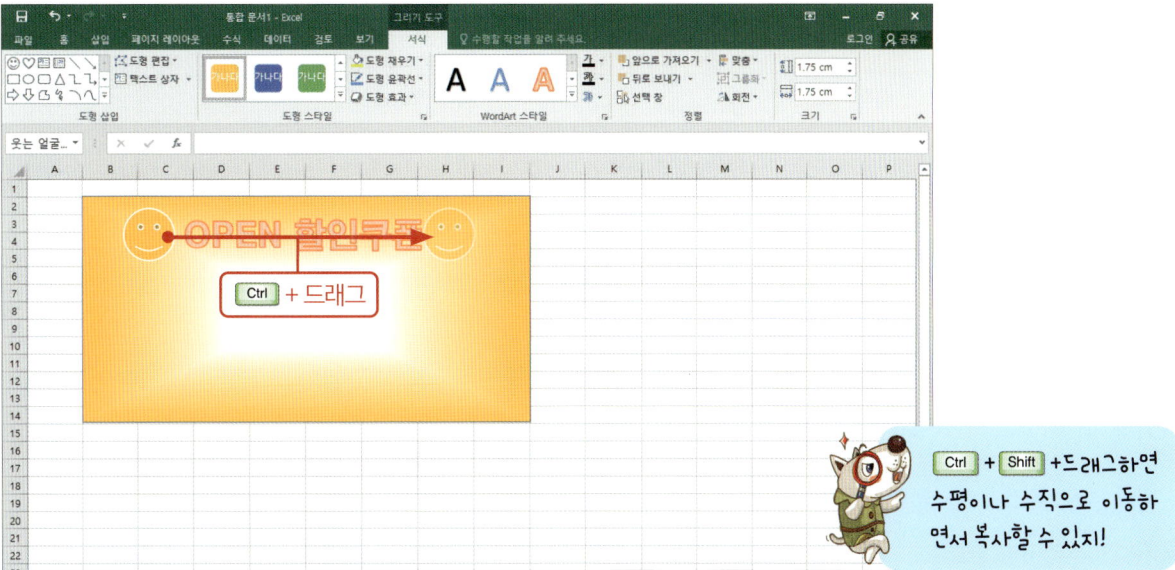

Ctrl + Shift +드래그하면 수평이나 수직으로 이동하면서 복사할 수 있지!

10장 • 테마공원 할인쿠폰 만들기

③ [삽입] 탭-[일러스트레이션] 그룹-[도형]-[직각 삼각형(△)] 도형을 삽입하고, [그리기 도구]-[서식] 탭에서 [도형 스타일]을 '색 윤곽선 - 황금색, 강조 4'로 선택한 후 [도형 윤곽선]-[대시]-[파선]을 클릭합니다.

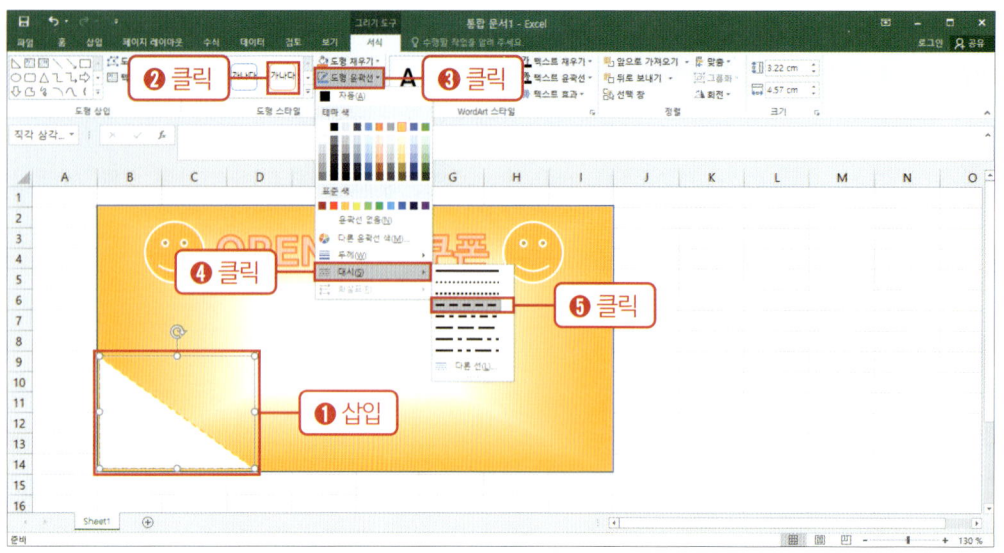

④ [삽입] 탭-[텍스트] 그룹-[WordArt(가)]에서 '채우기 - 흰색, 윤곽선 - 강조 1, 그림자'를 선택하고 텍스트 상자가 나타나면 "30%할인쿠폰"을 입력합니다.

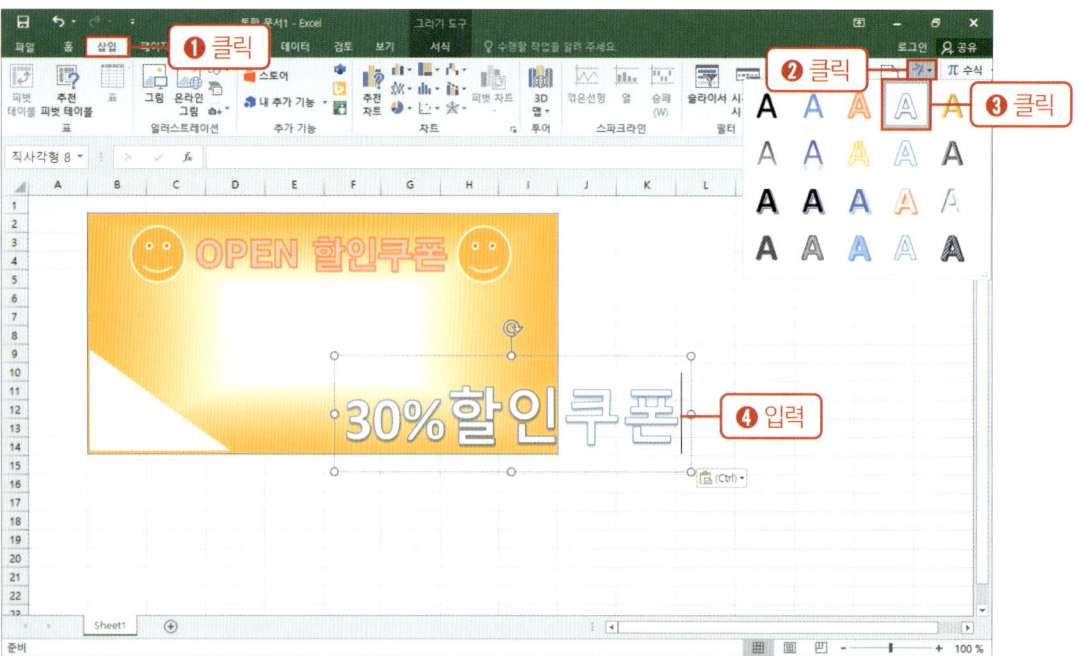

5 워드아트의 글꼴을 'HY견고딕', 크기 '16pt'로 지정하고 '회전 조절점(@)'을 드래그하여 회전시킨 후 다음과 같이 위치를 조절합니다.

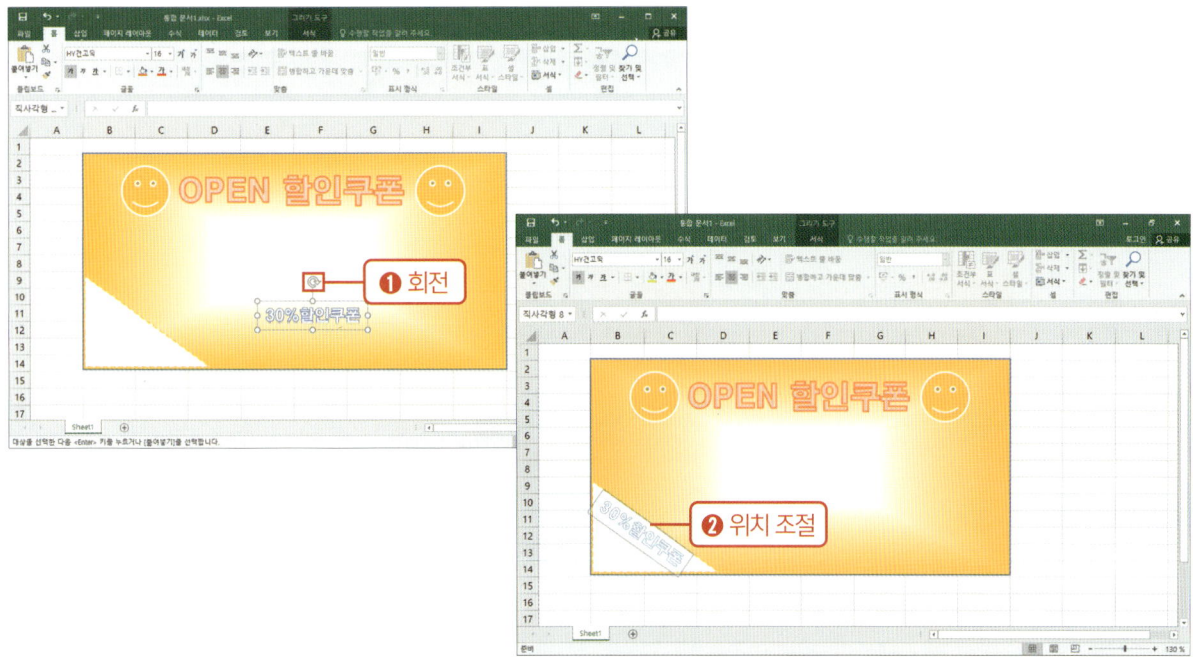

6 [삽입] 탭-[일러스트레이션] 그룹-[그림]에서 '테마파크.jpg' 파일을 삽입한 후 다음과 같이 위치 및 크기를 조절합니다.

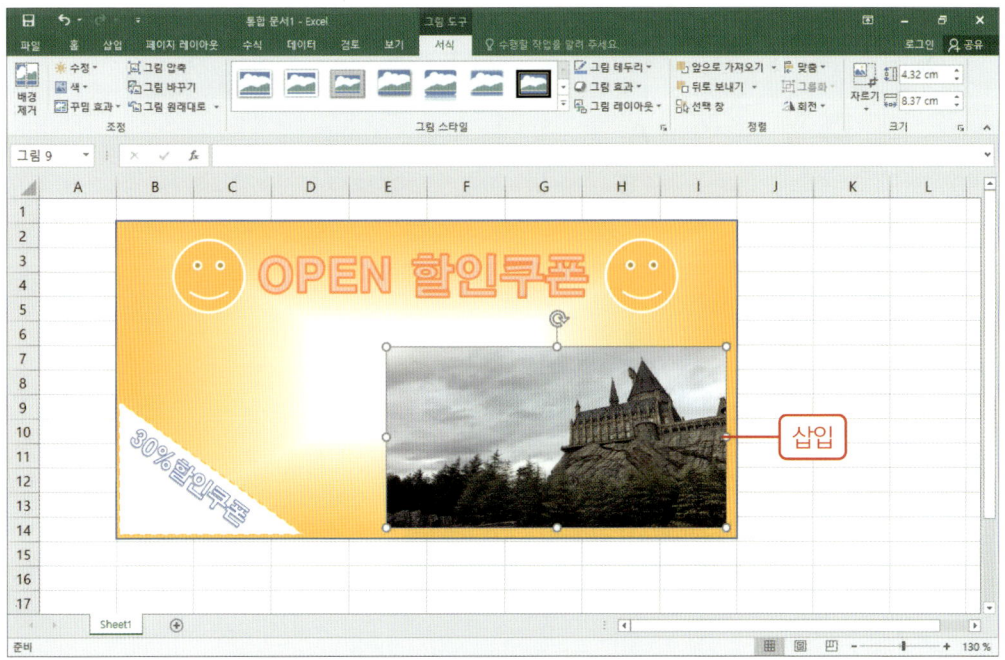

7 [삽입] 탭-[일러스트레이션] 그룹-[도형]-[타원형 설명선(◯)] 도형을 삽입하고 도형을 마우스 오른쪽 단추로 클릭한 후 [텍스트 편집]을 클릭합니다. 이어서 "할인쿠폰을 가지고 오시면 입장료를 할인해 드려요."를 입력합니다.

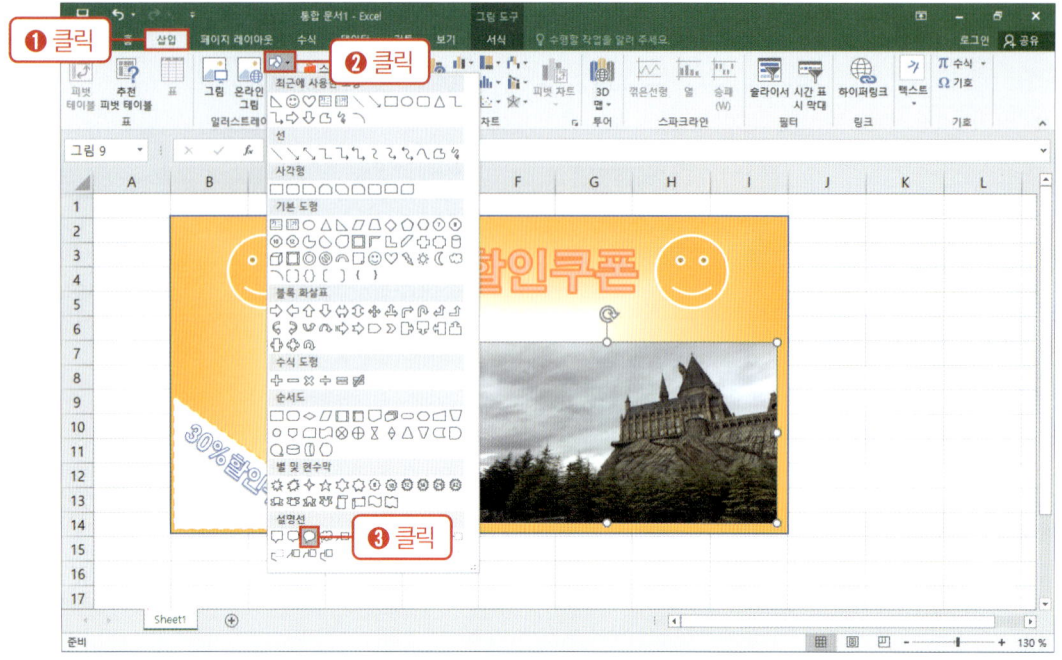

8 [그리기 도구]-[서식] 탭-[도형 스타일] 그룹에서 '색 채우기 - 주황, 강조 2', [도형 효과]-[그림자]-[바깥쪽]에서 '오프셋 위쪽'을 선택하고 도형의 '모양 조절점(◯)'을 드래그하여 위치를 조절합니다.

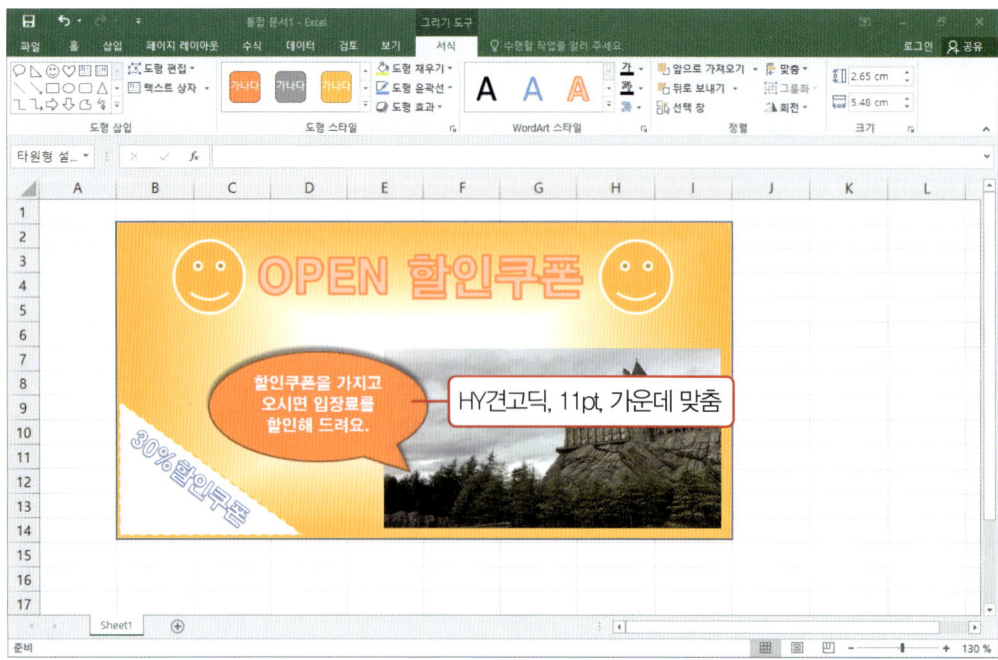

쑥쑥! 실력 키우기

1 도형과 그림을 이용해 다음과 같은 문서를 만들어보세요.

도형('직사각형')
- 도형 채우기(연한 파랑)
- 도형 윤곽선(진한 파랑, 두께 - 1pt, 대시 - 실선)
- 글꼴(HY목각파임B, 18pt)

그림('안마.jpg', '심부름.jpg', '청소.jpg', '랜덤.jpg')

도형('직사각형')
- 도형 채우기(파랑, 강조 1, 80% 더 밝게)
- 도형 윤곽선(진한 파랑, 두께 - 1pt, 대시 - 파선)

2 기본 도형을 이용해 다음과 같은 문서를 만들어보세요.

도형('도넛')

도형('곱셈 기호')

도형('웃는 얼굴')

도형('모서리가 둥근 직사각형')

Hint 도형의 채우기 색 및 윤곽선 서식 등은 임의로 예쁘게 지정해보세요.

SmartArt를 삽입해보아요.

층별 안내판을 만들기 위해서는 층을 구분하여 도식화하면 편리하겠죠?
SmartArt를 이용하면 미리 만들어져 있는 레이아웃을 이용해 쉽게 안내판을 만들 수 있어요.

① 워드아트와 그림을 이용하여 다음과 같이 문서를 작성하고 [삽입] 탭-[일러스트레이션] 그룹-[SmartArt]를 클릭합니다.

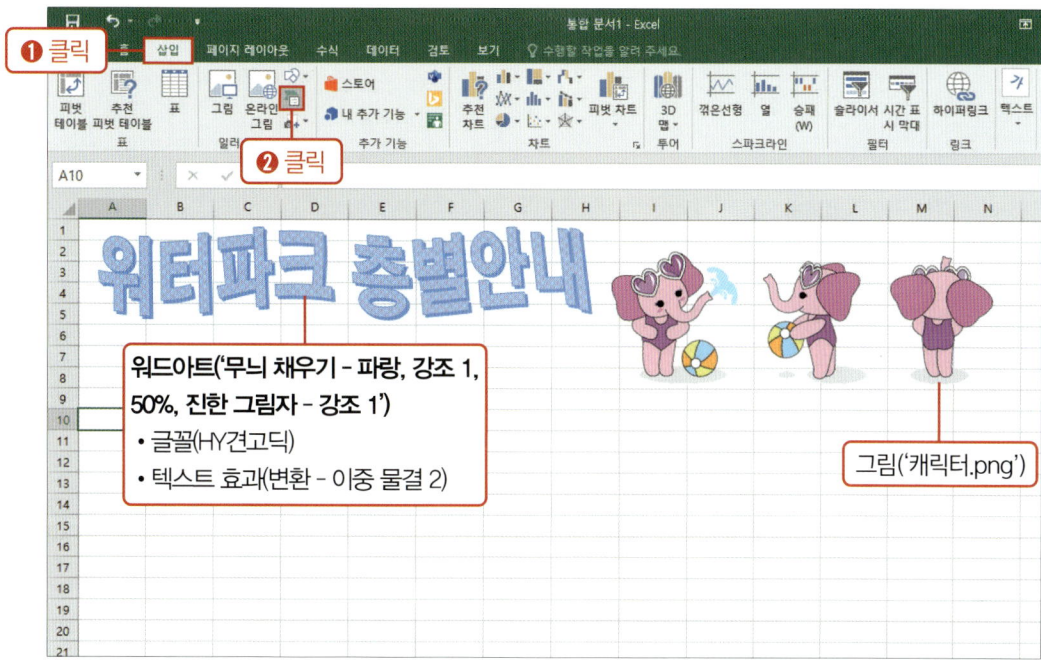

② [SmartArt 그래픽 선택] 대화상자에서 [목록형]-[가로 그림 목록형]을 선택하고 [확인] 단추를 클릭합니다.

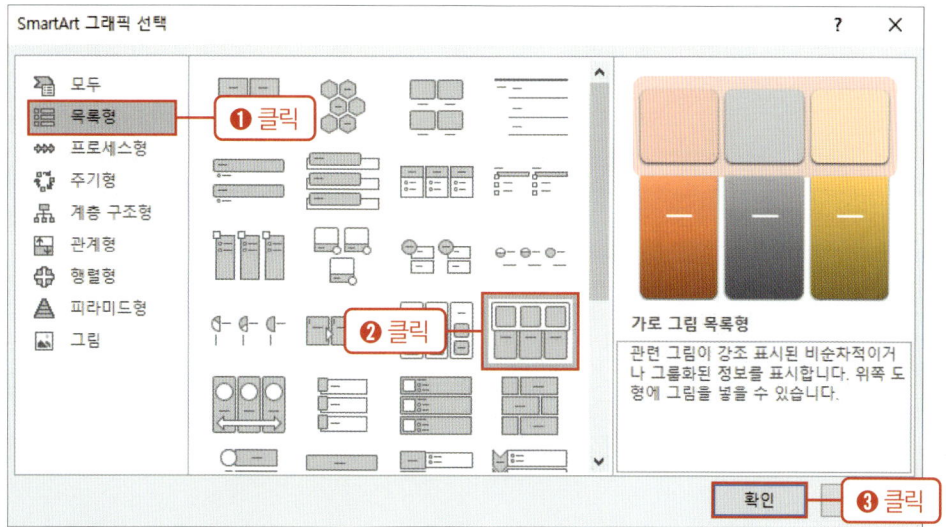

11장 • 워터파크 층별 안내판 만들기 75

❸ [SmartArt 도구]-[디자인] 탭-[그래픽 만들기] 그룹-[도형 추가]-[뒤에 도형 추가]를 클릭합니다. 도형이 추가되면 다음과 같이 텍스트를 입력한 후 서식을 지정하고 크기를 변경합니다.

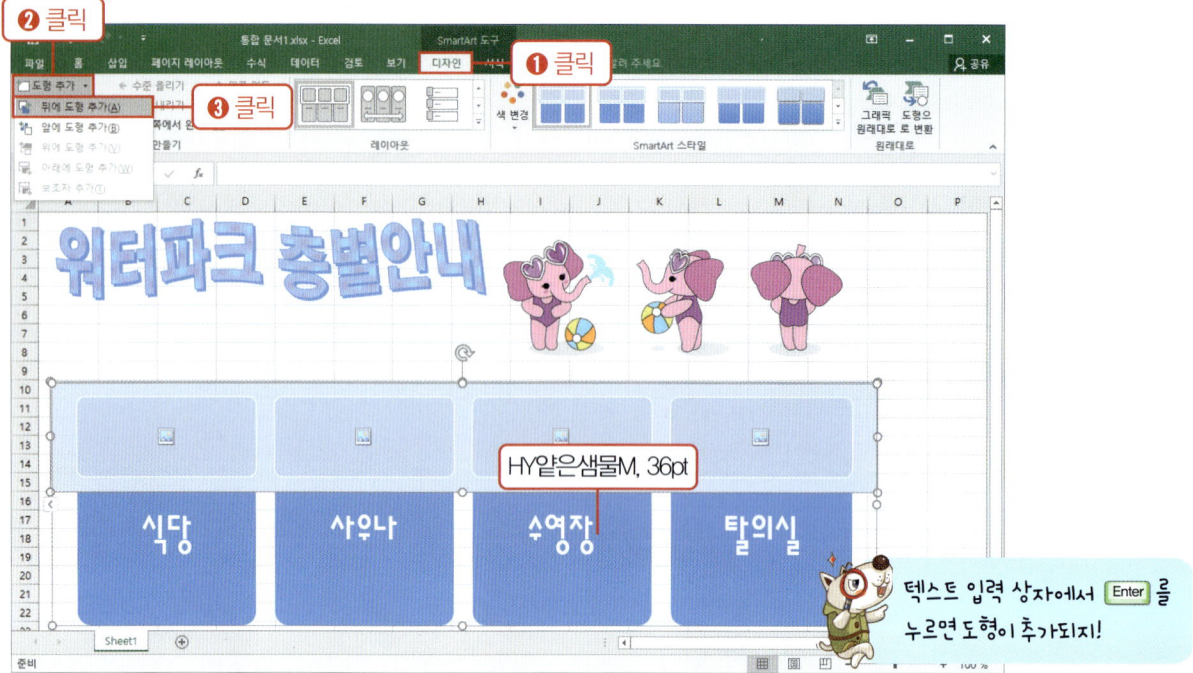

❹ SmartArt의 [그림 삽입(🖼)] 아이콘을 클릭하고 [파일에서]를 클릭합니다. [그림 삽입] 대화상자가 나타나면 '식당.png' 파일을 선택한 후 [삽입] 단추를 클릭하여 그림을 삽입합니다. 같은 방법으로 각 그림 칸에 해당하는 그림을 삽입합니다.

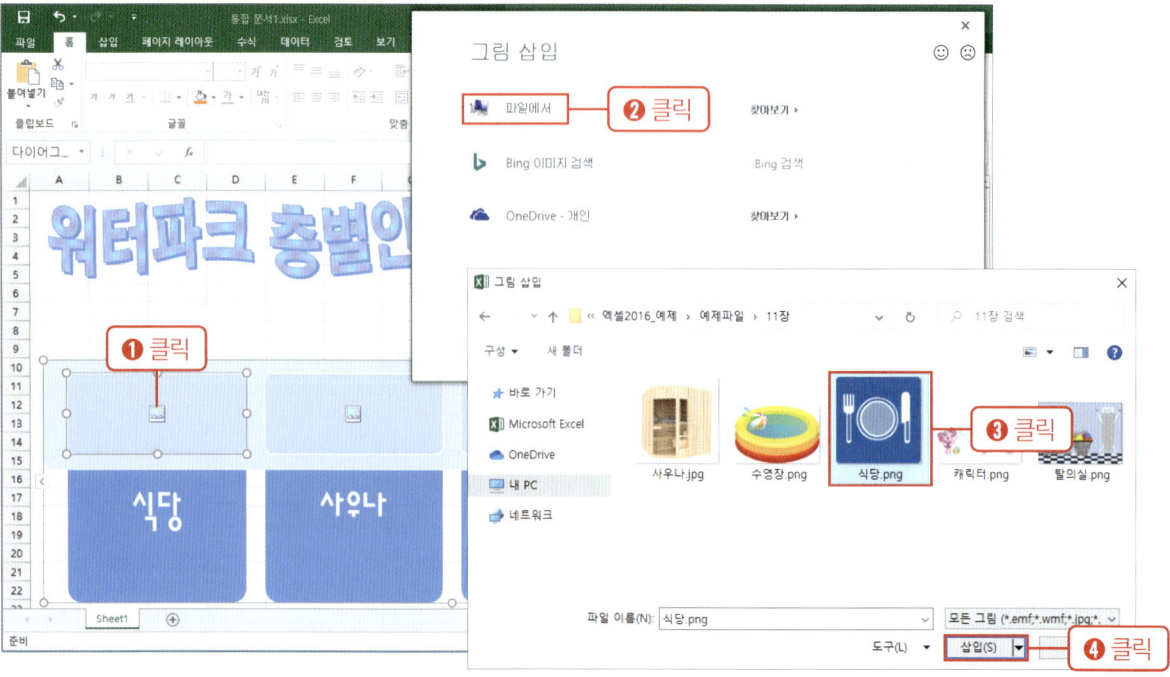

02 SmartArt를 꾸며보아요.

층별 안내판 내용을 입력했으면 안내판을 예쁘게 꾸며야겠죠? SmartArt 스타일을 이용해 작성한 SmartArt를 예쁘게 꾸며보아요.

① 작성한 SmartArt를 선택한 후 [SmartArt 도구]-[디자인] 탭-[SmartArt 스타일] 그룹-[색 변경]에서 '색상형 범위 - 강조색 4 또는 5'를 클릭합니다.

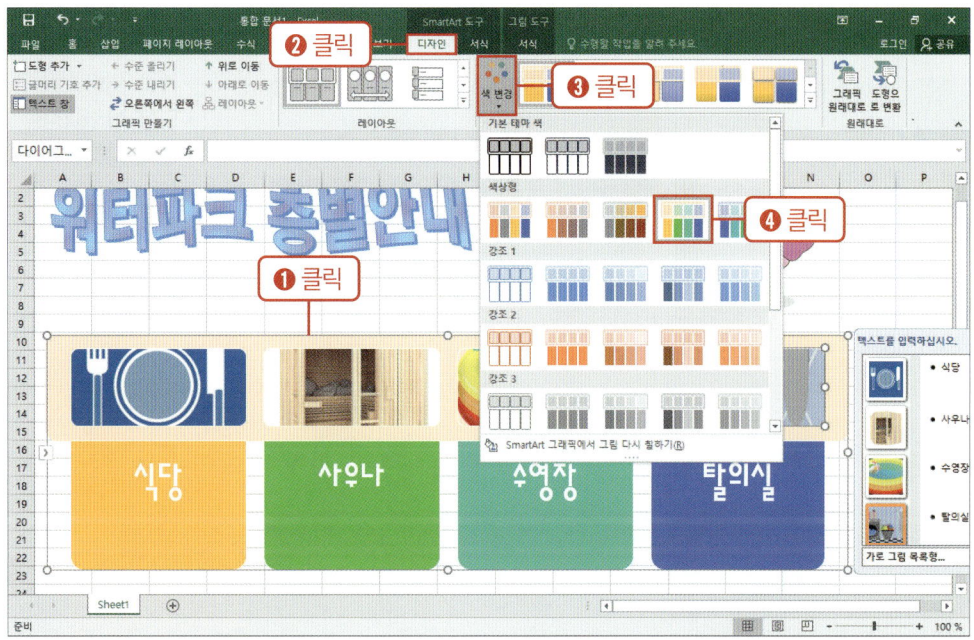

② 이어서 [SmartArt 도구]-[디자인] 탭-[SmartArt 스타일]에서 '3차원 - 만화'를 클릭합니다.

11장 • 워터파크 층별 안내판 만들기   **77**

❸ [삽입] 탭-[일러스트레이션] 그룹-[도형]-[왼쪽 화살표(⇦)] 도형을 삽입합니다. 이어서 도형을 마우스 오른쪽 단추로 클릭하고 [텍스트 편집]을 클릭한 후 "입구"를 입력합니다.

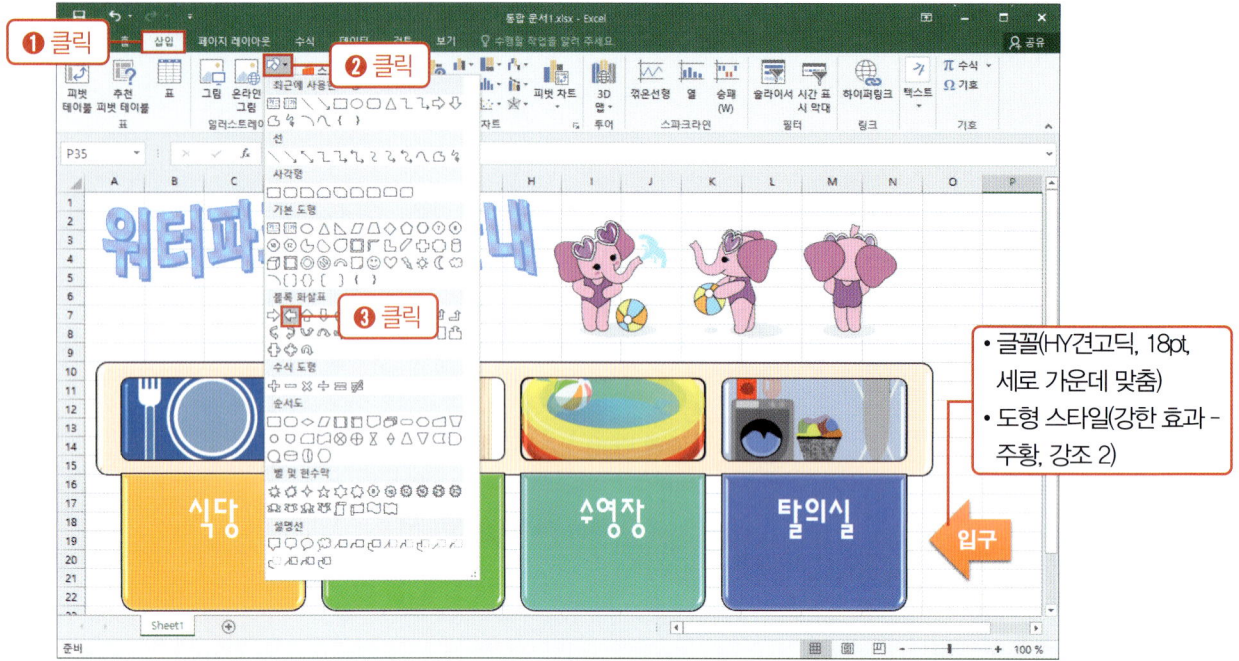

- 글꼴(HY견고딕, 18pt, 세로 가운데 맞춤)
- 도형 스타일(강한 효과 - 주황, 강조 2)

❹ 도형을 선택하고 Ctrl +드래그하여 복사한 후 다음과 같이 내용과 도형 스타일을 변경합니다.

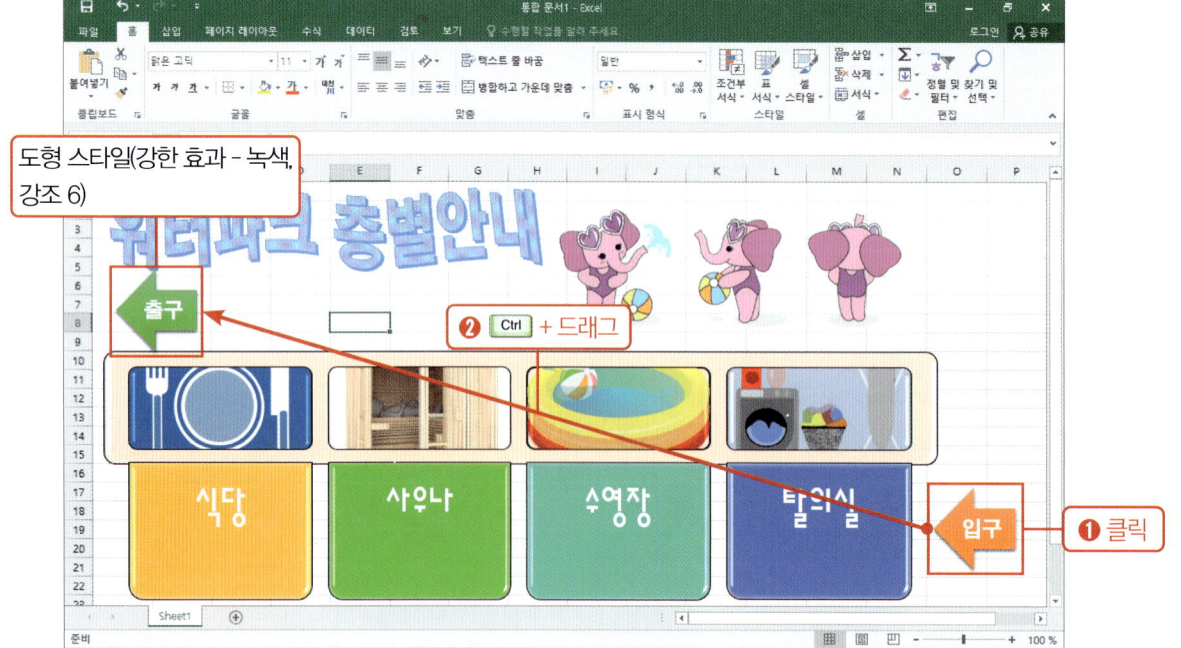

도형 스타일(강한 효과 - 녹색, 강조 6)

쑥쑥! 실력 키우기

1 SmartArt를 이용해 다음과 같은 먹이사슬 표를 만들어보세요.

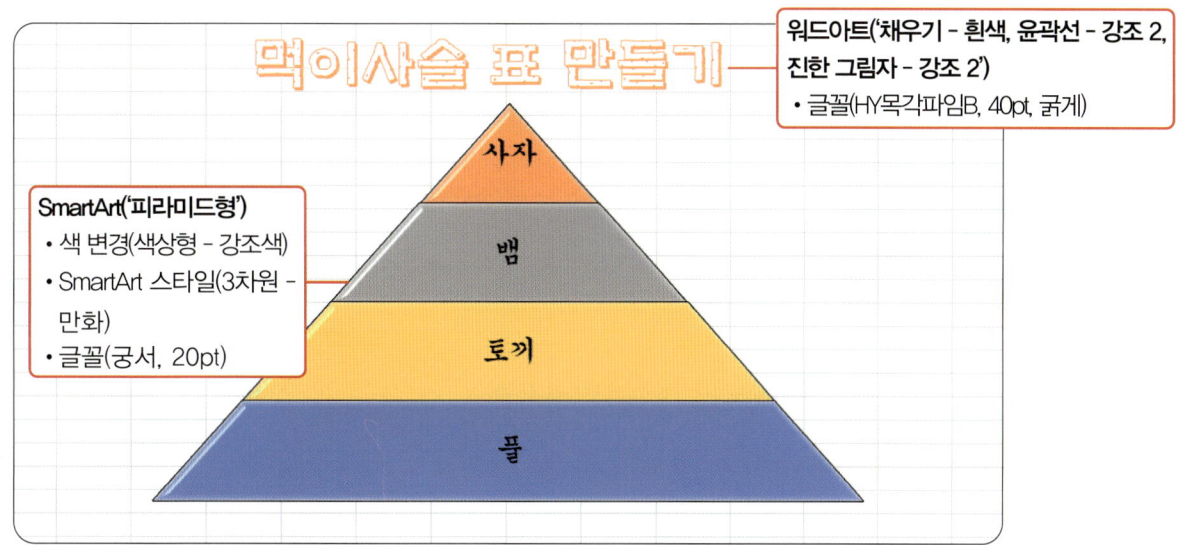

워드아트('채우기 - 흰색, 윤곽선 - 강조 2, 진한 그림자 - 강조 2')
• 글꼴(HY목각파임B, 40pt, 굵게)

SmartArt('피라미드형')
• 색 변경(색상형 - 강조색)
• SmartArt 스타일(3차원 - 만화)
• 글꼴(궁서, 20pt)

2 SmartArt를 이용해 테마공원 관람 코스를 만들어보세요.

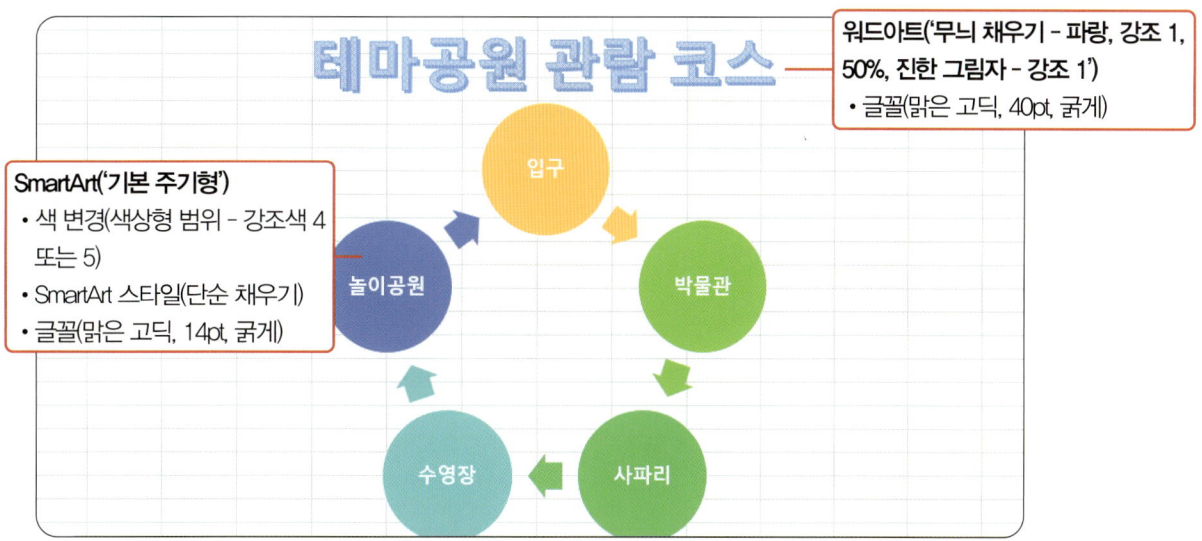

워드아트('무늬 채우기 - 파랑, 강조 1, 50%, 진한 그림자 - 강조 1')
• 글꼴(맑은 고딕, 40pt, 굵게)

SmartArt('기본 주기형')
• 색 변경(색상형 범위 - 강조색 4 또는 5)
• SmartArt 스타일(단순 채우기)
• 글꼴(맑은 고딕, 14pt, 굵게)

데이터를 입력하고 셀을 복사해보아요.

반복되는 글자들을 계속 입력하려면 시간이 오래 걸리겠죠? 여러 셀을 선택하고 한 번에 같은 글자를 입력하거나 데이터를 복사하면 쉽게 입력할 수 있어요.

❶ 다음과 같이 문서를 작성하고 서식을 지정합니다.

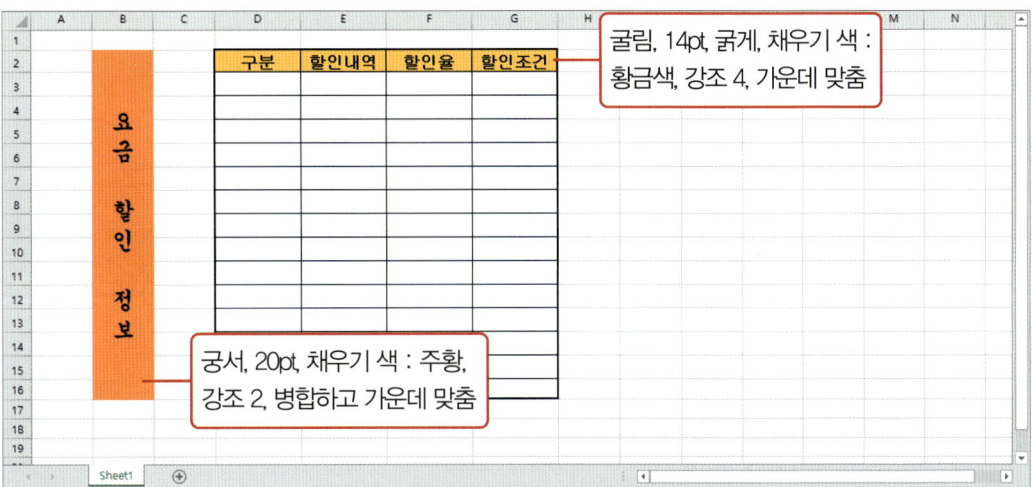

 한 셀 안에서 줄을 바꾸면서 글자를 입력하려면 Alt + Enter 를 누르면 돼!

❷ [D3:D4] 셀을 선택하고 "두리카드"를 입력한 후 Ctrl + Enter 를 누릅니다.

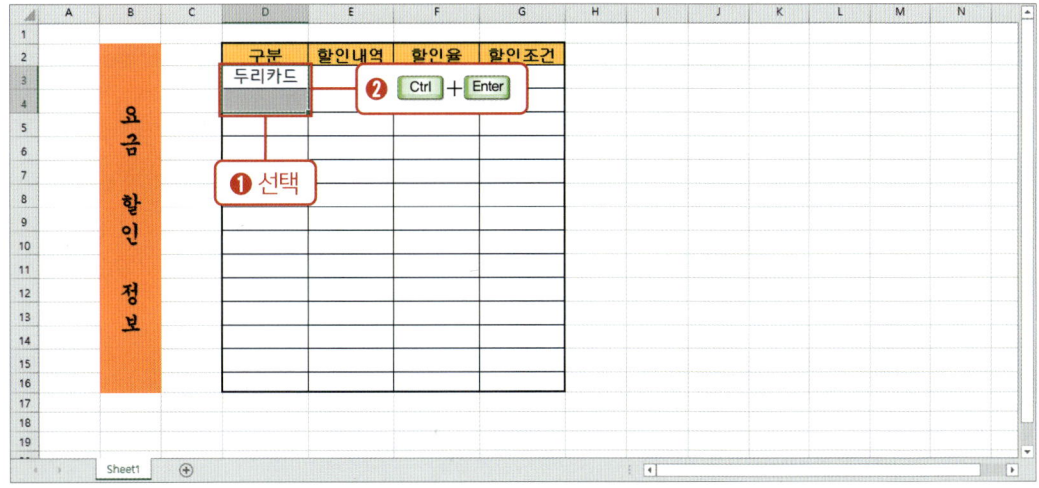

❸ 같은 방법을 사용하여 구분 항목을 다음과 같이 입력합니다.

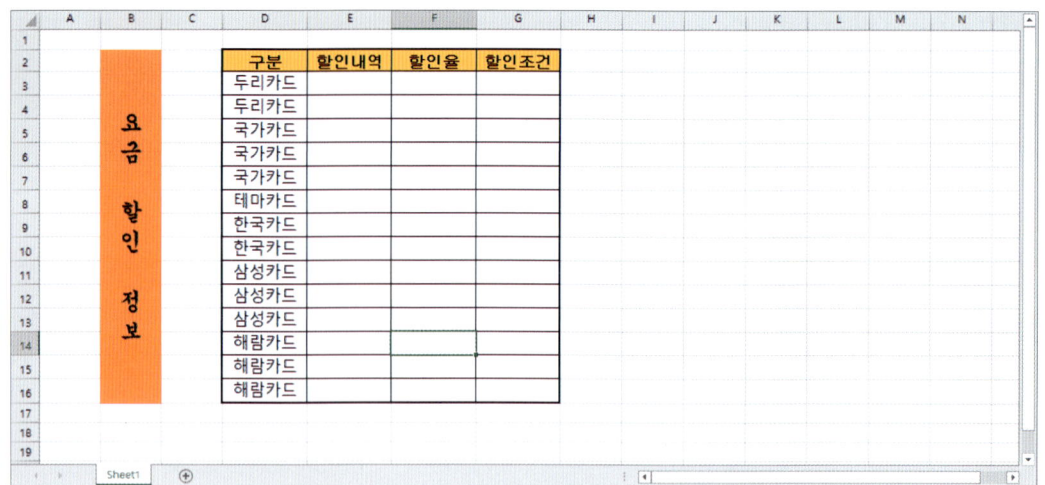

❹ [E3] 셀에 "자유이용권"을 입력합니다. 이어서 [E3] 셀을 마우스 오른쪽 단추로 클릭한 후 [복사]를 클릭합니다.

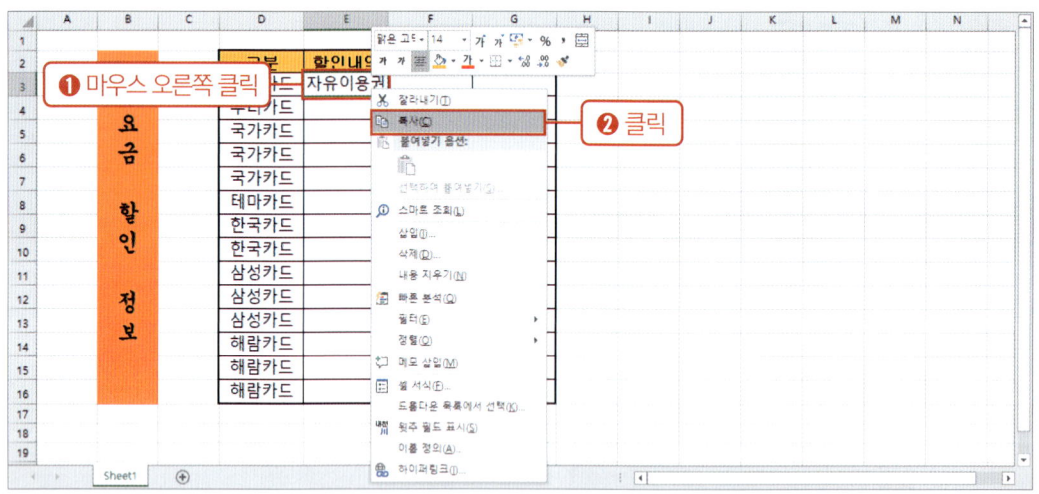

 Ctrl + C 를 눌러 복사할 수도 있어. 복사가 되면 셀 테두리가 점선으로 선택되면서 깜박여!

5 Ctrl +클릭하여 [E3], [E5], [E8], [E10], [E13] 셀을 선택하고, Enter 를 누릅니다.

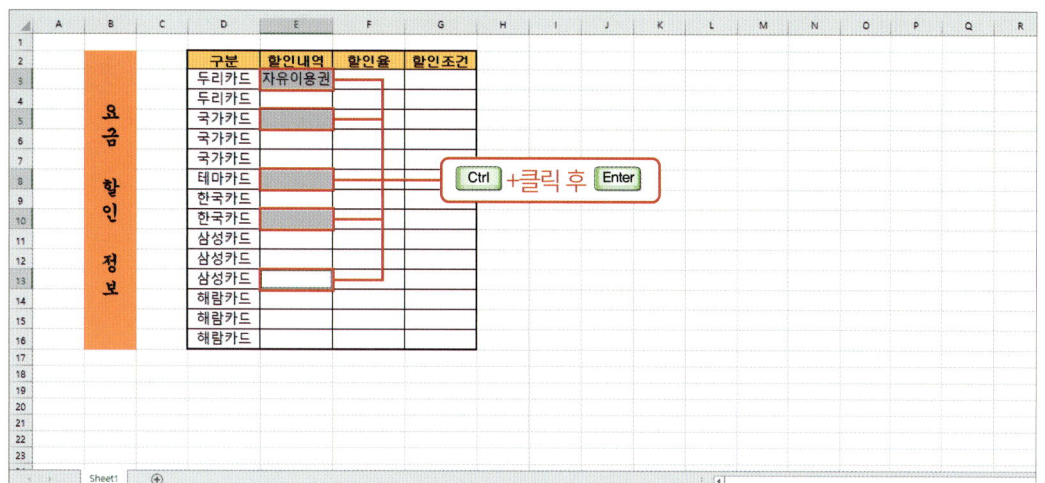

 [붙여넣기] 메뉴나 Ctrl + V 를 눌러 붙여 넣어도 복사된 셀은 계속 선택되어 있어. 붙여넣기를 끝내려면 Enter 나 Esc 를 눌러야 해!

6 같은 방법으로 할인내역, 할인율, 할인조건 항목을 입력합니다.

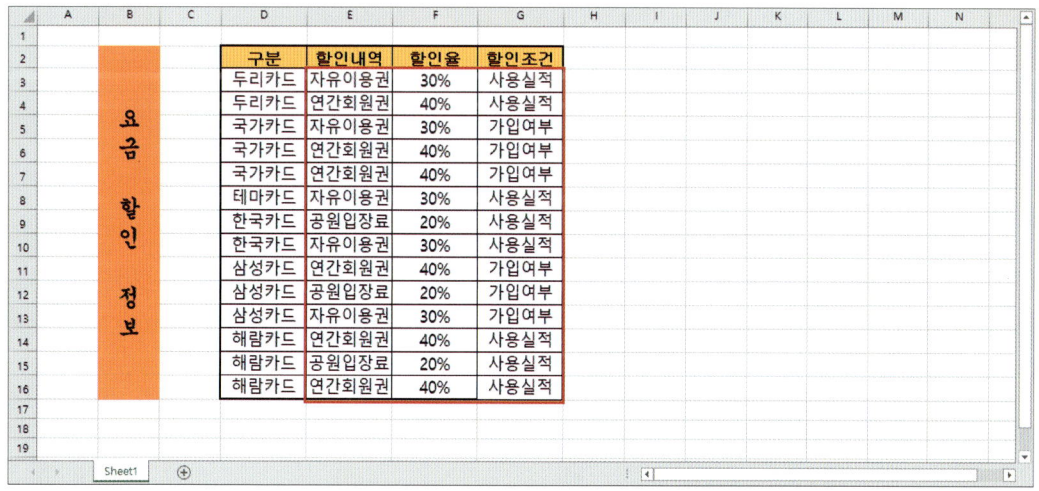

02 데이터를 정렬해보아요.

할인율이 가장 높은 데이터를 찾거나 순서대로 보고 싶다면 정렬 기능을 이용해 데이터를 정렬하면 편리해요.
정렬 기능을 사용하여 데이터를 원하는 순서로 만들어보아요.

① [D2] 셀을 선택한 후 [데이터] 탭-[정렬 및 필터] 그룹-[정렬]을 클릭합니다.

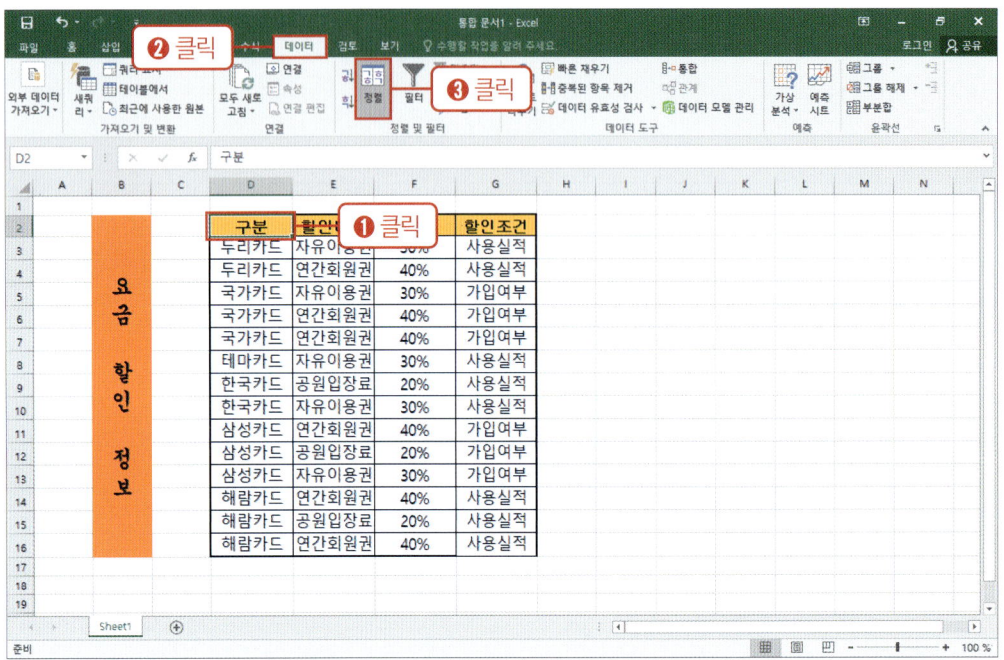

② [정렬] 대화상자가 나타나면 [열]을 '할인내역', [정렬 기준]을 '값', [정렬]을 '오름차순'으로 지정하고 [확인] 단추를 클릭합니다.

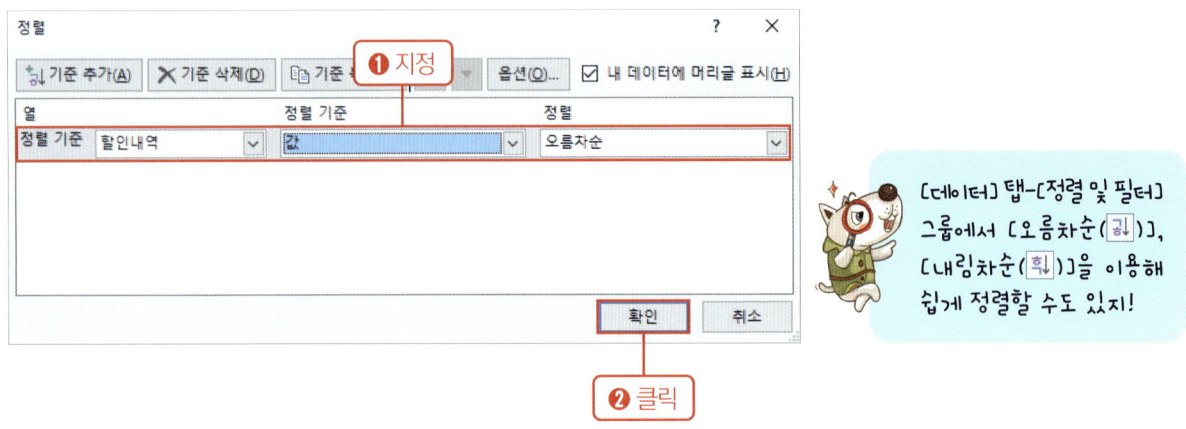

[데이터] 탭-[정렬 및 필터] 그룹에서 [오름차순], [내림차순]을 이용해 쉽게 정렬할 수도 있지!

쑥쑥! 실력 키우기

1 다음과 같이 출석부 문서를 만들고 번호 순서대로 정렬시켜 보세요.

HY견고딕, 18pt, 글꼴 색 : 주황, 강조 2, 병합하고 가운데 맞춤

굴림, 14pt, 채우기 색 : 노랑, 가운데 맞춤

학년	반	번호	이름	출석
2	1	4	박은식	
2	1	11	김은영	
2	1	2	김나연	
2	1	10	이동희	
2	1	1	김동현	
2	1	9	박은정	
2	1	8	한우영	
2	1	6	최옥현	
2	1	12	김우진	
2	1	15	허연서	
2	1	7	차동화	
2	1	3	우진수	
2	1	14	양연희	
2	1	13	장인호	
2	1	5	정수현	
2	1	16	채지욱	
2	1	17	지서연	

2 다음과 같이 세계 일기 예보 문서를 만들고 최고 기온이 낮은 날부터 높은 날로 정렬시켜 보세요.

HY엽서M, 22pt, 글꼴 색 : 황금색, 강조 4, 채우기 색 : 황금색, 강조 4, 80% 더 밝게, 테두리 그리기 : 이중 실선

맑은 고딕, 18pt, 채우기 색 : 황금색, 강조 4, 가운데 맞춤

세계 일기 예보

나라	날씨	최저기온	최고기온
일본	구름많음	16도	28도
	흐림	9도	22도
	구름많음	14도	24도
싱가포르	뇌우	24도	33도
태국	뇌우	23도	33도
홍콩	맑음	25도	30도
몰디브	구름조금	24도	30도

01 수식을 이용하여 계산해보아요.

지역별 신청 인원을 확인하려면 신청한 인원을 모두 더해야겠죠? 엑셀에서는 수식을 이용해 덧셈, 뺄셈, 곱셈, 나눗셈의 결과를 쉽게 얻을 수 있어요.

1 '지역별 테마공원 신청인원.xlsx' 파일을 불러와 다음과 같이 문서를 완성합니다.

지역별 테마공원 신청인원

						금액	6,000
지역	초등학생	중학생	고등학생	대학생	성인	이용인원	총금액
서울	35	20	15	25	15		
인천	20	12	55	23	18		
경기	25	14	8	14	36		
부산	42	54	23	20	15		
여주	52	10	25	12	13		

> 예제 파일을 불러오지 않고 새 문서를 열어 작성해도 되고 적용된 서식을 원하는 대로 변경해도 돼!

2 서울의 연령별 신청 인원을 더하기 위해 [H6] 셀을 선택하고 "="을 입력합니다.

지역별 테마공원 신청인원

						금액	6,000
지역	초등학생	중학생	고등학생	대학생	성인	이용인원	총금액
서울	35	20	15	25	15	=	입력
인천	20	12	55	23	18		
경기	25	14	8	14	36		
부산	42	54	23	20	15		
여주	52	10	25	12	13		

> 엑셀에서 수식을 입력하려면 반드시 '='을 입력하고 사용할 수식을 입력해야 해!

13장 • 테마공원 신청 인원과 이용 요금은?

❸ "C6+D6+E6+F6+G6"을 입력하여 수식을 작성하고 Enter 를 누릅니다.

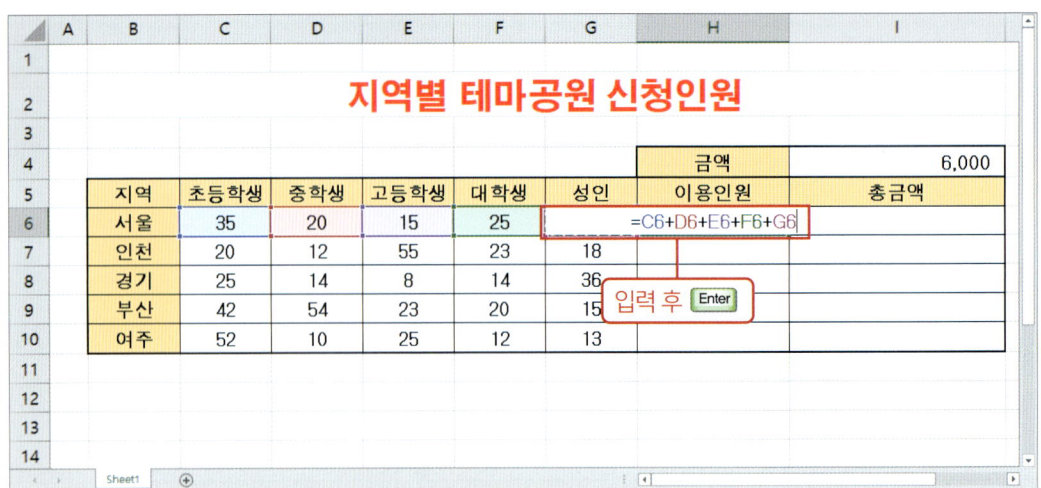

 더할 값이 있는 셀을 클릭하거나 셀 주소를 직접 입력하면 돼!
또 셀에 입력된 값이 아니라면 숫자를 직접 입력해도 돼!

❹ 각 지역별 신청 인원을 확인하기 위해 [H6] 셀을 선택하고 채우기 핸들을 [H10] 셀까지 드래그합니다.

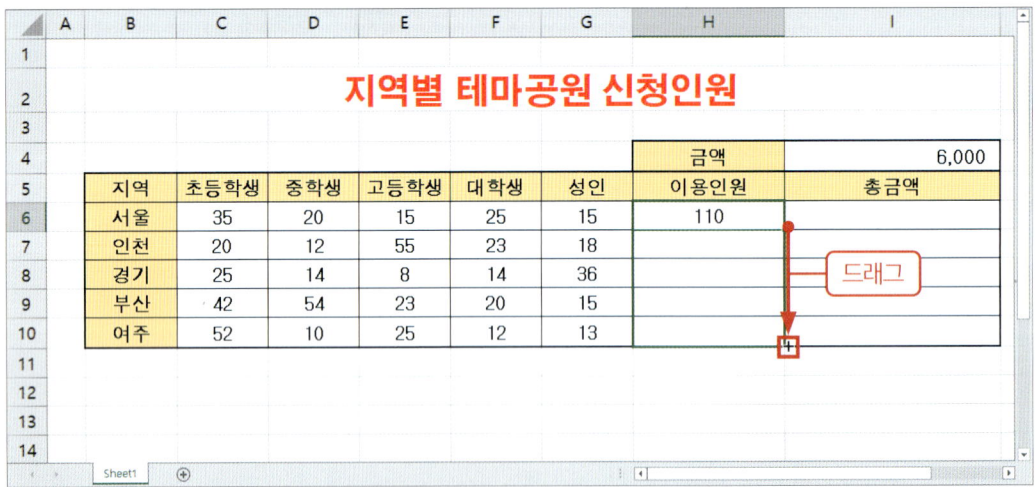

 수식이 적용된 셀의 채우기 핸들을 드래그하면 수식에 입력한 셀 주소가 드래그한 방향으로 증가하면서 계산되기 때문에 반복해서 수식을 입력하지 않아도 돼!

5. 총 금액을 구하기 위해 [I6] 셀을 선택한 후 "=H6*$I$4"를 입력하고 Enter 를 누릅니다.

 금액은 모든 지역이 동일하기 때문에 절대 주소를 사용해야 돼! 절대 주소를 사용할 땐 해당 셀([I4])을 클릭한 후 F4 를 누르면 돼!
- 절대 주소 : 셀의 위치가 바뀌어도 변하지 않는 주소
- 상대 주소 : 셀의 위치에 따라 변하는 주소

6. [I6] 셀을 선택하고 채우기 핸들을 [I10] 셀까지 드래그합니다.

자동 합계로 덧셈해보아요.

자동 합계는 수식을 직접 입력하지 않아도 자동으로 합계, 평균, 숫자 개수, 최대값, 최소값 등을 구해주는 기능이에요. 자동 합계를 이용해 연령별 신청 인원 합계를 구해보아요.

1 [B11] 셀에 "합계"를 입력하고 [C11] 셀을 선택한 후 [수식] 탭-[함수 라이브러리] 그룹-[자동 합계(∑)]-[합계]를 클릭합니다.

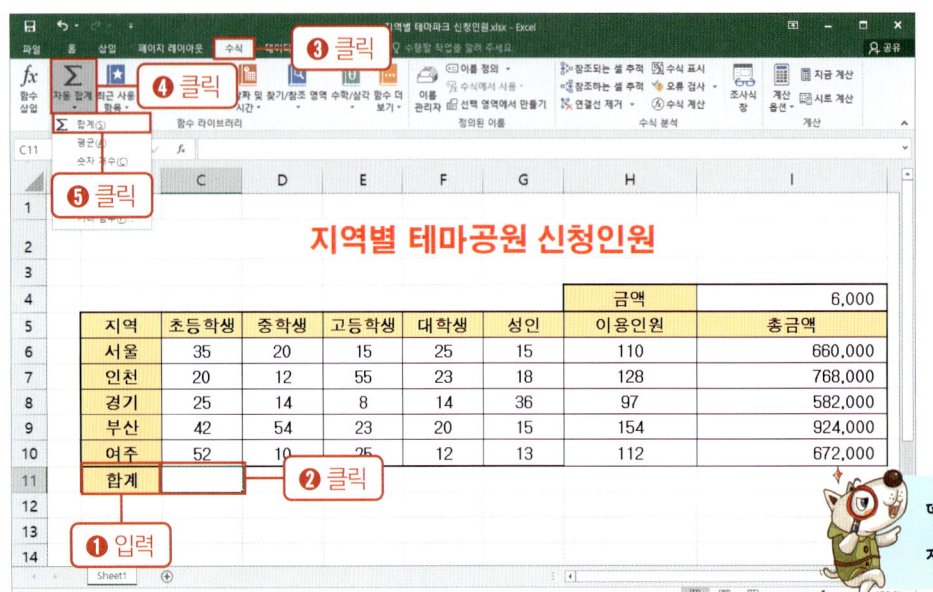

떨어져 있는 데이터 영역은 자동 합계를 이용할 수 없어!

2 [C11] 셀에 '=SUM(C6:C10)'이 입력된 것을 확인한 후 Enter 를 누릅니다.

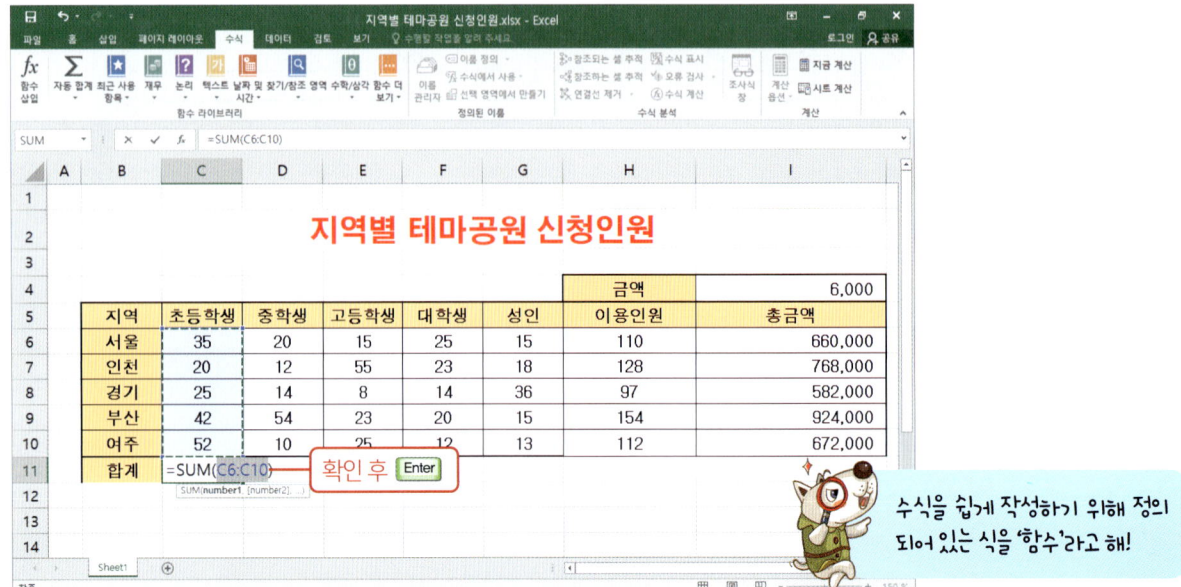

수식을 쉽게 작성하기 위해 정의되어 있는 식을 '함수'라고 해!

3 수식을 복사하기 위해 [C11] 셀의 채우기 핸들을 [I11] 셀까지 드래그합니다.

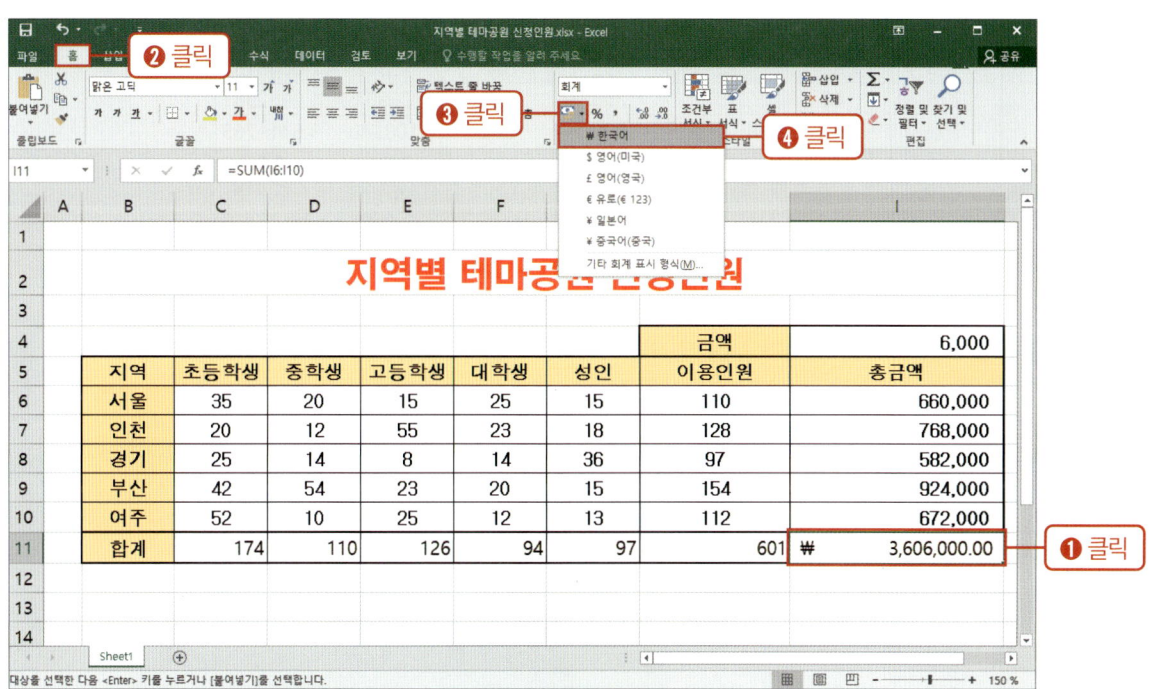

4 [B11:I11] 셀을 선택하고 다음과 같이 테두리를 적용한 후 [I11] 셀을 선택하여 [홈] 탭-[표시 형식] 그룹-[회계 표시 형식(⌨)]-[₩ 한국어]를 클릭합니다.

컴속 해결사

수식 수정하기

- 수식을 수정하려면 수정할 셀을 더블클릭하거나 수정할 셀을 선택하고 F2 를 눌러요.
- 수식의 영역을 변경하려면 수식 영역이 표시되어 있는 박스의 조절점을 드래그하여 변경할 수 있어요.

쑥쑥! 실력 키우기

1 '수학 문제 풀기.xlsx' 파일을 불러와 수식을 이용해 다음과 같이 문서를 작성해보세요.
- 덧셈 : 문제1+문제2+문제3   · 뺄셈 : 문제1-문제2-문제3
- 곱셈 : 문제1*문제2*문제3   · 나눗셈 : 문제1/문제2

	문제1	문제2	문제3	덧셈	뺄셈	곱셈	나눗셈
	125	20	5	150	100	12500	6.25
	230	45	3	278	182	31050	5.1111111
	235	15	7	257	213	24675	15.666667
	452	35	8	495	409	126560	12.914286
	360	29	9	398	322	93960	12.413793
	457	45	5	507	407	102825	10.155556
	325	75	3	403	247	73125	4.3333333
	128	62	2	192	64	15872	2.0645161
	214	42	3	259	169	26964	5.0952381
	301	85	4	390	212	102340	3.5411765
	126	45	5	176	76	28350	2.8

2 표시 형식을 이용해 다음과 같이 문서를 수정해보세요.

	문제1	문제2	문제3	덧셈	뺄셈	곱셈	나눗셈
	125	20	5	150	100	12,500	6.3
	230	45	3	278	182	31,050	5.1
	235	15	7	257	213	24,675	15.7
	452	35	8	495	409	126,560	12.9
	360	29	9	398	322	93,960	12.4
	457	45	5	507	407	102,825	10.2
	325	75	3	403	247	73,125	4.3
	128	62	2	192	64	15,872	2.1
	214	42	3	259	169	26,964	5.1
	301	85	4	390	212	102,340	3.5
	126	45	5	176	76	28,350	2.8

함수 마법사로 합계를 구해보아요.

엑셀에서는 함수 마법사를 이용해 어려운 계산도 척척할 수 있어요.
함수 마법사로 방문객의 합계를 구해보아요.

① '하반기 방문객 목표 현황.xlsx' 파일을 불러온 후 다음과 같이 문서를 작성합니다.

기간	목표	방문객	달성률
8월	5,230	6,217	
9월	8,150	7,398	
10월	9,240	10,231	
11월	5,230	4,875	
12월	7,240	7,331	
합계			
평균			

② [C10] 셀을 선택하고 [수식] 탭-[함수 라이브러리] 그룹-[함수 삽입(fx)]을 클릭합니다.

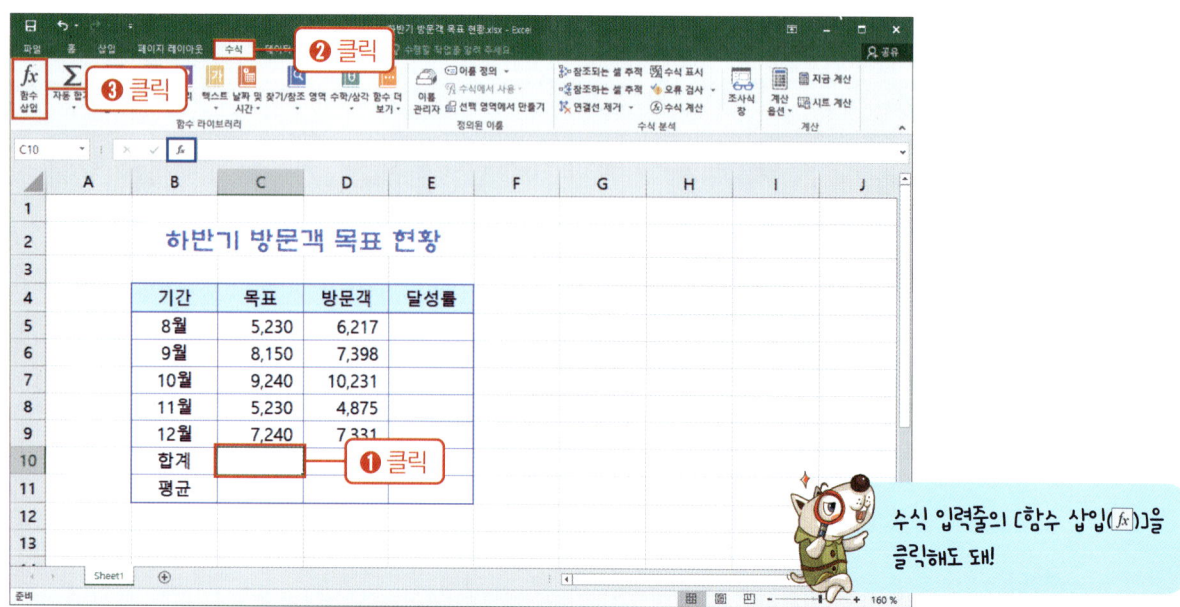

수식 입력줄의 [함수 삽입(fx)]을 클릭해도 돼!

3 [함수 마법사] 대화상자가 나타나면 [범주 선택]에서 '수학/삼각'을, [함수 선택]에서 'SUM'을 선택한 후 [확인] 단추를 클릭합니다.

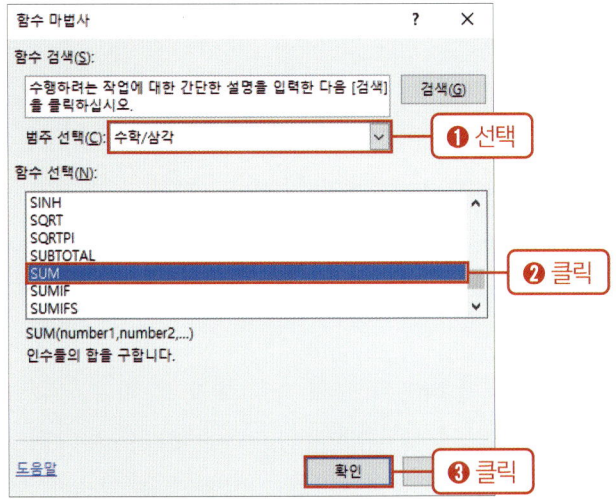

4 [함수 인수] 대화상자가 나타나면 합계를 구할 영역을 지정하기 위해 [Number1]에서 '📊'을 클릭합니다.

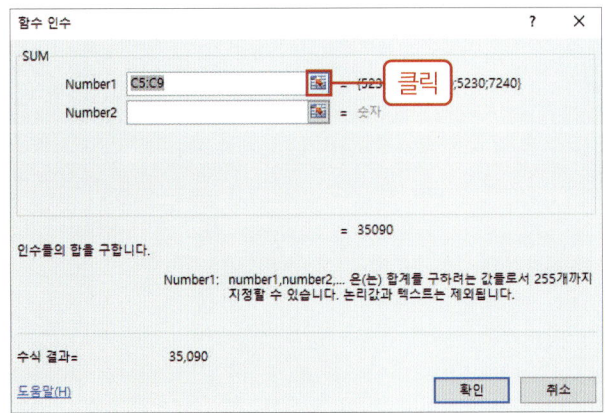

5 [C5:C9] 셀을 드래그하여 함수 인수로 지정하고 '📊'를 클릭합니다.

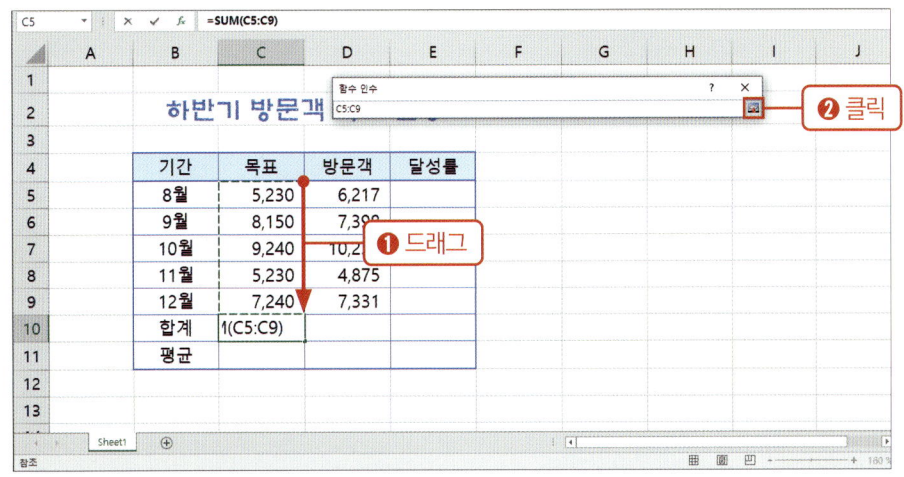

6 [함수 인수] 대화상자에서 지정된 인수 영역을 확인하고 [확인] 단추를 클릭합니다.

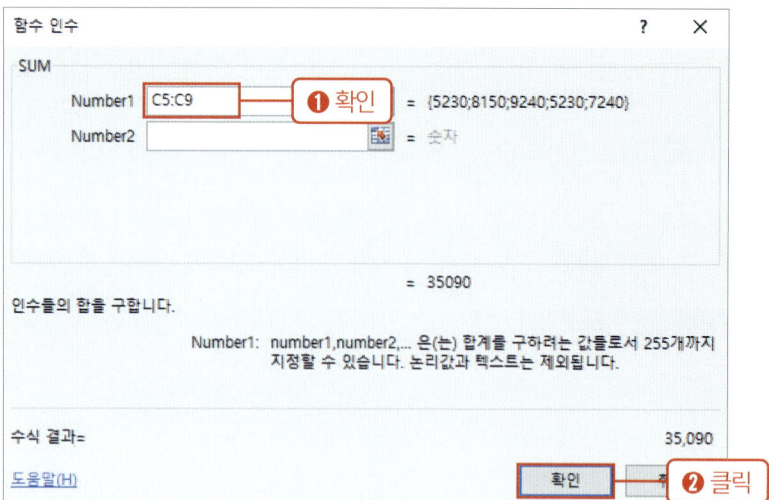

7 합계가 입력되면 [C10] 셀의 채우기 핸들을 [D10] 셀까지 드래그하여 수식을 복사합니다.

SUM 함수 알아보기

SUM 함수는 인수들을 모두 더하는 함수예요. 여기서 인수란 함수를 사용하여 결과값을 구할 때 사용되는 값을 말하는 것으로, '=SUM(인수1, 인수2, …)' 형식으로 사용돼요.

02 함수 마법사로 평균을 구해보아요.

함수 마법사를 이용하여 합계를 구해보니 시간도 절약되고 편리하죠?
이번에는 함수 마법사를 이용해 평균을 구해보아요.

① [C11] 셀을 선택하고 [수식] 탭-[함수 라이브러리] 그룹-[함수 삽입(fx)]을 클릭합니다. [함수 마법사] 대화상자가 나타나면 [범주 선택]에서 '통계'를, [함수 선택]에서 'AVERAGE'를 선택한 후 [확인] 단추를 클릭합니다.

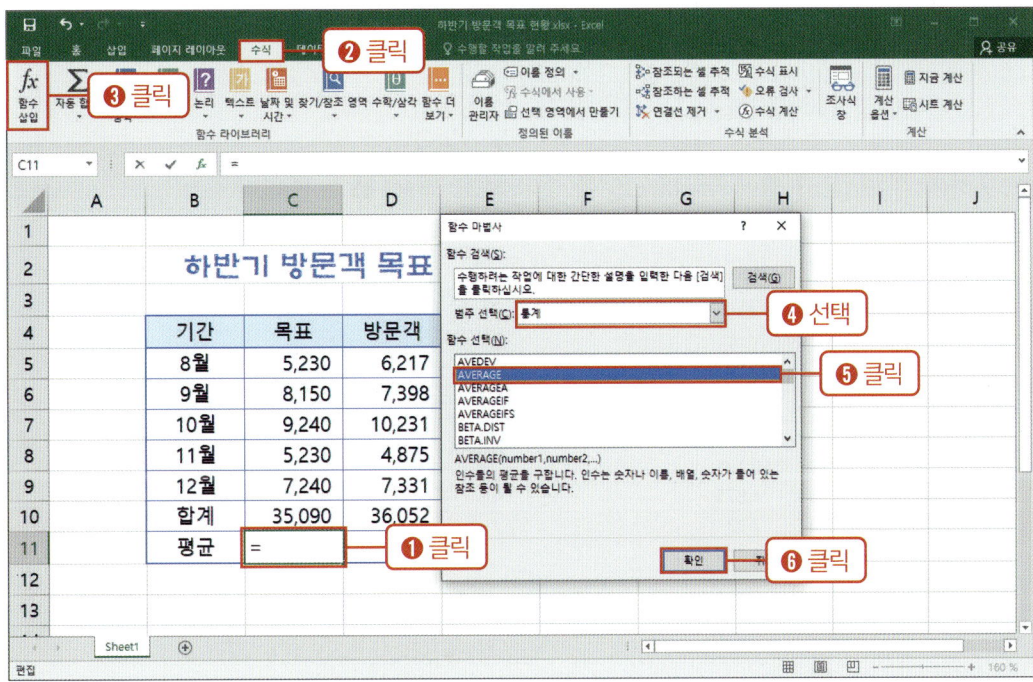

② [함수 인수] 대화상자가 나타나면 앞서 배운 내용을 참고하여 [Number1]에 [C5:C9] 영역을 지정하고 [확인] 단추를 클릭합니다.

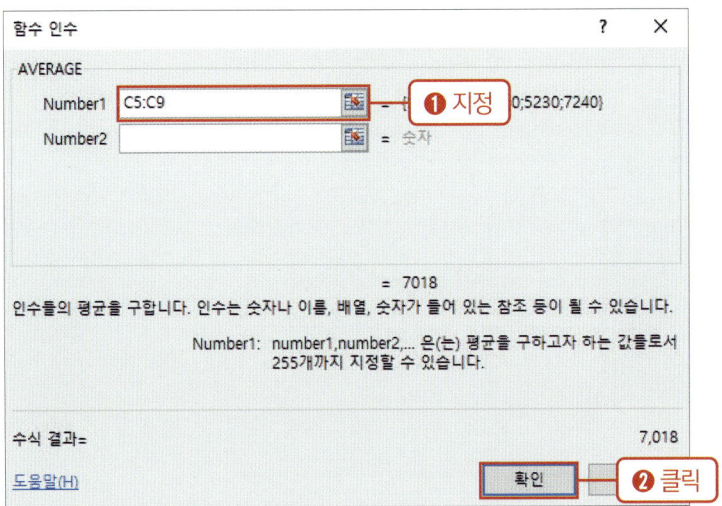

③ 평균값이 입력되면 [C11] 셀의 채우기 핸들을 [D11] 셀까지 드래그하여 수식을 복사합니다.

④ 달성률을 구하기 위해 [E5] 셀에 "=D5/C5"를 입력하고 Enter 를 누릅니다.

⑤ 달성률이 입력되면 [홈] 탭-[표시 형식] 그룹-[백분율 스타일(%)]을 클릭한 후 [E5] 셀의 채우기 핸들을 [E11] 셀까지 드래그하여 수식을 복사합니다.

쑥쑥! 실력 키우기

1 '테마공원 월별 매출 현황.xlsx' 파일을 불러와 다음과 같이 문서를 작성하고 함수 삽입을 이용해 매출 현황의 합계와 평균을 구해보세요.

방문	사파리	놀이공원	수영장	식당	합계	평균
1월	2560000	3582000	4568000	5600000	16310000	4077500
2월	2165000	3205000	1520000	2546000	9436000	2359000
3월	4523000	1452000	2520000	1462000	9957000	2489250
4월	5423000	4150000	3152000	2452000	15177000	3794250
5월	1254000	3252000	1485000	2520000	8511000	2127750
6월	5420000	4523000	1475000	1452000	12870000	3217500
7월	6542000	4750000	2450000	4530000	18272000	4568000
8월	1425000	3520000	3520000	4215000	12680000	3170000
9월	3652000	1456000	2420000	3250000	10778000	2694500
10월	1452000	5240000	3200000	3542000	13434000	3358500
11월	5423000	6231000	2000000	1252000	14906000	3726500
12월	4752000	1452000	1450000	4520100	12174100	3043525

2 문서의 표시 형식을 다음과 같이 수정해보세요.

방문	사파리	놀이공원	수영장	식당	합계	평균
1월	2,560,000 원	3,582,000 원	4,568,000 원	5,600,000 원	₩ 16,310,000	₩ 4,077,500
2월	2,165,000 원	3,205,000 원	1,520,000 원	2,546,000 원	₩ 9,436,000	₩ 2,359,000
3월	4,523,000 원	1,452,000 원	2,520,000 원	1,462,000 원	₩ 9,957,000	₩ 2,489,250
4월	5,423,000 원	4,150,000 원	3,152,000 원	2,452,000 원	₩ 15,177,000	₩ 3,794,250
5월	1,254,000 원	3,252,000 원	1,485,000 원	2,520,000 원	₩ 8,511,000	₩ 2,127,750
6월	5,420,000 원	4,523,000 원	1,475,000 원	1,452,000 원	₩ 12,870,000	₩ 3,217,500
7월	6,542,000 원	4,750,000 원	2,450,000 원	4,530,000 원	₩ 18,272,000	₩ 4,568,000
8월	1,425,000 원	3,520,000 원	3,520,000 원	4,215,000 원	₩ 12,680,000	₩ 3,170,000
9월	3,652,000 원	1,456,000 원	2,420,000 원	3,250,000 원	₩ 10,778,000	₩ 2,694,500
10월	1,452,000 원	5,240,000 원	3,200,000 원	3,542,000 원	₩ 13,434,000	₩ 3,358,500
11월	5,423,000 원	6,231,000 원	2,000,000 원	1,252,000 원	₩ 14,906,000	₩ 3,726,500
12월	4,752,000 원	1,452,000 원	1,450,000 원	4,520,100 원	₩ 12,174,100	₩ 3,043,525

Hint
- 원 : [표시 형식]-[사용자 지정 형식]-[#,##0_ "원"]
- ₩ : [표시 형식]-[회계]

01 영업일 수를 세어보아요.

데이터가 입력되어 있는 셀의 개수를 세려면 COUNT 함수를 사용해요. 그럼 방문객이 방문한 총 일 수와 500명 이상이 방문한 날을 세어보아요.

① '요일별 방문객수 현황.xlsx' 파일을 불러온 후 다음과 같이 문서를 작성합니다.

② [C5:I8] 셀을 선택하고 [수식] 탭-[함수 라이브러리] 그룹-[자동 합계(∑)]를 클릭합니다.

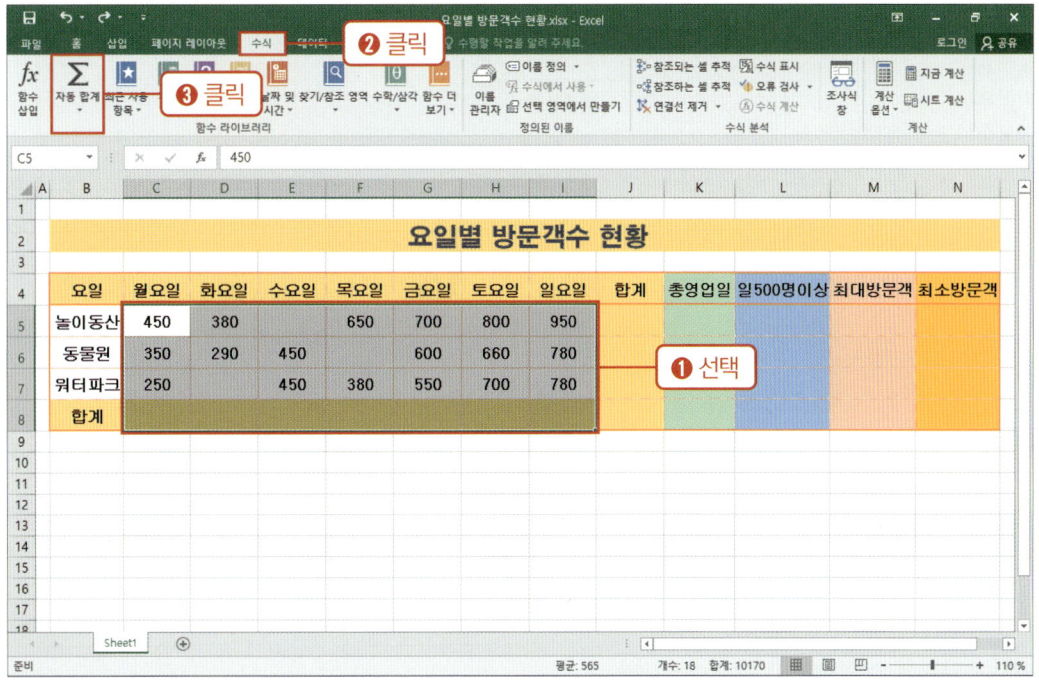

③ [C5:J8] 셀을 선택하고 [수식] 탭-[함수 라이브러리] 그룹-[자동 합계(Σ)]를 클릭합니다.

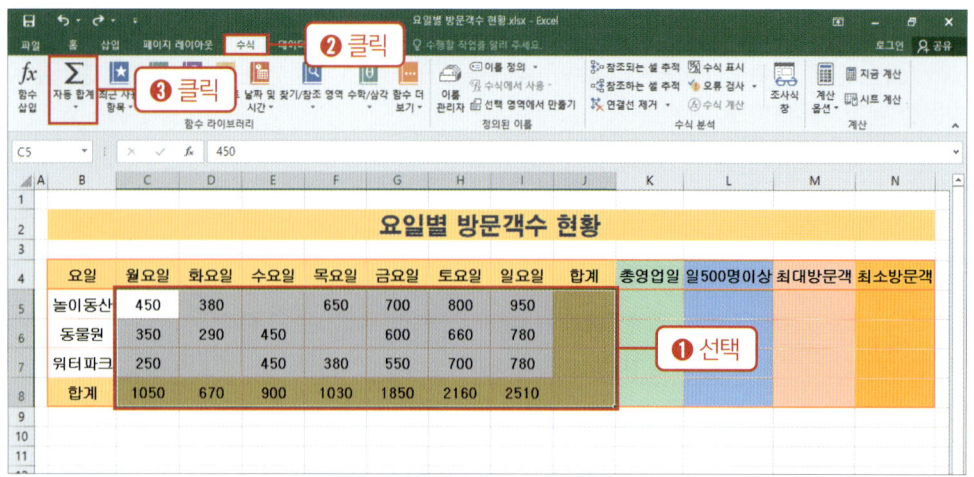

④ 총 영업일 수를 구하기 위해 [K5] 셀을 선택한 후 [수식] 탭-[함수 라이브러리] 그룹-[함수 삽입(fx)]을 클릭합니다. [함수 마법사] 대화상자가 나타나면 [범주 선택]에서 '통계'를, [함수 선택]에서 'COUNT'를 선택하고 [확인] 단추를 클릭합니다.

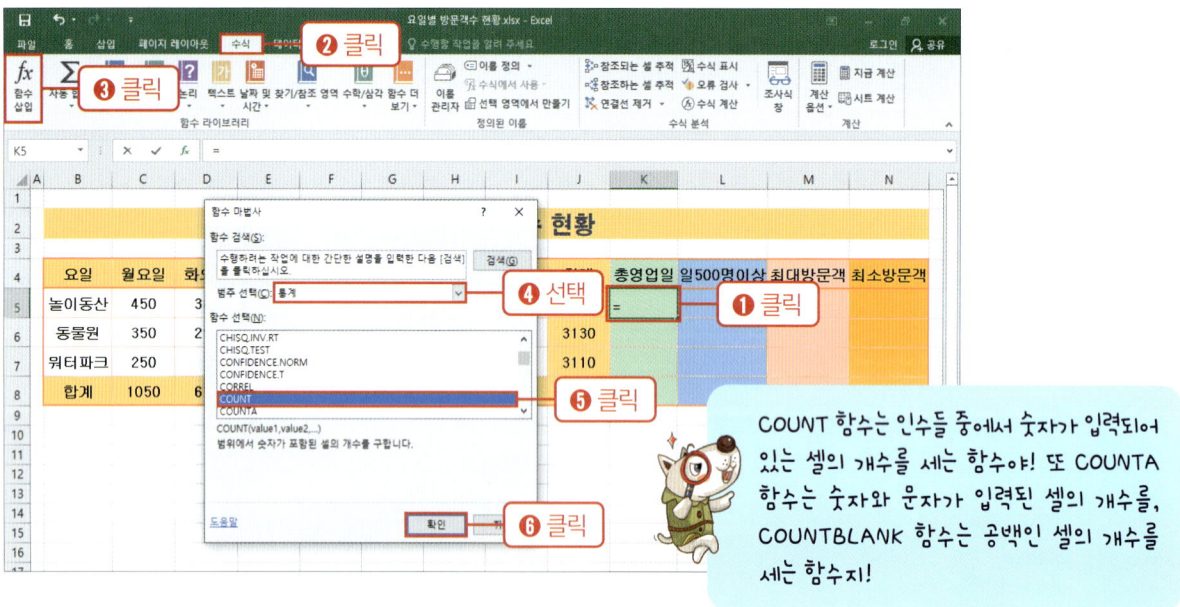

COUNT 함수는 인수들 중에서 숫자가 입력되어 있는 셀의 개수를 세는 함수야! 또 COUNTA 함수는 숫자와 문자가 입력된 셀의 개수를, COUNTBLANK 함수는 공백인 셀의 개수를 세는 함수지!

⑤ [함수 인수] 대화상자가 나타나면 [Value1]에 [C5:I5] 영역을 지정하고 [확인] 단추를 클릭합니다.

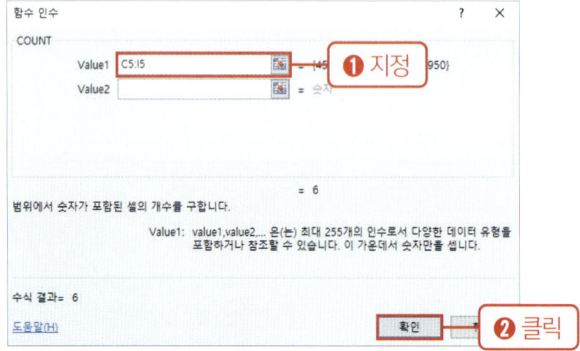

⑥ 500명 이상이 방문한 날의 개수를 세기 위해 [L5] 셀을 선택하고 [수식] 탭-[함수 라이브러리] 그룹-[함수 삽입(fx)]을 클릭합니다. [함수 마법사] 대화상자가 나타나면 [범주 선택]에서 '통계'를, [함수 선택]에서 'COUNTIF'를 선택하고 [확인] 단추를 클릭합니다.

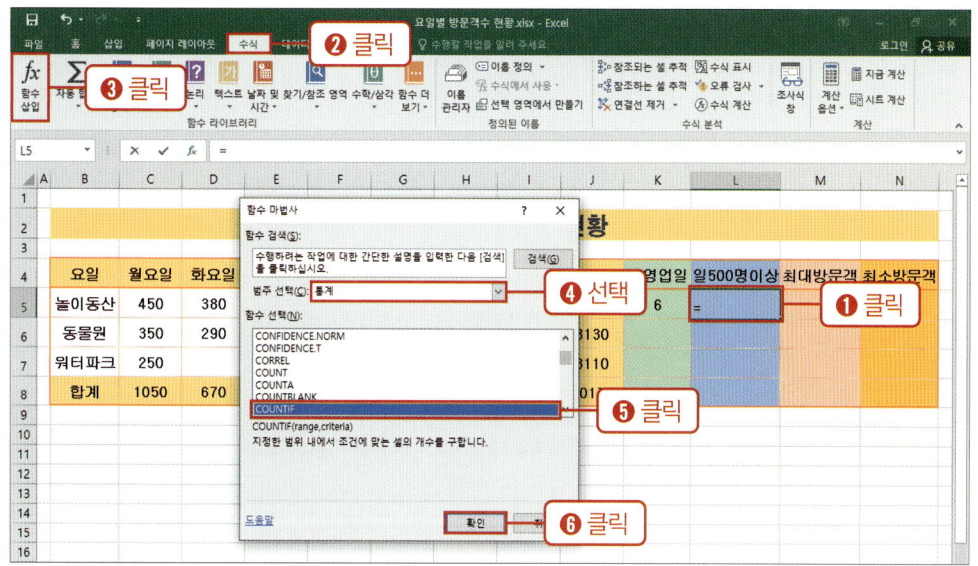

⑦ [함수 인수] 대화상자가 나타나면 [Range]에 [C5:I5] 영역을 지정하고 [Criteria]에 ">=500"을 입력한 후 [확인] 단추를 클릭합니다.

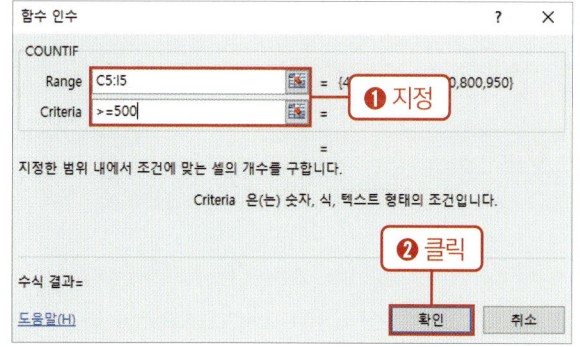

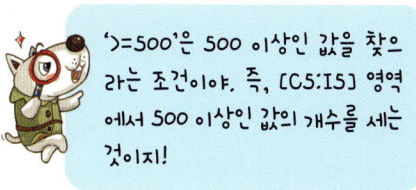

'>=500'은 500 이상인 값을 찾으라는 조건이야. 즉, [C5:I5] 영역에서 500 이상인 값의 개수를 세는 것이지!

⑧ [K5:L5] 셀을 선택한 후 채우기 핸들을 [L8] 셀까지 드래그하여 수식을 복사합니다.

02 가장 많은 방문객 수를 구해보아요.

일주일 중 방문객이 가장 많이 방문한 날의 방문객 수와 가장 적게 방문한 날의 방문객 수를 구하고 싶다고요?
MAX와 MIN 함수를 사용해보세요. 인수 영역 중 최대값과 최소값을 구할 수 있어요.

① 최대 방문객을 구하기 위해 [M5] 셀을 선택하고 [수식] 탭-[함수 라이브러리] 그룹-[함수 삽입(fx)]을 클릭합니다. [함수 마법사] 대화상자가 나타나면 [범주 선택]에서 '통계'를, [함수 선택]에서 'MAX'를 선택하고 [확인] 단추를 클릭합니다.

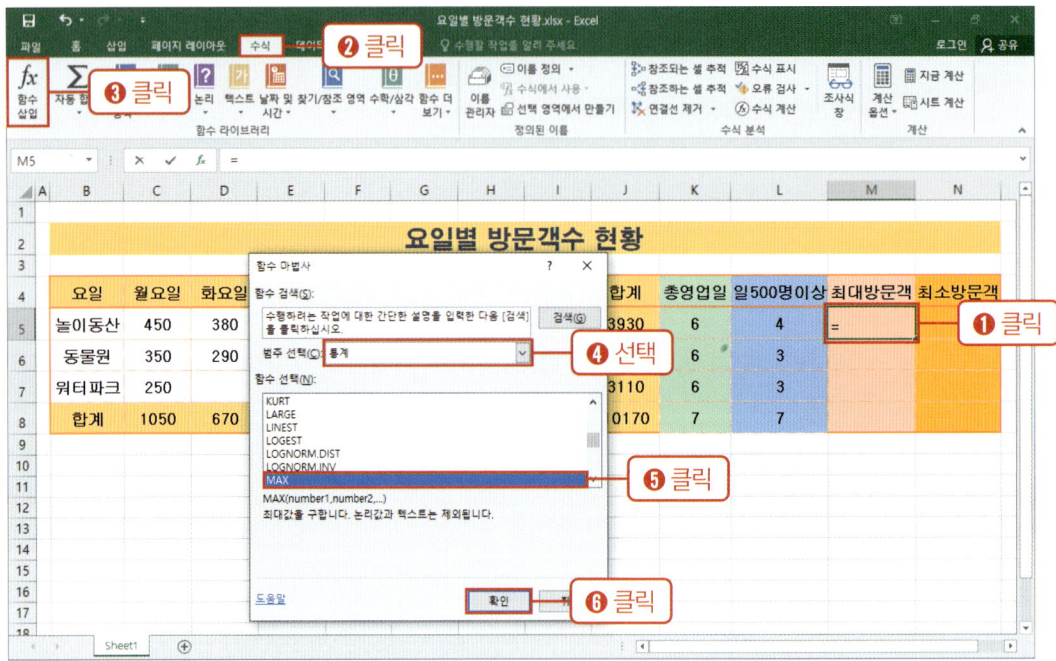

② [함수 인수] 대화상자가 나타나면 [Number1]에 [C5:I5] 영역을 지정하고 [확인] 단추를 클릭합니다.

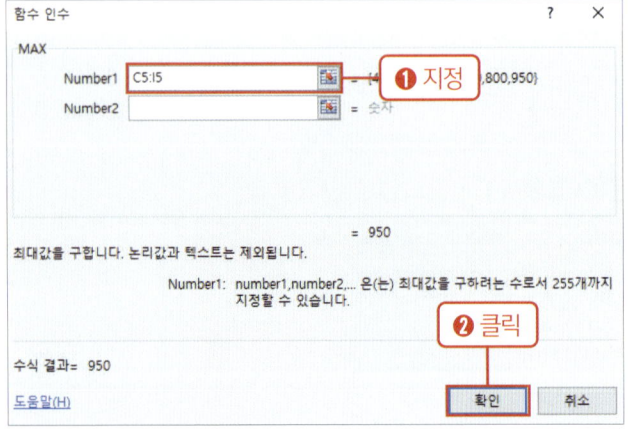

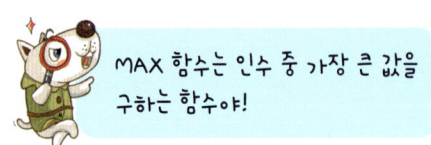

MAX 함수는 인수 중 가장 큰 값을 구하는 함수야!

③ 최소 방문객을 구하기 위해 [N5] 셀을 선택하고 [수식] 탭-[함수 라이브러리] 그룹-[함수 삽입(fx)]을 클릭합니다. [함수 마법사] 대화상자가 나타나면 [범주 선택]에서 '통계'를, [함수 선택]에서 'MIN'을 선택하고 [확인] 단추를 클릭합니다.

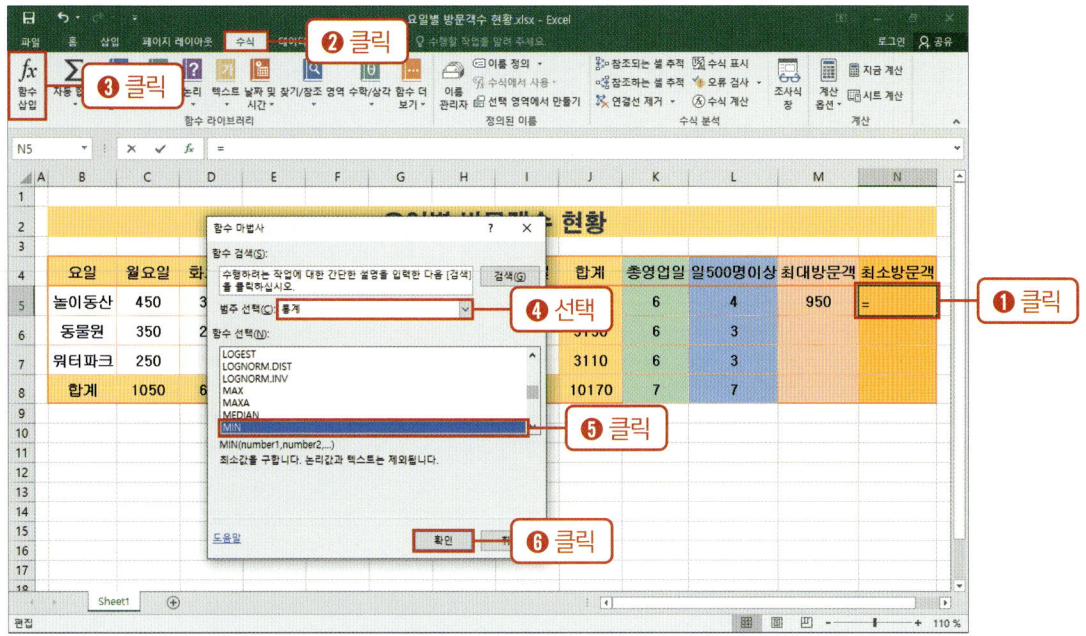

④ [함수 인수] 대화상자가 나타나면 [Number1]에 [C5:I5] 영역을 지정하고 [확인] 단추를 클릭합니다.

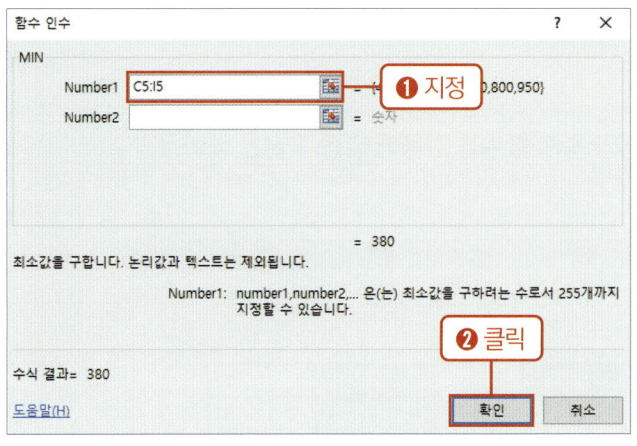

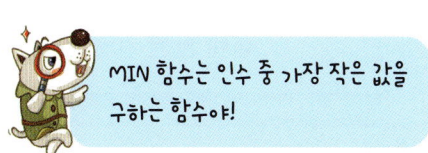

MIN 함수는 인수 중 가장 작은 값을 구하는 함수야!

⑤ [M5:N5] 셀을 선택하고 채우기 핸들을 [N8] 셀까지 드래그하여 수식을 복사합니다.

15장 • 어떤 요일에 많이 방문할까? **105**

쑥쑥! 실력 키우기

1 '테마공원 근무 현황.xlsx' 파일을 불러와 통계 함수를 이용해 다음과 같은 테마공원 근무 현황 문서를 만들어보세요.

테마공원 근무 현황

근무 위치	이름	평일 근무시간	주말 근무시간
놀이공원	김우진	40	
수영장	정현희	38	
사파리	최지연		32
사파리	지현우		14
수영장	이현주	50	
놀이공원	류우진	45	5
입구	유연희		3
놀이공원	박은지	12	
입구	최창호	10	6
사파리	주윤희		8
사파리	김혁	35	

평일근무인원	7
주말근무인원	6
평일 30시간 이상 근무인원	5
주말 10시간 이상 근무인원	2

Hint 'COUNT' 함수와 'COUNTIF' 함수를 사용해보세요.

2 '테마공원 직원 현황표.xlsx' 파일을 불러와 통계 함수를 이용해 다음과 같은 테마공원 직원 현황표 문서를 만들어보세요.

테마공원 직원 현황표

근무 위치	이름	나이	성별
놀이공원	김우진	25	남
수영장	정현희	20	여
사파리	최지연	26	여
사파리	지현우	30	남
수영장	이현주	31	여
놀이공원	류우진	25	남
입구	유연희	20	여
놀이공원	박은지	22	여
입구	최창호	21	남
사파리	주윤희	23	여
사파리	김혁	25	남

총 직원 수	11
최고연령	31
최저연령	20
남자 직원	5
여자 직원	6

Hint 'COUNT', 'COUNTIF', 'MAX', 'MIN' 함수를 사용해보세요.

참가자의 나이를 구해보아요.

어린이날 행사 참가자의 출생연도만 알면 함수를 이용해 쉽게 나이를 계산할 수 있어요.
날짜 함수를 이용해 참가자들의 나이를 구해보아요.

① '어린이날 행사 참가자 명단 만들기.xlsx' 파일을 불러온 후 다음과 같은 문서를 작성합니다.

② [F4] 셀을 선택하고 오늘 날짜를 입력하기 위해 "=TODAY( )"를 입력한 후 Enter 를 누릅니다.

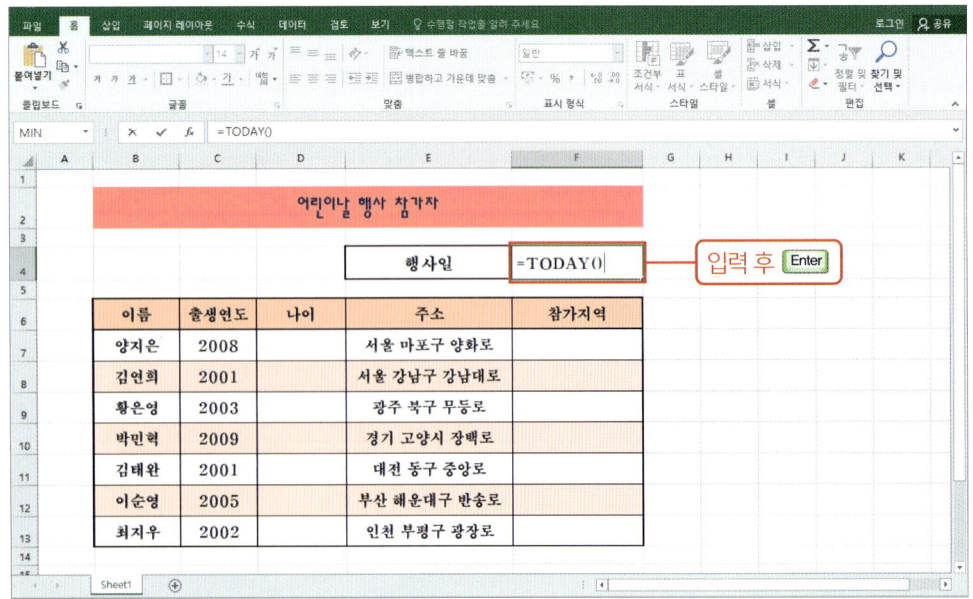

 TODAY 함수는 오늘 날짜를 표시해 주는 함수로 인수가 없어! 비슷한 함수에는 오늘 날짜와 시간을 표시해주는 NOW 함수가 있어!

③ [F4] 셀을 마우스 오른쪽 단추로 클릭한 후 [셀 서식]을 클릭합니다.

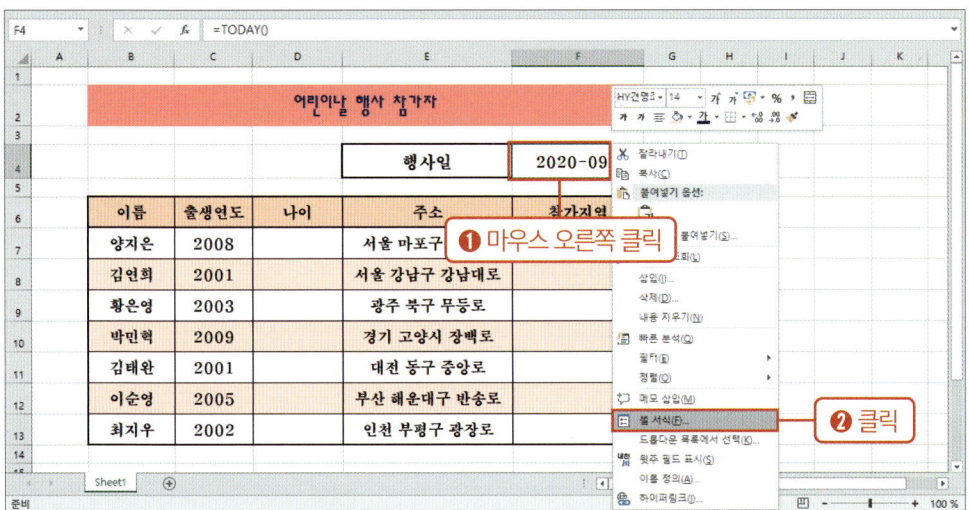

④ [셀 서식] 대화상자의 [표시 형식] 탭에서 [범주]를 '날짜'로, [형식]을 '2012/3/14'로 선택하고 [확인] 단추를 클릭합니다.

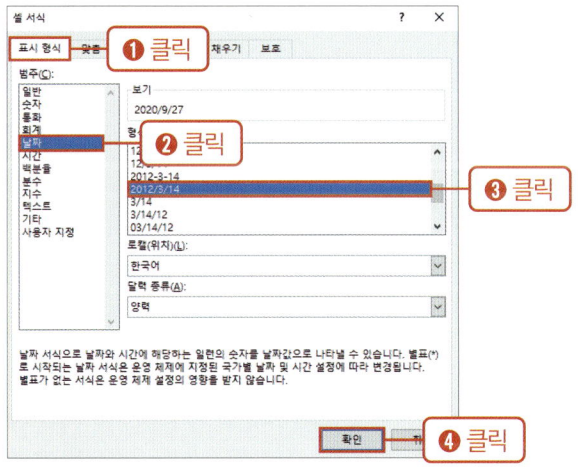

⑤ 행사일과 출생연도를 이용해 나이를 구하기 위해 [D7] 셀에 "=YEAR(F4"를 입력하고 F4 를 누릅니다.

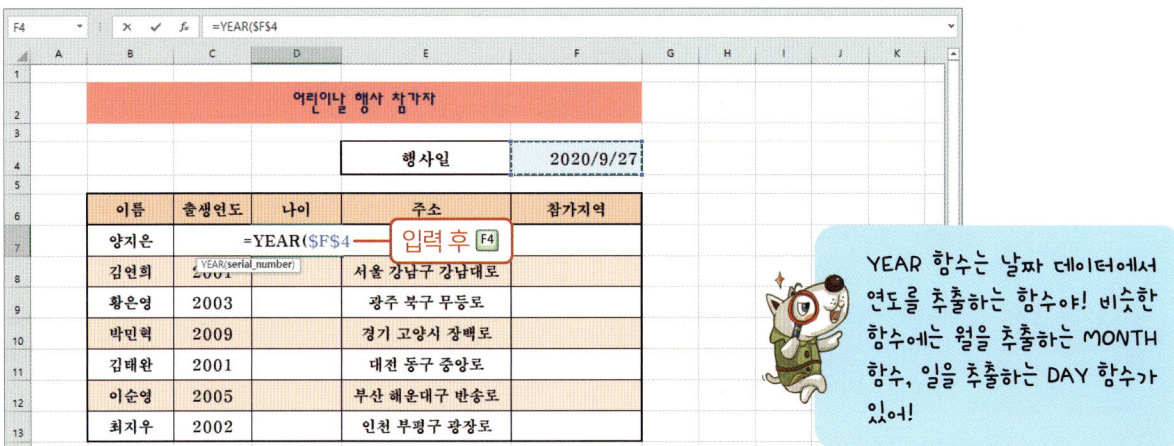

YEAR 함수는 날짜 데이터에서 연도를 추출하는 함수야! 비슷한 함수에는 월을 추출하는 MONTH 함수, 일을 추출하는 DAY 함수가 있어!

6 이어서 ")-C7+1&"살""을 입력하고 Enter 를 누릅니다.

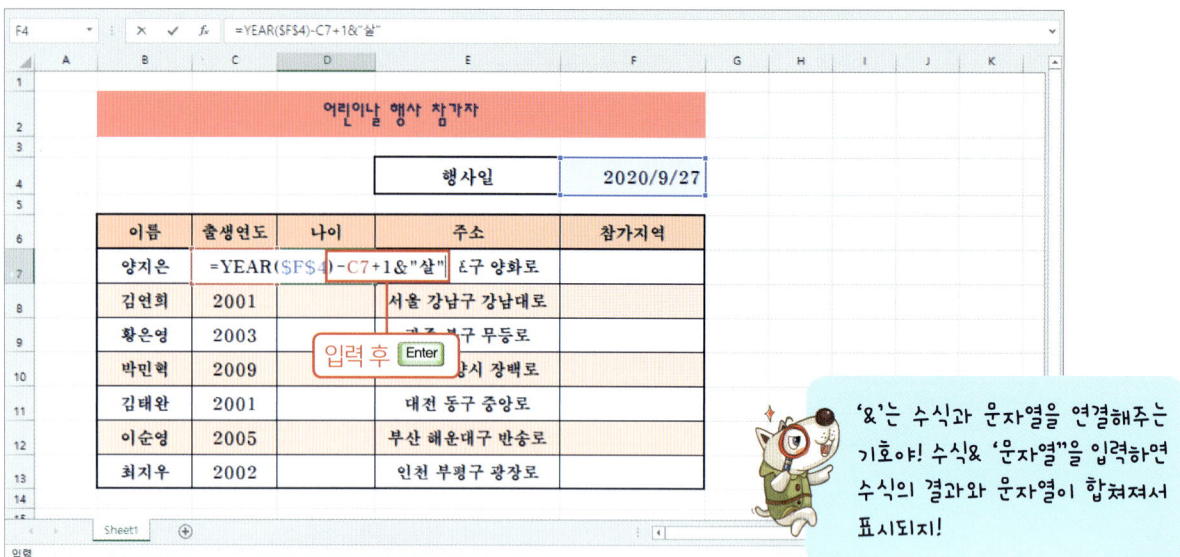

7 [D7] 셀의 채우기 핸들을 [D13] 셀까지 드래그하여 수식을 복사합니다.

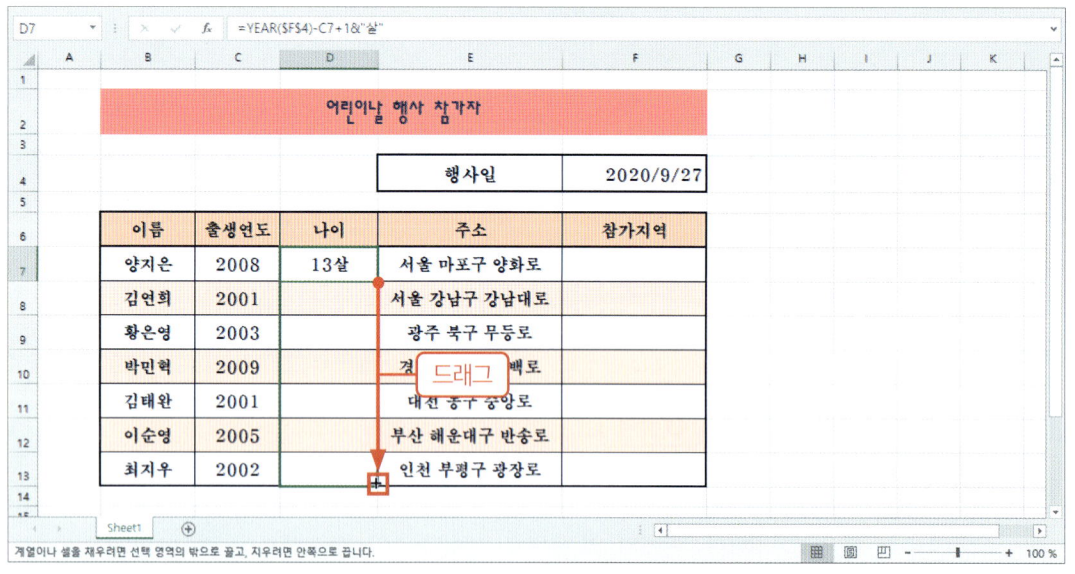

절대 주소와 상대 주소

절대 주소는 셀 주소에 "$"를 붙여 표시하는 주소 형식으로, 수식을 복사해도 주소가 바뀌지 않는 주소예요. 반대로 상대 주소는 수식을 복사하면 복사한 위치에 따라 주소가 바뀌게 돼요.

참가지역을 알아보아요.

텍스트 함수를 이용하면 주소에서 앞의 두 글자만 추출하여 참가지역을 확인할 수 있어요. 그럼 텍스트 함수를 이용해 참가지역을 추출해볼까요?

① [F7] 셀을 선택하고 [수식] 탭-[함수 라이브러리] 그룹-[함수 삽입(fx)]을 클릭합니다. [함수 마법사] 대화상자가 나타나면 [범주 선택]에서 '텍스트'를, [함수 선택]에서 'LEFT'를 선택하고 [확인] 단추를 클릭합니다.

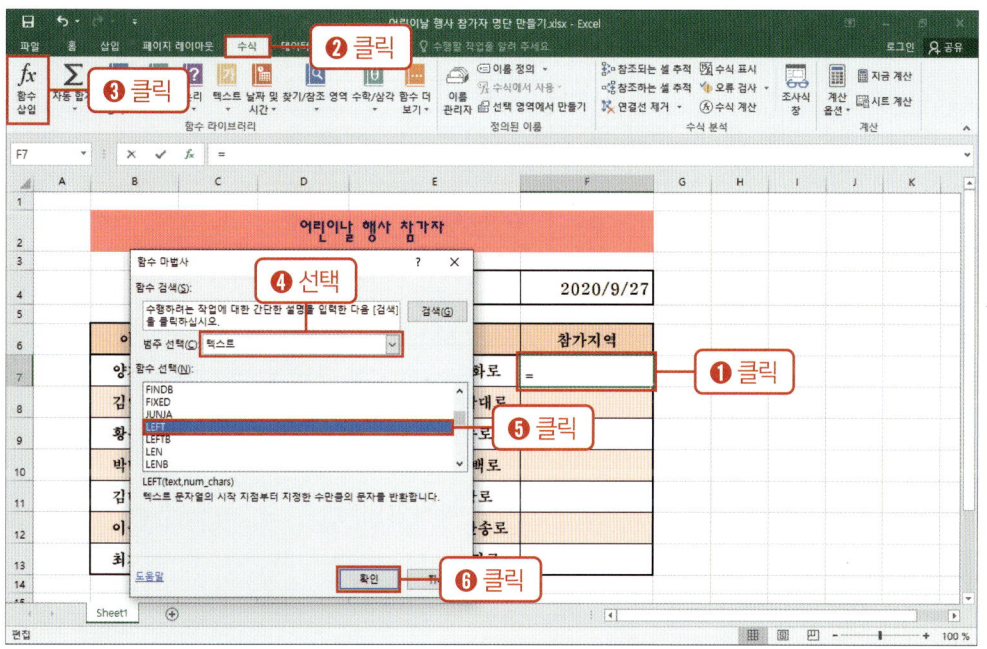

② [함수 인수] 대화상자가 나타나면 [Text]를 'E7'로, [Num_chars]를 '2'로 지정하고 [확인] 단추를 클릭합니다.

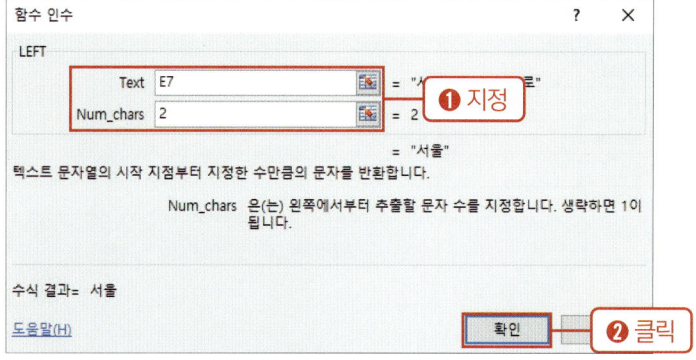

 LEFT 함수는 문자열에서 왼쪽을 기준으로 지정한 자릿수만큼 문자를 추출하는 함수지! 비슷한 함수에는 오른쪽을 기준으로 하는 RIGHT 함수와 가운데를 기준으로 하는 MID 함수가 있어!

③ 참가지역이 추출된 것을 확인한 후 '서울' 뒤에 '지역'을 입력하기 위해 [F7] 셀을 더블클릭합니다. 이어서 입력되어 있는 수식 뒤에 "&"지역""을 입력한 후 Enter 를 누릅니다.

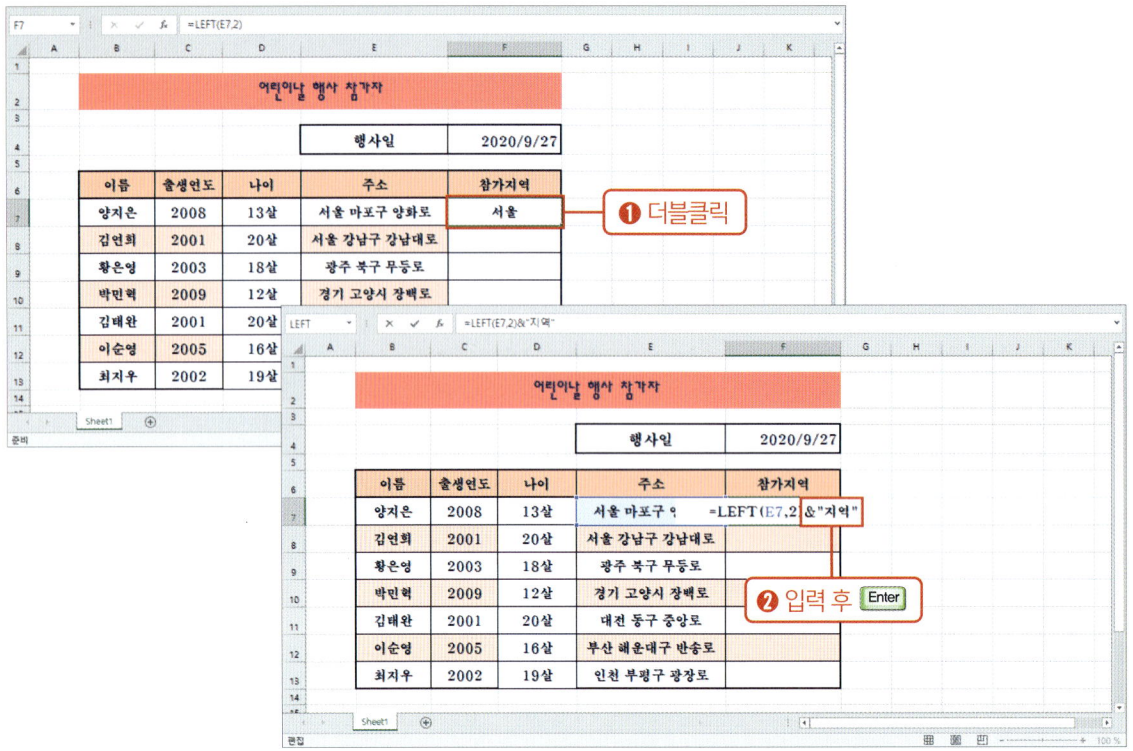

④ [F7] 셀의 채우기 핸들을 [F13] 셀까지 드래그하여 수식을 복사합니다.

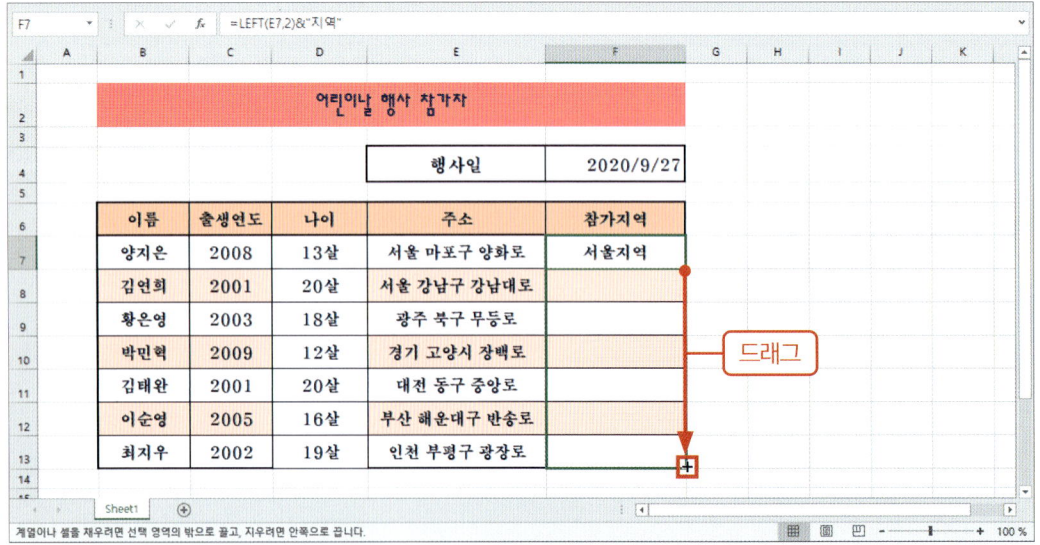

쑥쑥! 실력 키우기

1 '테마공원 입사 년 월 일 알아보기.xlsx' 파일을 불러와 텍스트 함수를 이용해 다음과 같은 문서를 만들어보세요.
· 오늘 날짜 : NOW 함수 사용 · 입사(년) : LEFT 함수 사용 · 입사(월), 입사(일) : MID 함수 사용

테마공원 입사 년 월 일 알아보기

			오늘 날짜	2020-09-30 3:28
이름	입사코드	입사(년)	입사(월)	입사(일)	경력
김우진	20100821	2010	08	21	
정현희	20110921	2011	09	21	
최지연	19991008	1999	10	08	
지현우	20121103	2012	11	03	
이현주	20130809	2013	08	09	
류우진	20000103	2000	01	03	
유연희	20000301	2000	03	01	
박은지	19980505	1998	05	05	
최창호	20020403	2002	04	03	
주윤희	20010830	2001	08	30	
김혁	20200301	2020	03	01	

2 날짜/시간 함수를 이용해 경력을 계산해보세요.
· 경력 : YEAR 함수 사용

테마공원 입사 년 월 일 알아보기

			오늘 날짜	2020-09-30 3:27
이름	입사코드	입사(년)	입사(월)	입사(일)	경력
김우진	20100821	2010	08	21	10
정현희	20110921	2011	09	21	9
최지연	19991008	1999	10	08	21
지현우	20121103	2012	11	03	8
이현주	20130809	2013	08	09	7
류우진	20000103	2000	01	03	20
유연희	20000301	2000	03	01	20
박은지	19980505	1998	05	05	22
최창호	20020403	2002	04	03	18
주윤희	20010830	2001	08	30	19
김혁	20200301	2020	03	01	0

01 투표 결과를 확인해보아요.

투표 결과를 바탕으로 캐릭터의 순위를 가려야 해요. IF 함수를 이용해 평균 점수 이상이 되는 캐릭터만 본상을 주도록 결과를 구해보아요.

❶ '테마공원 대표 캐릭터 투표.xlsx' 파일을 불러온 후 다음과 같이 문서를 작성합니다.

번호	캐릭터명	투표 토요일	투표 일요일	투표수	결과	순위
1000	호랑이-호돌이	50	120			
1001	고양이-야옹이	45	125			
1002	강아지-아쥐	85	135			
1003	하마-얌하마	63	14			
1004	기린-노랑이	25	140			
1005	기러기-흰돌이	84	101			
1006	펭귄-펭순이	24	140			
평균점수						

❷ 투표수를 구하기 위해 [D6:F12] 셀을 선택하고 [수식] 탭-[함수 라이브러리] 그룹-[자동 합계(∑)]를 클릭합니다.

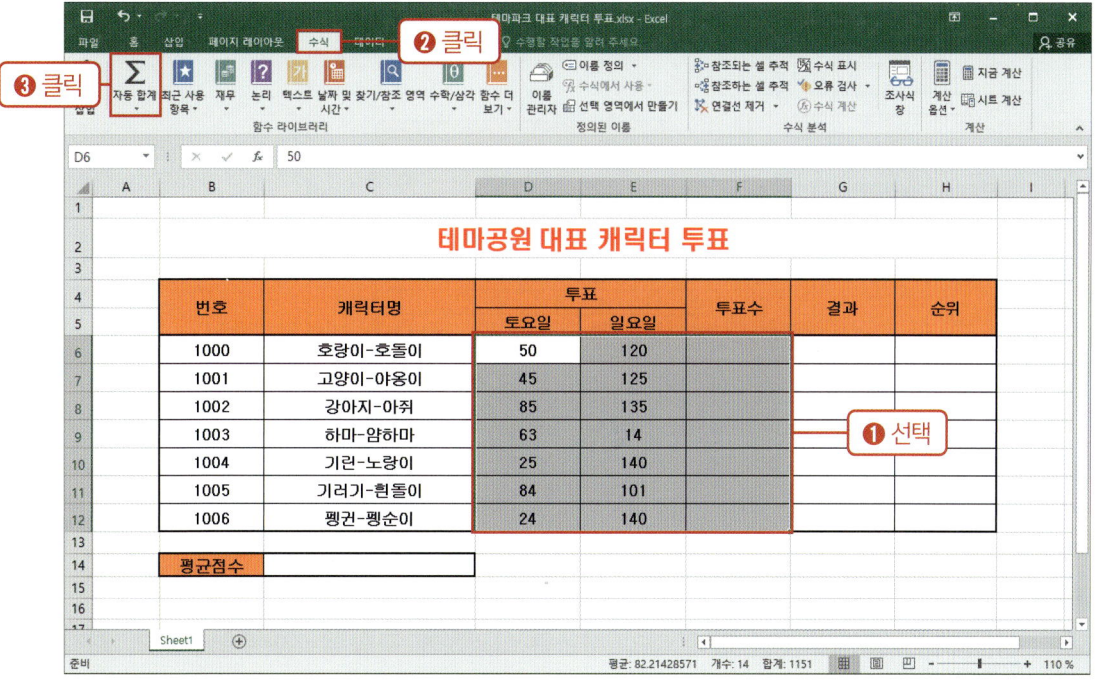

17장 • 테마공원 대표 캐릭터 뽑기

③ 평균점수를 구하기 위해 [C14] 셀을 선택하고 [수식] 탭-[함수 라이브러리] 그룹-[자동 합계(∑)]-[평균]을 선택한 후 [F6:F12] 셀을 드래그하고 Enter 를 누릅니다.

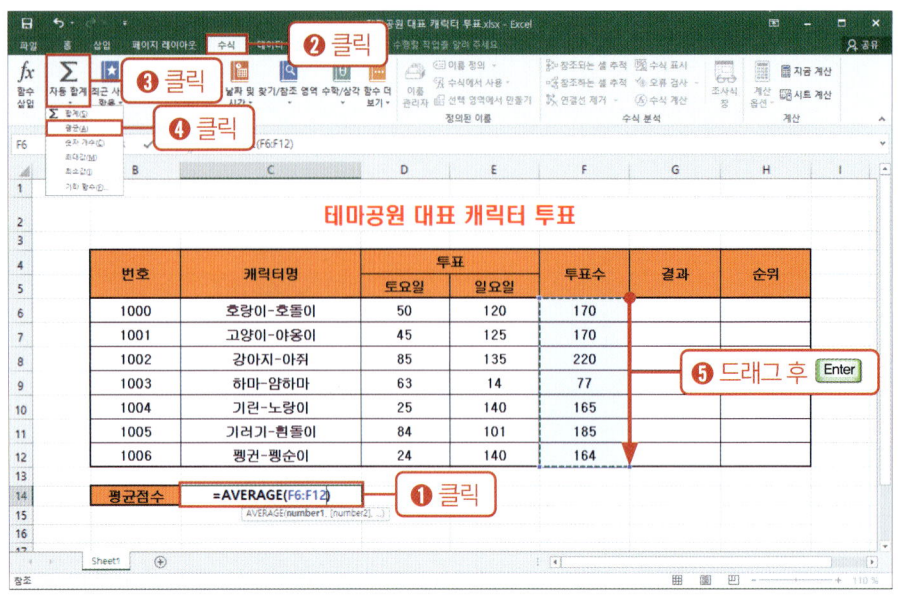

④ [G6] 셀을 선택하고 [수식] 탭-[함수 라이브러리] 그룹-[함수 삽입(fx)]을 클릭합니다. [함수 마법사] 대화상자가 나타나면 [범주 선택]에서 '논리'를, [함수 선택]에서 'IF'를 선택하고 [확인] 단추를 클릭합니다.

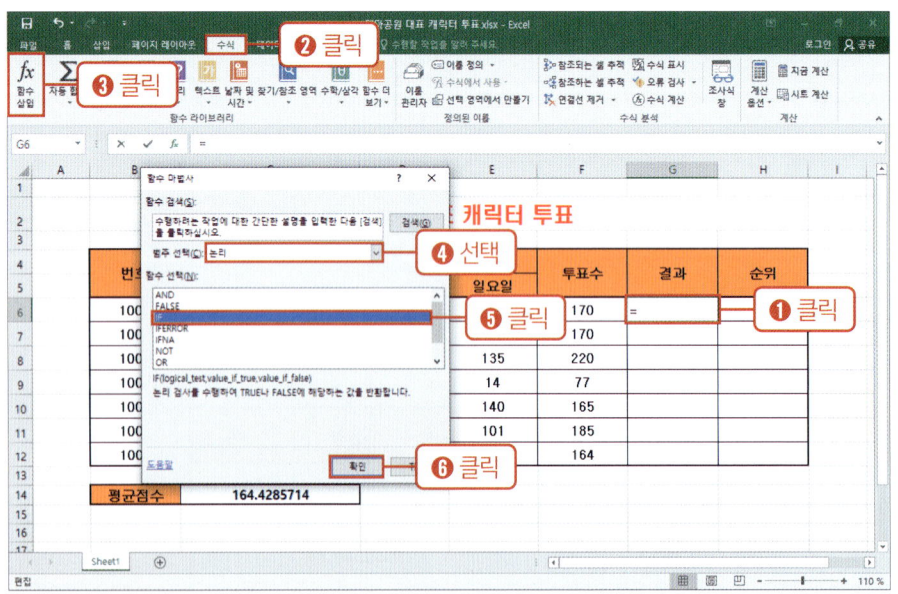

컴속 해결사

IF 함수는 어떤 함수일까요?

IF 함수는 조건에 맞는 값에 따라 결과를 다양하게 구할 수 있는 함수예요. 지정한 조건에 맞는 값을 '참', 맞지 않는 값을 '거짓'이라고 하고 값에 따라 참과 거짓에 해당하는 결과를 표시해요.

5 [함수 인수] 대화상자가 나타나면 [Logical_test]를 'F6>$C$14', [Value_if_true]를 '"본상"', [Value_if_false]를 '"탈락"'으로 지정하고 [확인] 단추를 클릭합니다.

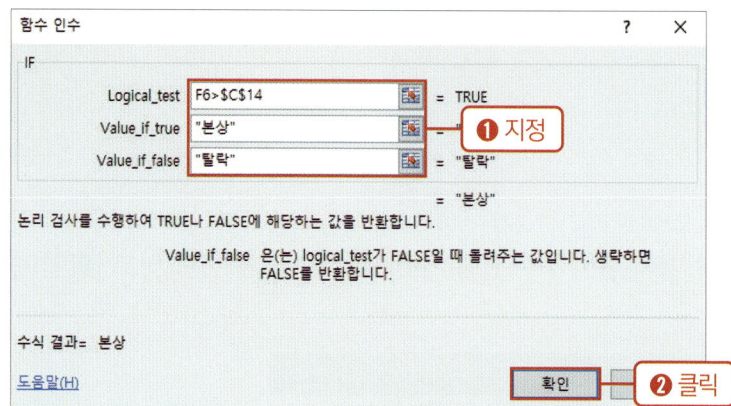

6 결과가 나타나면 [G6] 셀의 채우기 핸들을 [G12] 셀까지 드래그하여 수식을 복사합니다.

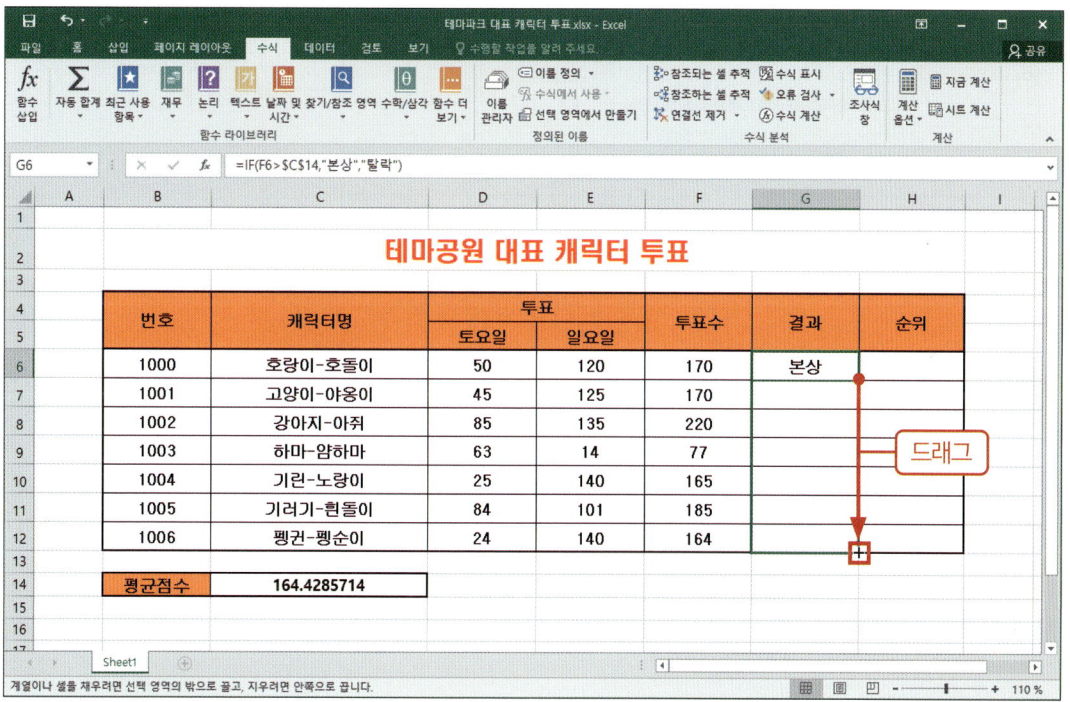

IF 함수 형식

[Logical_test]는 조건, [Value_if_true]는 참에 해당하는 결과값, [Value_if_false]는 거짓에 해당하는 결과값을 지정해요.

02 캐릭터 투표 순위를 확인해보아요.

캐릭터 투표 결과를 확인해보았죠? 이번에는 캐릭터 투표 순위를 구해야 해요. RANK 함수를 이용해 투표수에 따른 캐릭터의 순위를 구해보아요.

① [H6] 셀을 선택하고 [수식] 탭-[함수 라이브러리] 그룹-[함수 삽입(fx)]을 클릭합니다. [함수 마법사] 대화상자가 나타나면 [범주 선택]에서 '통계'를, [함수 선택]에서 'RANK.EQ'를 선택하고 [확인] 단추를 클릭합니다.

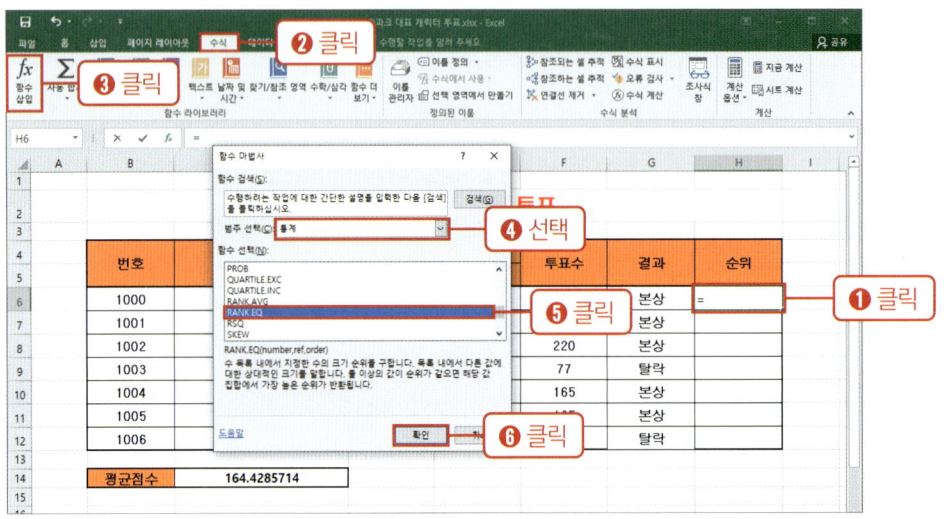

② [함수 인수] 대화상자가 나타나면 [Number]를 'F6', [Ref]를 '$F$6:$F$12', [Order]를 '0'으로 지정하고 [확인] 단추를 클릭합니다.

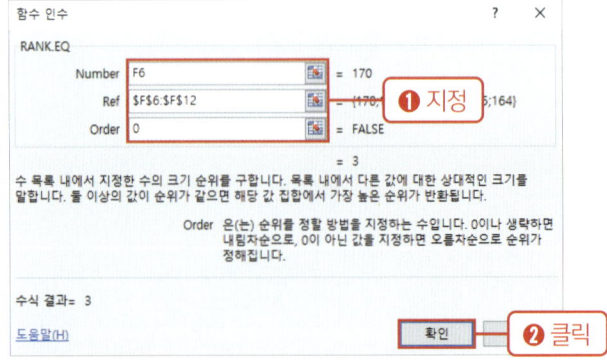

컴속 해결사

RANK 함수는 어떤 함수일까요?

RANK 함수는 순위를 정하는 함수로 Ref의 영역에서 Number가 몇 등인지를 판별해 결과를 표시해요. 여기서 Order를 '0'으로 지정하거나 생략하면 큰 수를 1등으로, 다른 값으로 지정하면 작은 수를 1등으로 지정해요.

❸ 순위가 입력되면 순위 뒤에 '위'를 입력하기 위해 [H6] 셀을 더블클릭하고, "&"위""를 입력한 후 Enter를 누릅니다.

❹ [H6] 셀의 채우기 핸들을 [H12] 셀까지 드래그하여 수식을 복사합니다.

RANK.EQ 함수와 RANK.AVG 함수의 차이는?

- RANK.EQ : 동일한 순위일 경우 상위 순위로 동일하게 표시(3위가 2개일 경우 '3'으로 표시)
- RANK.AVG : 동일한 순위일 경우 두 값의 평균값을 표시 (3위가 2개일 경우 평균값인 '3.5'로 표시)

점수	RANK.EQ	RANK.AVG
151	1	1
147	3	3.5
147	3	3.5
148	2	2

쑥쑥! 실력 키우기

1 '테마공원 시설관리 표.xlsx' 파일을 불러와 IF 함수를 이용해 테마공원 시설관리 표 문서를 완성해보세요.

테마공원 시설관리 표

놀이기구명	담당자	시설관리 점수	합격 여부
롤러코스터	유현지	100	관리자 유지
범버카	김주연	95	관리자 유지
콜럼버스 대탐험	우주원	85	관리자 유지
사파리	장우진	100	관리자 유지
VR체험	정수연	65	관리자 변경
로봇 체험	최지수	60	관리자 변경
허리케인	김민우	95	관리자 유지
회전목마	오윤우	62	관리자 변경
트위스트	조지민	85	관리자 유지

> **Hint** 시설관리 점수가 70점 이상이면 '관리자 유지', 70점 미만이면 '관리자 변경'으로 지정해보세요.

2 '노래방 점수.xlsx' 파일을 불러와 RANK 함수를 이용해 노래방 점수 문서를 완성해보세요.

노래방 점수

이름	곡명	점수	순위
박가희	숫자송	100	1
이지연	곰 세마리	50	8
최지욱	섬집아기	80	7
김민우	티라노사우르스	82	6
채우진	감자송	92	5
김희영	아기상어송	99	2
지연희	애국가	98	3
장민혁	한국을 빛낸 100명의 위인들	97	4
정우현	독도는 우리 땅	46	9

> **Hint** RANK.EQ 함수를 이용하여 점수를 기준으로 순위를 구해보세요.

표 서식으로 문서를 꾸며보아요.

인기 상품을 확인해 이벤트 상품을 결정하려면 예쁜 문서를 만들어야겠죠?
표 서식을 이용하면 문서를 쉽게 꾸밀 수 있어요.

1. '기념품 센터 상품 인기 조사.xlsx' 파일을 불러온 후 다음과 같이 문서를 작성합니다.

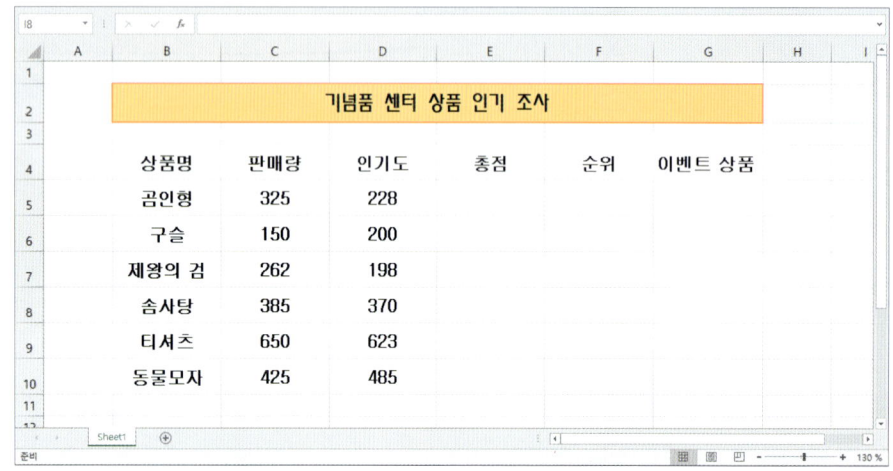

2. [C5:E10] 셀을 선택하고 [수식] 탭–[함수 라이브러리] 그룹–[자동 합계(Σ)]–[합계]를 클릭하여 총점을 구합니다.

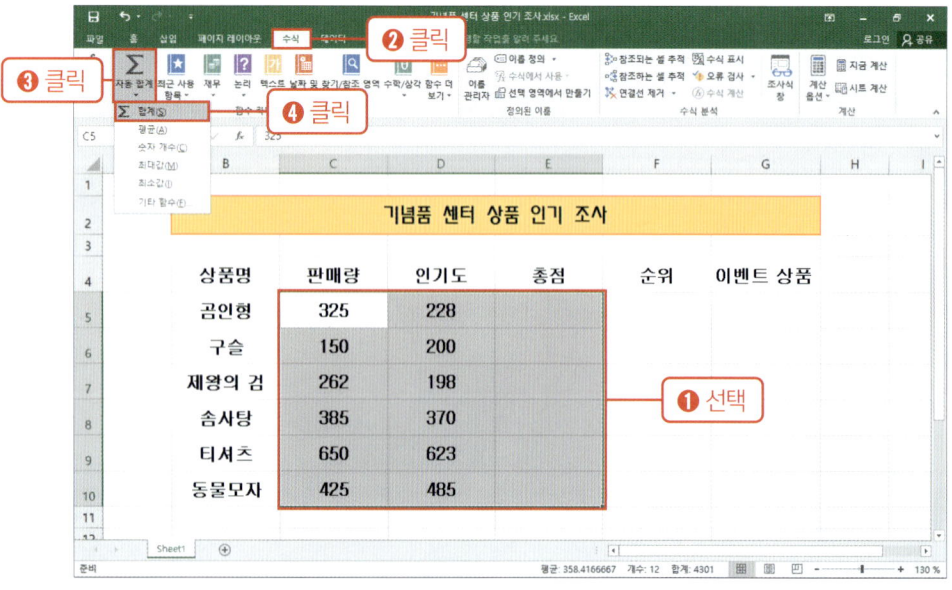

3. 기념품의 순위를 구하기 위해 [F5] 셀을 선택하고 [수식] 탭–[함수 라이브러리] 그룹–[함수 삽입(fx)]을 클릭합니다. [함수 마법사] 대화상자가 나타나면 [범주 선택]에서 '통계'를, [함수 선택]에서 'RANK.EQ'를 선택하고 [확인] 단추를 클릭합니다.

4 [함수 인수] 대화상자가 나타나면 [Number]를 'E5', [Ref]를 '$E$5:$E$10', [Order]를 '0'으로 지정하고 [확인] 단추를 클릭합니다.

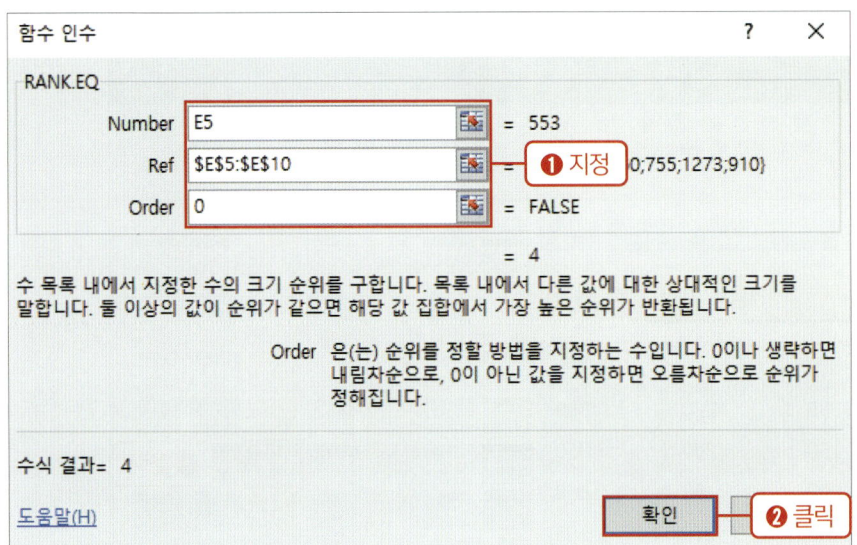

5 '1위~3위'의 상품을 이벤트 상품으로 선정하기 위해 [G5] 셀을 선택하고 [수식] 탭-[함수 라이브러리] 그룹-[함수 삽입(fx)]을 클릭합니다. [함수 마법사] 대화상자가 나타나면 [범주 선택]에서 '논리'를, [함수 선택]에서 'IF'를 선택하고 [확인] 단추를 클릭합니다.

6 [함수 인수] 대화상자가 나타나면 [Logical_test]를 'F5<=3', [Value_if_true]를 '"이벤트상품"', [Value_if_false]를 '"보류"'로 지정하고 [확인] 단추를 클릭합니다.

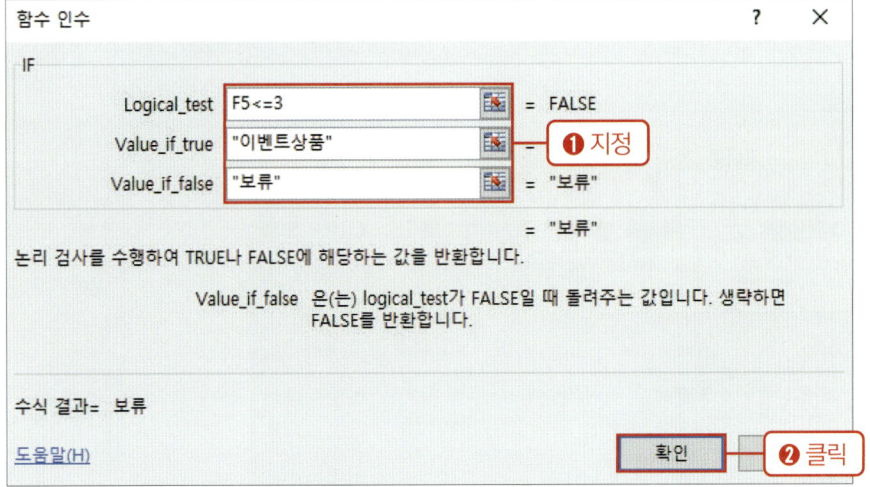

7 [F5:G5] 셀을 선택하고 채우기 핸들을 [G10] 셀까지 드래그하여 수식을 복사합니다. 이어서 표 서식을 지정하기 위해 [B4:G10] 셀을 선택한 후, [홈] 탭-[스타일] 그룹-[표 서식()]에서 '표 스타일 보통 19'를 선택합니다.

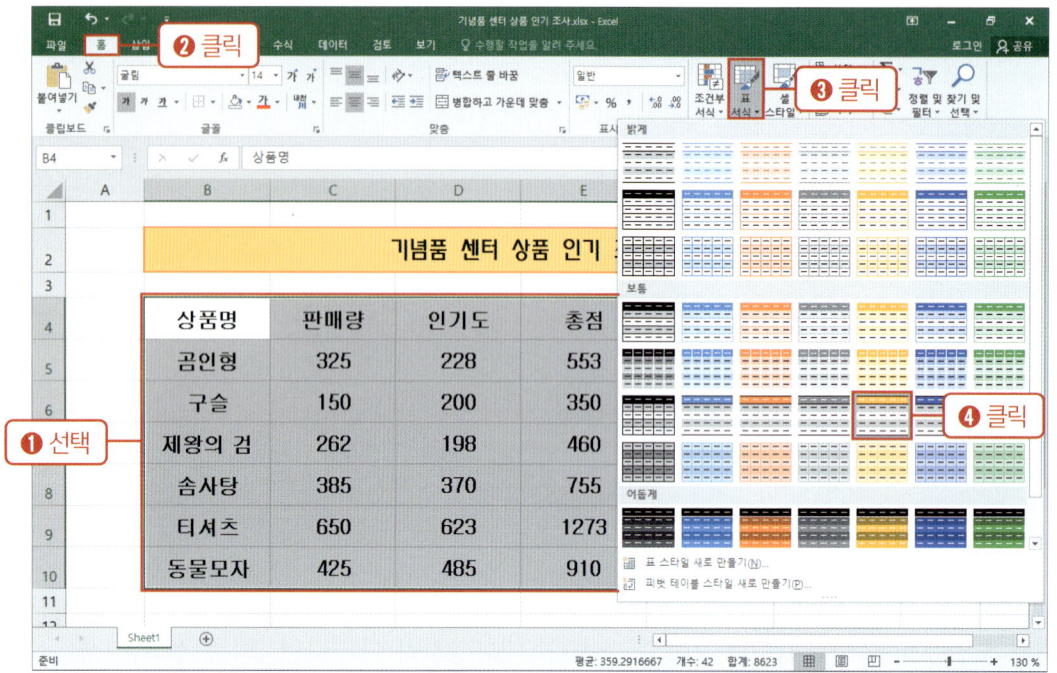

8 [표 서식] 대화상자가 나타나면 선택 영역을 확인하고 [확인] 단추를 클릭합니다.

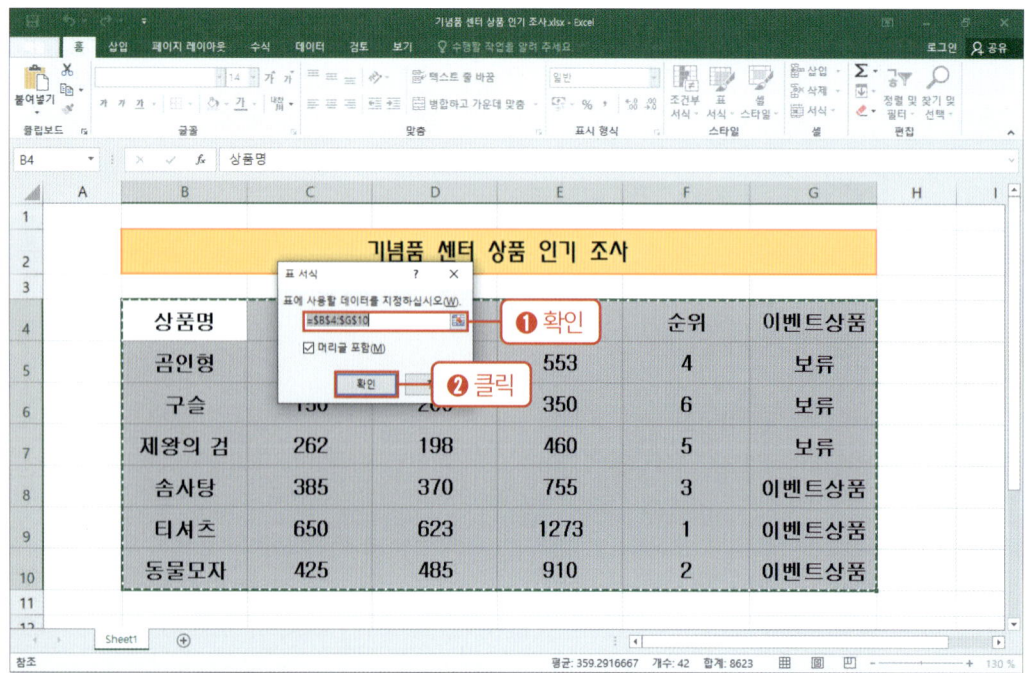

02 특정 데이터의 서식을 변경해보아요.

지정한 조건에 맞는 데이터들만 다르게 서식을 지정하면 이벤트 상품으로 선정된 상품을 쉽게 찾아볼 수 있겠죠? 조건부 서식을 이용해 이벤트 상품에만 서식을 적용해보아요.

① 이벤트 상품으로 선정된 항목들만 서식을 지정하기 위해 [B5:G10] 셀을 선택한 후, [홈] 탭-[스타일] 그룹-[조건부 서식]-[새 규칙]을 선택합니다.

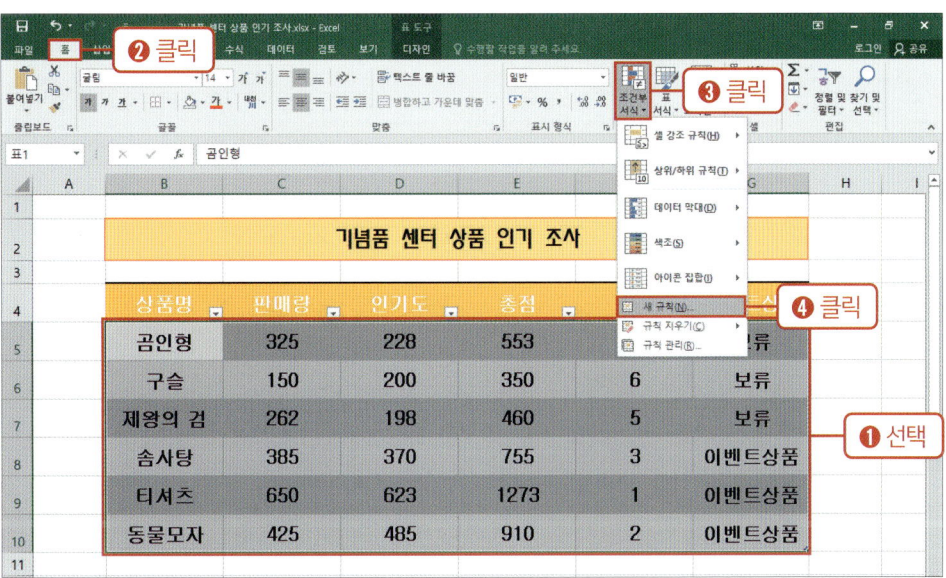

② [새 서식 규칙] 대화상자가 나타나면 [규칙 유형 선택]에서 '수식을 사용하여 서식을 지정할 셀 결정'을 선택하고, [규칙 설명 편집]에서 '=$G5="이벤트상품"' 수식을 입력한 후 [서식] 단추를 클릭합니다.

③ [셀 서식] 대화상자가 나타나면 [글꼴] 탭-[글꼴 스타일]에서 '굵은 기울임꼴', [색]에서 '빨강'을 지정하고 [확인] 단추를 클릭한 후 [새 서식 규칙] 대화상자에서 [확인] 단추를 클릭합니다.

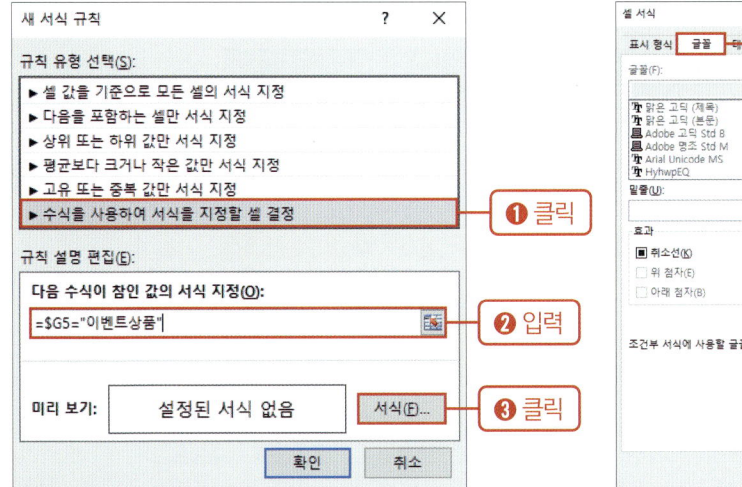
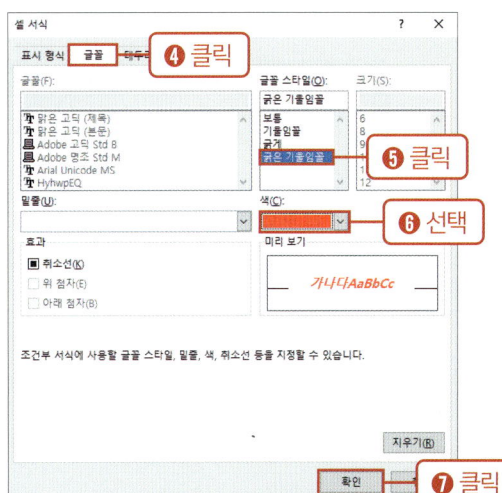

쑥쑥! 실력 키우기

1 '육상 선수 선발 대회.xlsx' 파일을 불러와 표 서식과 조건부 서식을 이용해 육상 선수 선발 대회 문서를 완성해보세요.

- 합격 여부 : 100m 기록이 '9' 이하면 합격, '9' 미만이면 불합격
- 표 서식 : 표 스타일 보통 19
- 조건부 서식 : 합격 여부가 합격이면 서식 지정(굵은 기울임꼴, 파랑, 강조 1)

학년	반	이름	100m기록	합격 여부
6	1	박은영	12	불합격
4	2	채우진	15	불합격
4	3	정시연	10	불합격
5	1	차연우	9	합격
5	2	김주연	10	불합격
6	2	김민규	11	불합격
6	3	김우진	16	불합격
4	1	최수정	20	불합격
5	2	한진욱	11	불합격
6	3	지현우	8	합격

2 '테마공원 체험활동.xlsx' 파일을 불러와 표 서식과 조건부 서식을 이용해 테마공원 체험활동 문서를 완성해보세요.

- 학년 : 나이가 '13'이면 6학년, 아니면 5학년
- 표 서식 : 표 스타일 보통 20
- 조건부 서식 : 학년이 6학년이면 서식 지정(굵게, 검정, 텍스트 1), 배경색(노랑)

이름	나이	학년
지현우	12	5학년
채시원	13	6학년
김민우	12	5학년
강우진	12	5학년
이지연	13	6학년
정우민	12	5학년
정현희	12	5학년
이진우	13	6학년
양연희	12	5학년
강선미	13	6학년

차트를 만들어보아요.

사파리 인기 투표 결과를 한 눈에 확인하고 싶다고요? 차트를 이용하면 돼요. 차트는 숫자 데이터를 보기 쉽게 도형으로 표시해줘서 한 눈에 결과를 확인할 수 있어요.

① '사파리 인기 동물 투표하기.xlsx' 파일을 불러온 후 다음과 같이 문서를 만듭니다. 이어서 차트를 삽입하기 위해 [C4:D8] 셀을 선택한 후 [삽입] 탭-[차트] 그룹-[세로 또는 가로 막대형 차트 삽입(　)]에서 '묶은 세로 막대형'을 선택합니다.

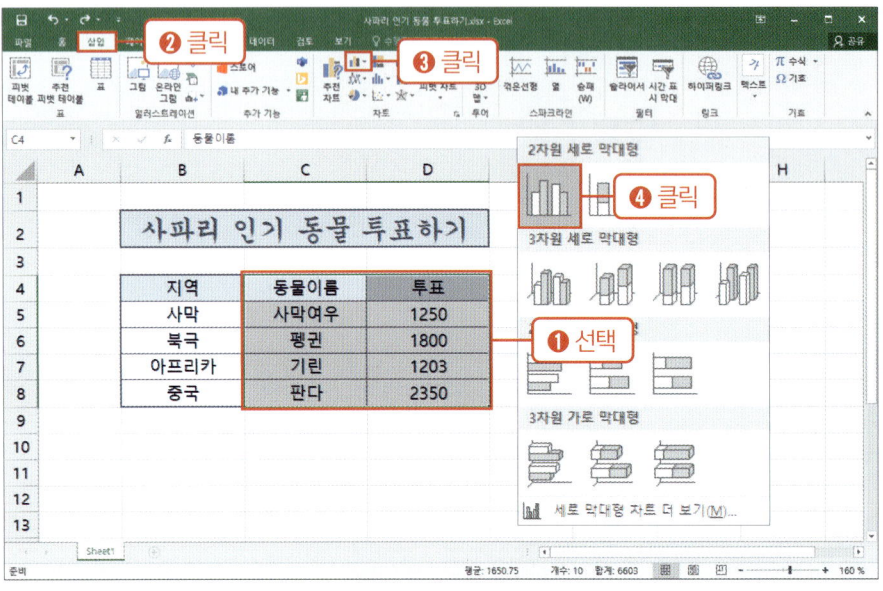

② 차트가 삽입되면 차트를 선택한 후 다음과 같이 크기와 위치를 변경합니다. 이어서 [차트 도구]-[디자인] 탭-[차트 레이아웃] 그룹-[차트 요소 추가(　)]-[축 제목]-[기본 가로]를 클릭하고 제목을 "동물이름"으로 입력한 후 [차트 요소 추가(　)]-[축 제목]-[기본 세로]를 클릭하고 제목을 "투표"로 입력합니다.

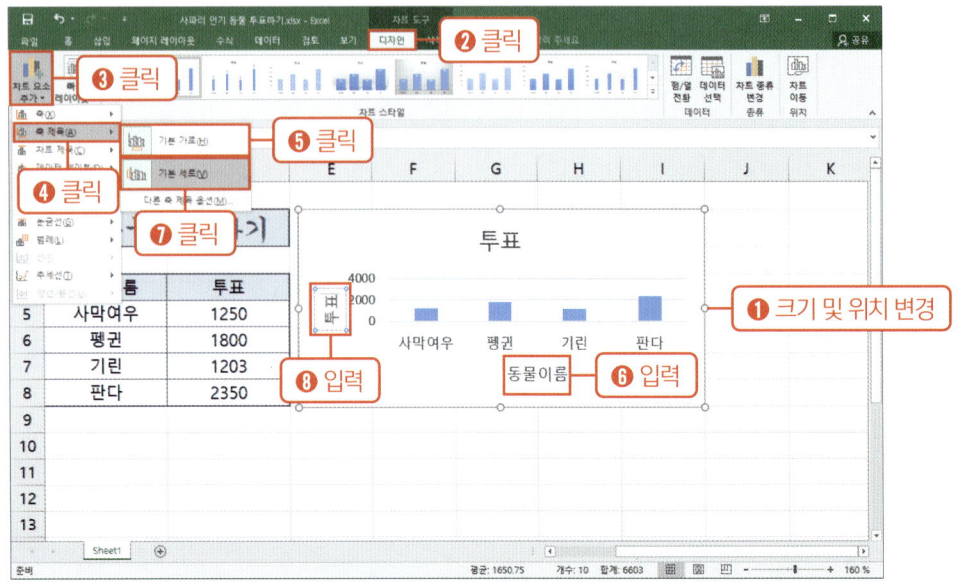

③ 차트 제목을 선택하여 제목을 '사파리 인기 동물 투표'로 변경합니다.

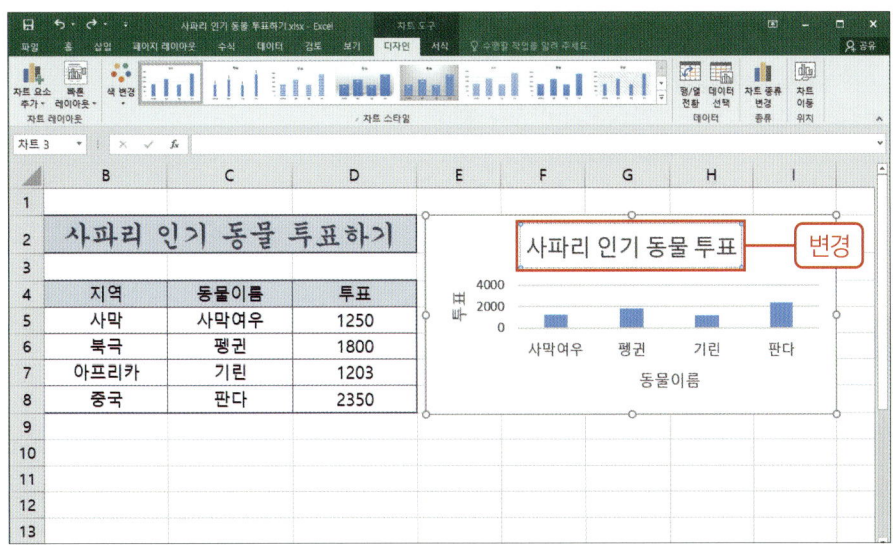

④ [차트 도구]-[디자인] 탭-[차트 레이아웃] 그룹-[차트 요소 추가(📊)]-[데이터 레이블]-[바깥쪽 끝에]를 선택합니다.

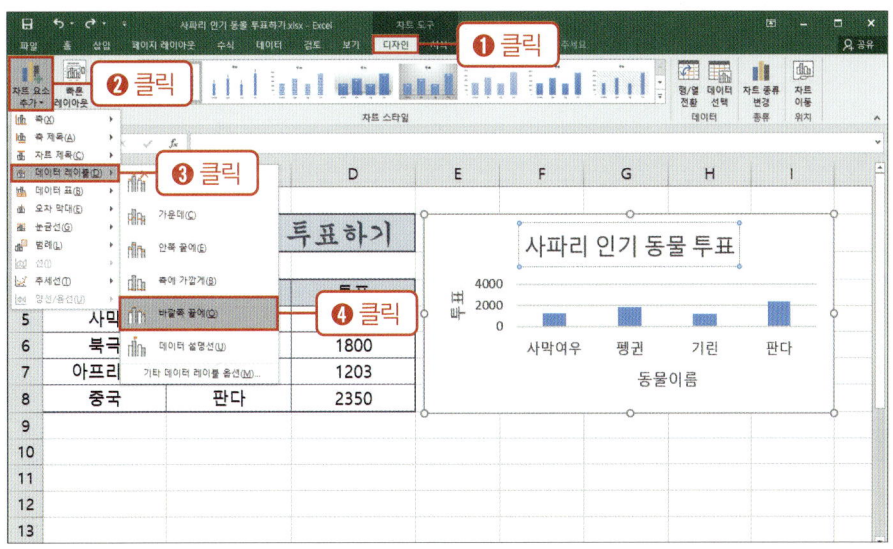

컴속 해결사

차트 구성 요소 살펴보기

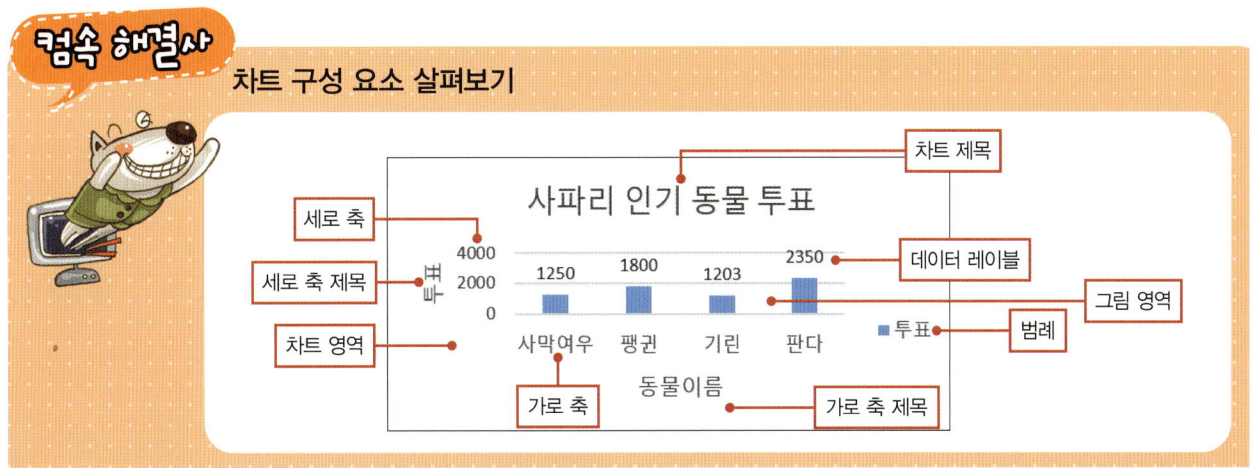

차트 서식을 변경해보아요.

차트 각 구성 요소들의 서식을 변경하면 차트를 더 예쁘게 꾸밀 수 있어요. 투표 결과를 한 눈에 확인할 수 있도록 차트 서식을 변경해보아요.

① 차트를 선택한 후 [차트 도구]-[디자인] 탭-[차트 스타일] 그룹에서 '스타일 3'을 선택합니다.

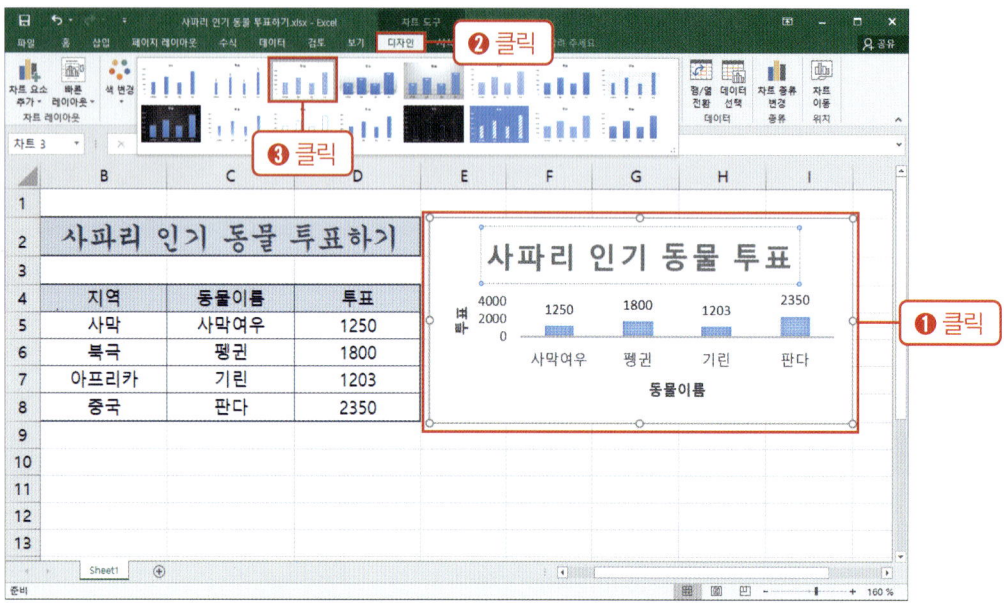

② 차트 영역을 더블클릭하여 [차트 영역 서식] 창이 나타나면 [차트 옵션]-[채우기 및 선]-[채우기]에서 [그라데이션 채우기]를 선택하고 [그라데이션 미리 설정]에서 '위쪽 스포트라이트 강조 4'를 선택한 후 [닫기(X)] 단추를 클릭합니다.

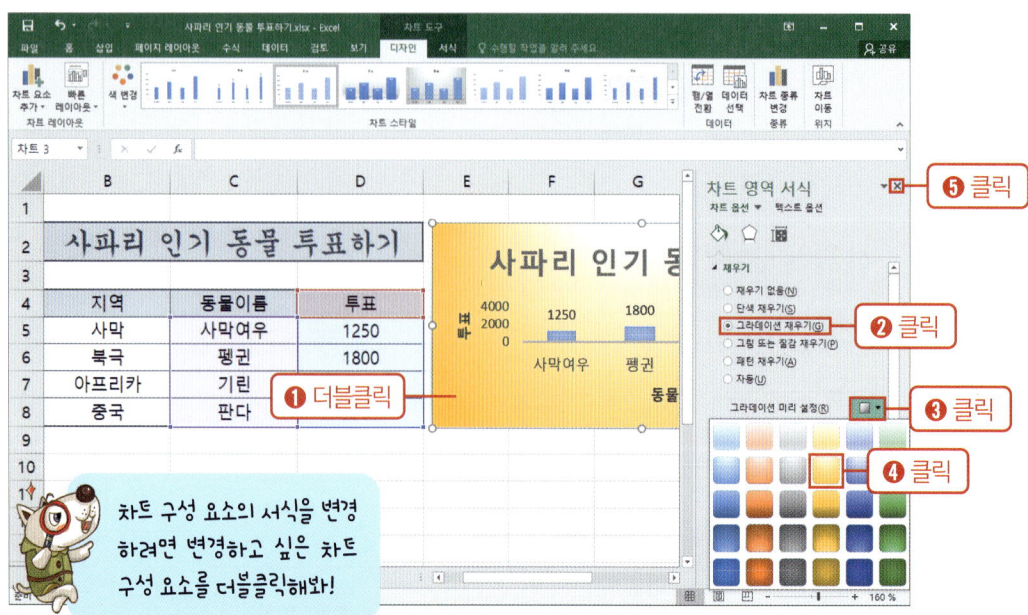

③ 그림 영역을 더블클릭하여 [그림 영역 서식] 창이 나타나면 [채우기 및 선]-[채우기]-[단색 채우기]를 선택하고 [색]에서 '흰색, 배경 1'을 선택한 후 [닫기(X)] 단추를 클릭합니다.

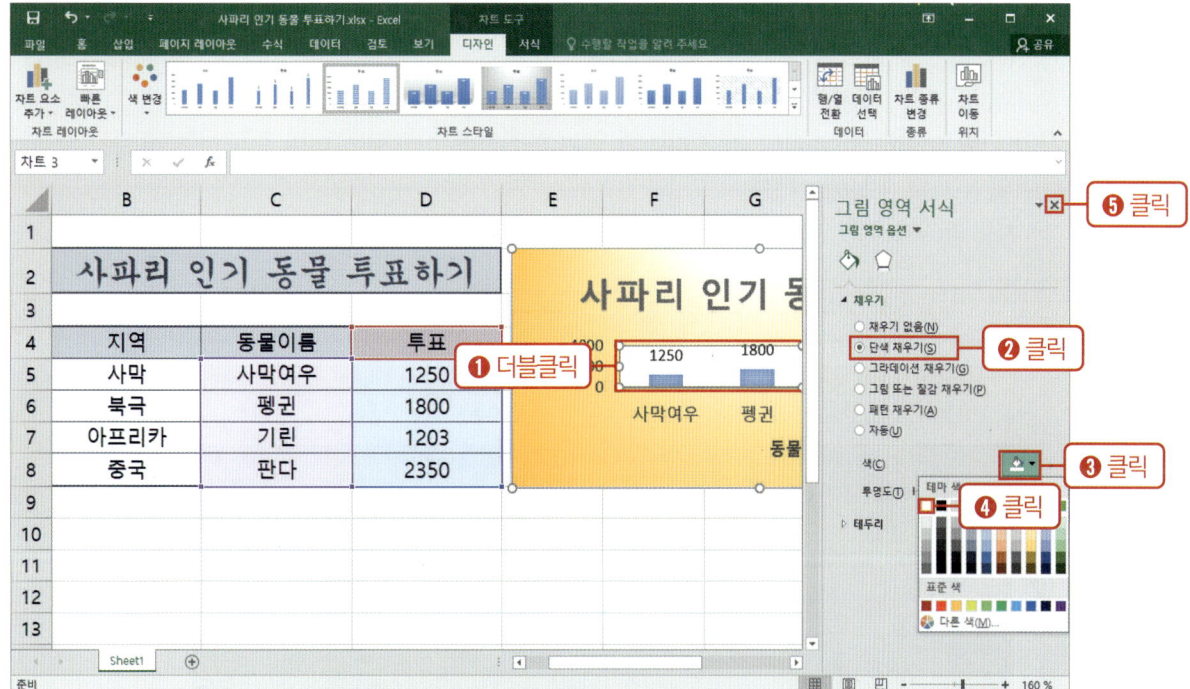

④ 차트를 선택한 후 [차트 도구]-[서식] 탭-[도형 스타일] 그룹-[도형 윤곽선]에서 색 '진한 파랑', 두께 '1pt', 대시 '긴 파선'을 지정합니다.

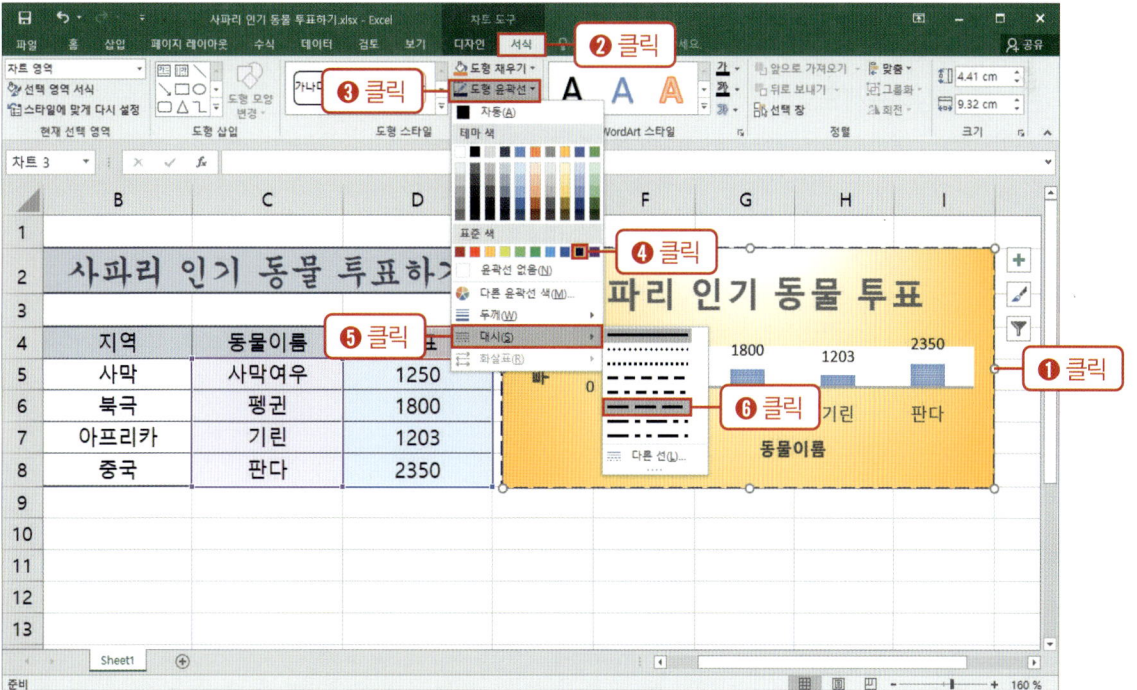

쑥쑥! 실력 키우기

1 '학년별 운동회 참여 인원.xlsx' 파일을 불러와 차트를 이용해 학년별 운동회 참여 인원 문서를 완성해보세요.

• 차트 종류 : 표식이 있는 꺾은선형　• 차트 스타일 : 스타일 7

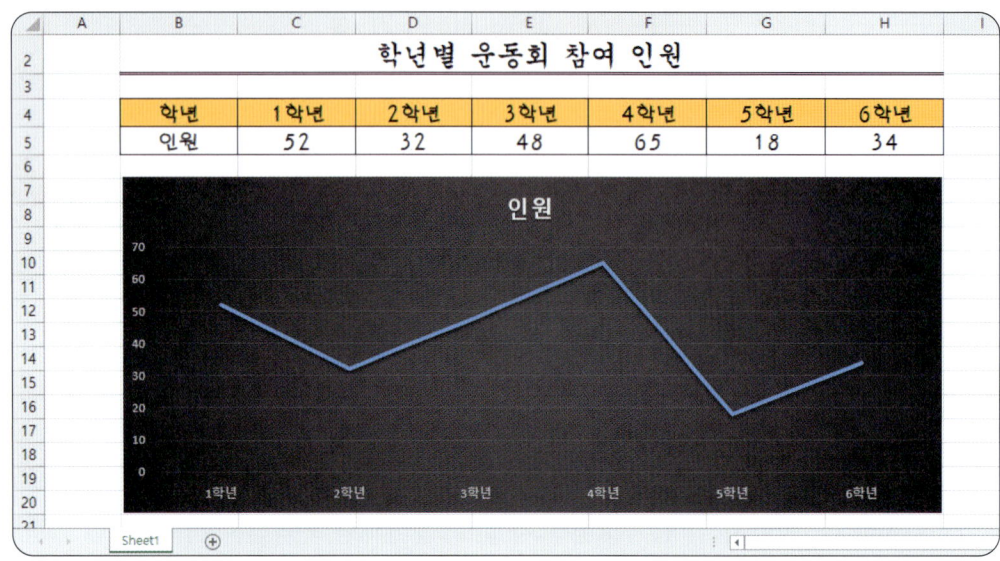

2 '대한민국 지역별 인구수.xlsx' 파일을 불러와 차트를 이용해 대한민국 지역별 인구수 문서를 완성해보세요.

• 차트 종류 : 묶은 세로 막대형　• 차트 스타일 : 스타일 6
• 차트 레이아웃 : 레이아웃 5　• 차트 영역 서식 : 질감 - 양피지

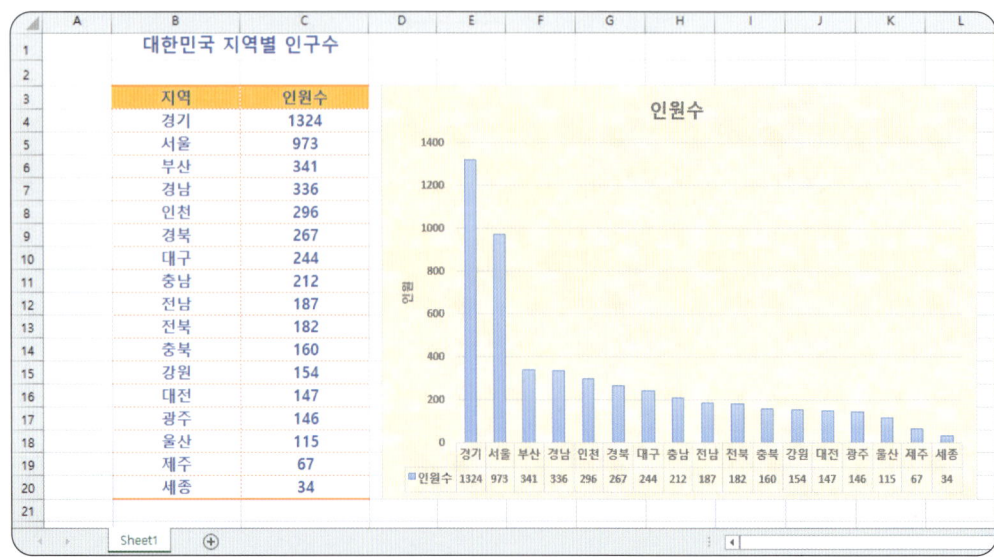

01 차트 종류를 변경해보아요.

쥬쥬 동물원 방문 인원을 확인하기 위해 차트를 만들었어요. 그런데 막대 차트보다 원형 차트가 더 보기 좋을 것 같아요. 그럼 만들어진 차트의 종류를 변경하는 방법을 알아보아요.

❶ '계절별 동물원 방문 인원.xlsx' 파일을 불러온 후 다음과 같이 문서를 작성합니다.

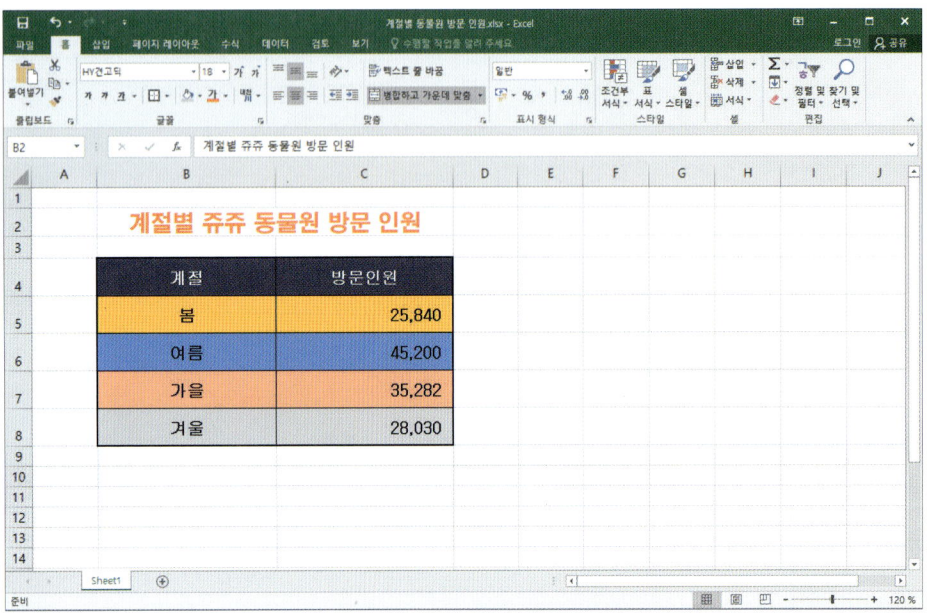

❷ [B4:C8] 셀을 선택한 후 [삽입] 탭–[차트] 그룹–[세로 또는 가로 막대형 차트 삽입( )]에서 '묶은 세로 막대형'을 선택합니다.

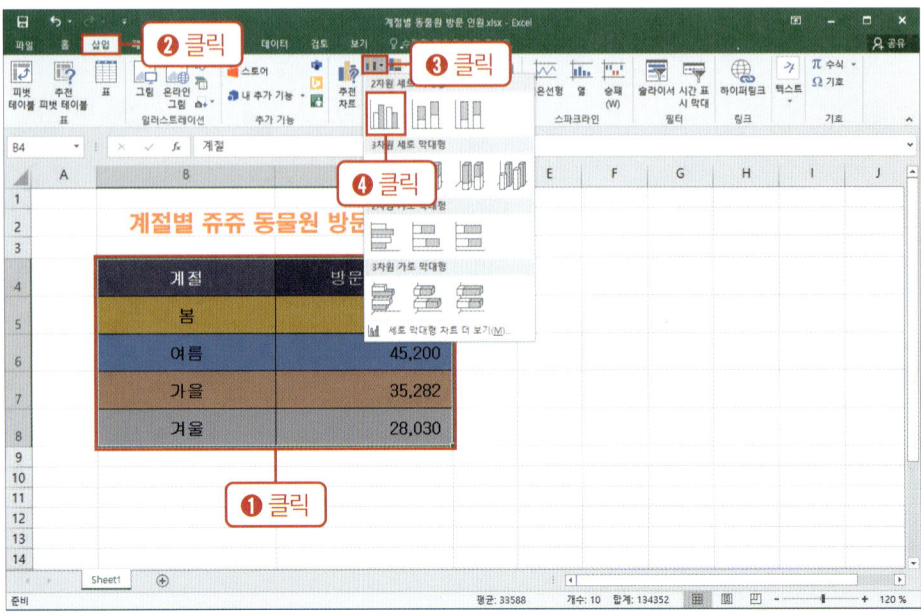

134 엑셀 2016과 함께 테마공원 운영하기

❸ 차트가 삽입되면 차트를 선택한 후 다음과 같이 크기와 위치를 조절합니다. 이어서 [차트 도구]-[디자인] 탭-[종류] 그룹-[차트 종류 변경()]을 클릭합니다.

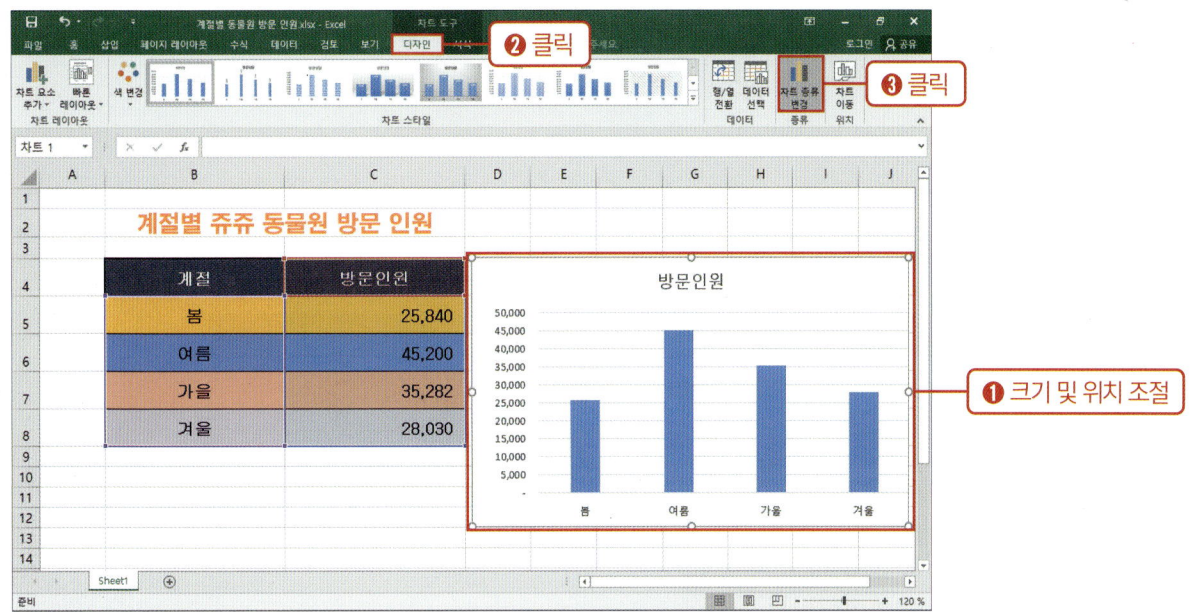

❹ [차트 종류 변경] 대화상자가 나타나면 [모든 차트] 탭-[원형]-[3차원 원형]을 선택한 후 [확인] 단추를 클릭합니다.

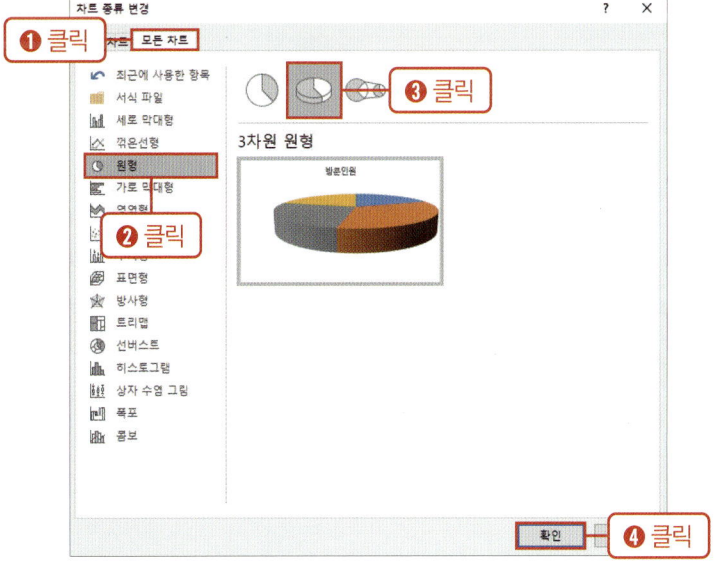

3차원 원형 차트를 꾸며보아요.

3차원 원형 차트는 차트 계열을 분리하거나 차트를 회전시키는 등의 작업을 할 수 있어요. 그럼 쥬쥬 동물원 방문 인원 차트를 예쁘게 꾸며보아요.

① 범례를 추가하기 위해 차트를 선택한 후 [차트 도구]-[디자인] 탭-[차트 레이아웃] 그룹-[차트 요소 추가]-[범례]-[아래쪽]을 선택합니다.

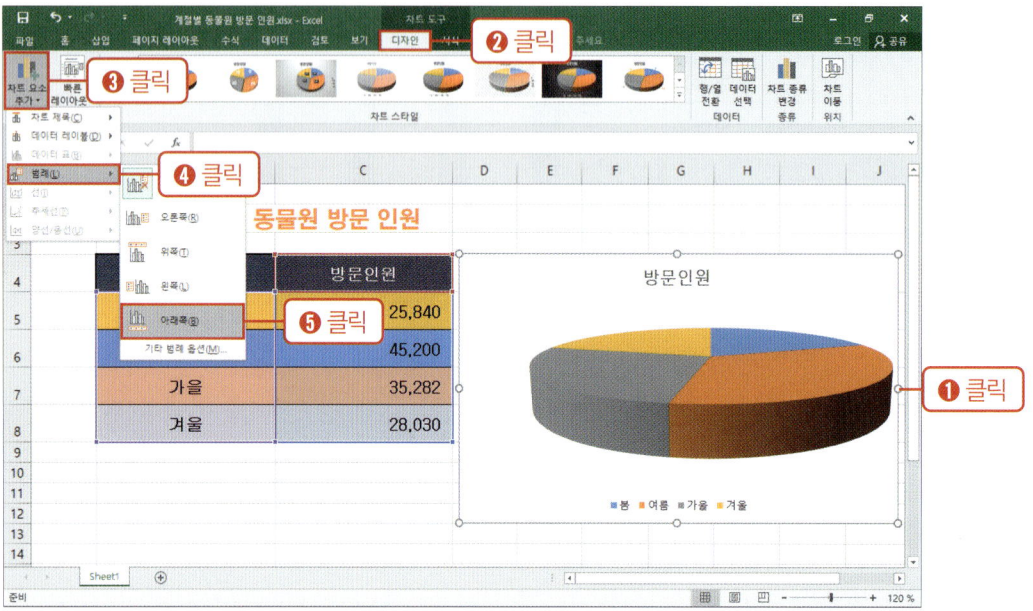

② 데이터 레이블을 추가하기 위해 [차트 도구]-[디자인] 탭-[차트 레이아웃] 그룹-[차트 요소 추가]-[데이터 레이블]-[기타 데이터 레이블 옵션]을 선택합니다.

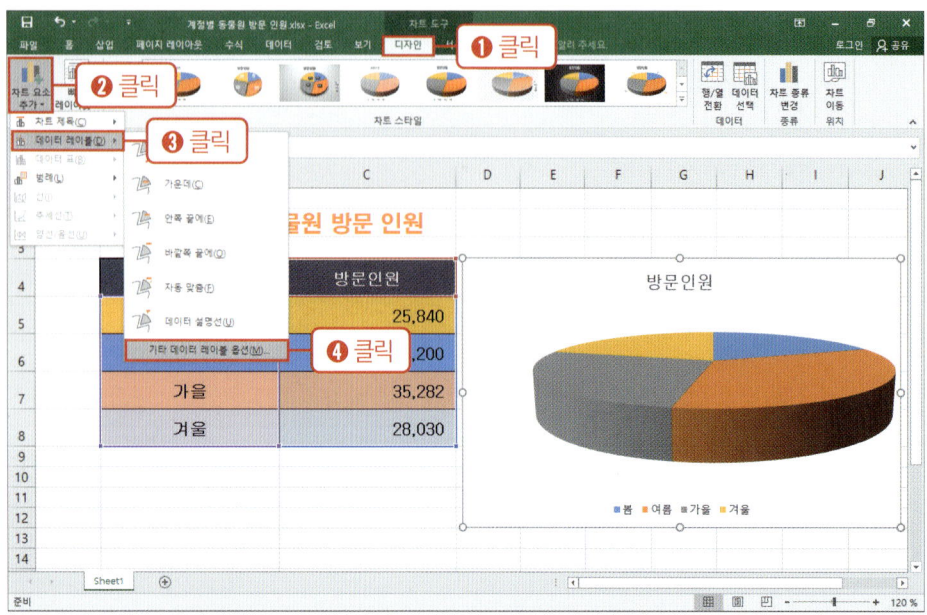

③ [데이터 레이블 서식] 창이 나타나면 [레이블 옵션]-[레이블 내용]에서 '항목 이름', '값', '백분율', '지시선 표시'에 체크하고 [닫기(X)] 단추를 클릭합니다.

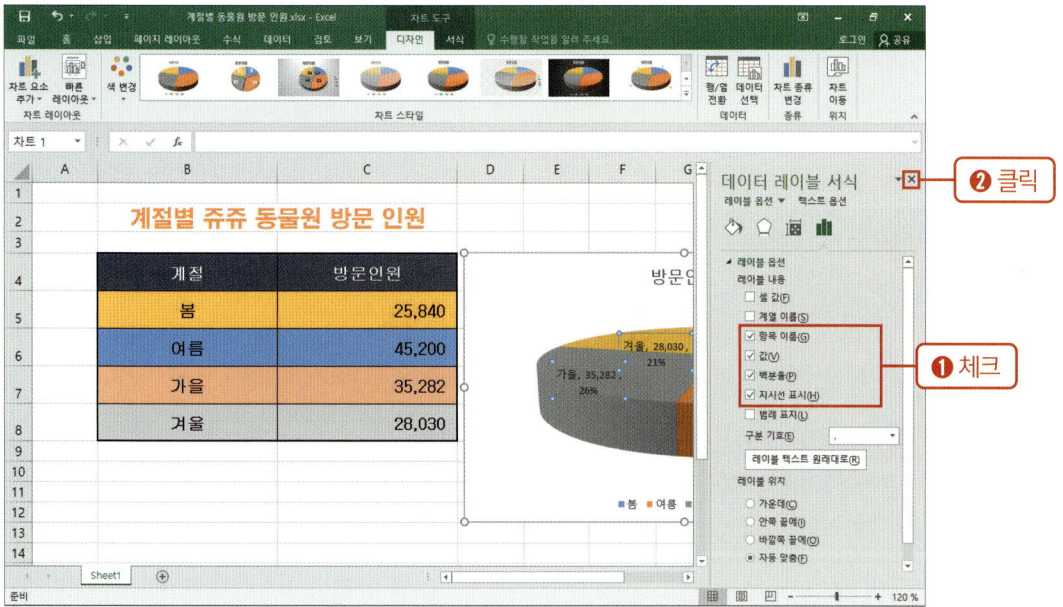

④ 차트 영역을 더블클릭하여 [차트 영역 서식] 창이 나타나면 [차트 옵션]-[채우기 및 선]-[채우기]에서 [그라데이션 채우기]를 선택한 후 [그라데이션 미리 설정]에서 '위쪽 스포트라이트 강조 1'을 선택하고, [닫기(X)] 단추를 클릭합니다.

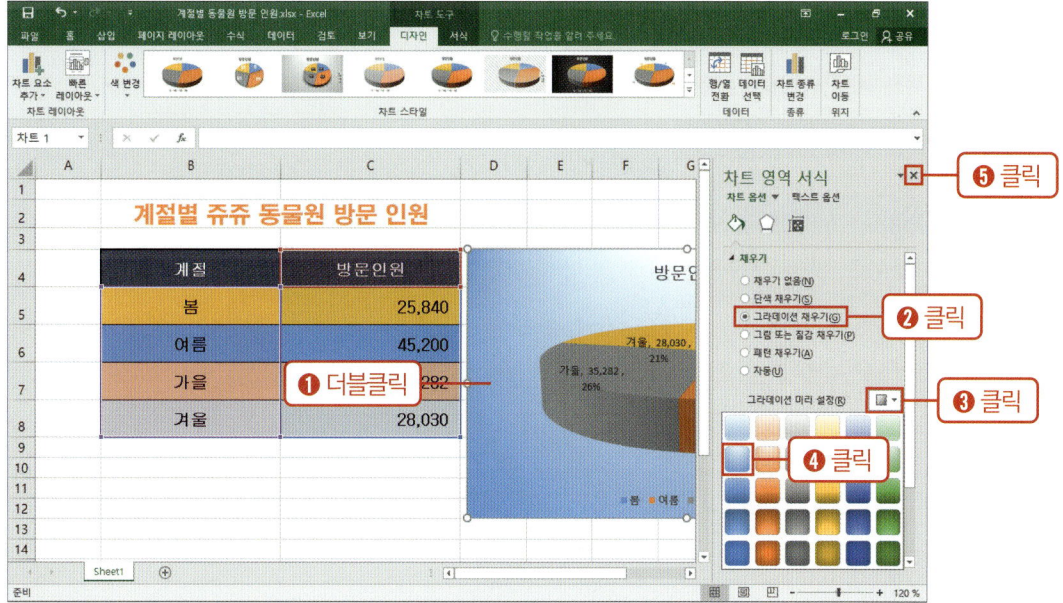

5 차트 계열을 분리하기 위해 '여름' 계열을 클릭한 후 다시 클릭하여 선택하고 드래그하여 분리합니다.

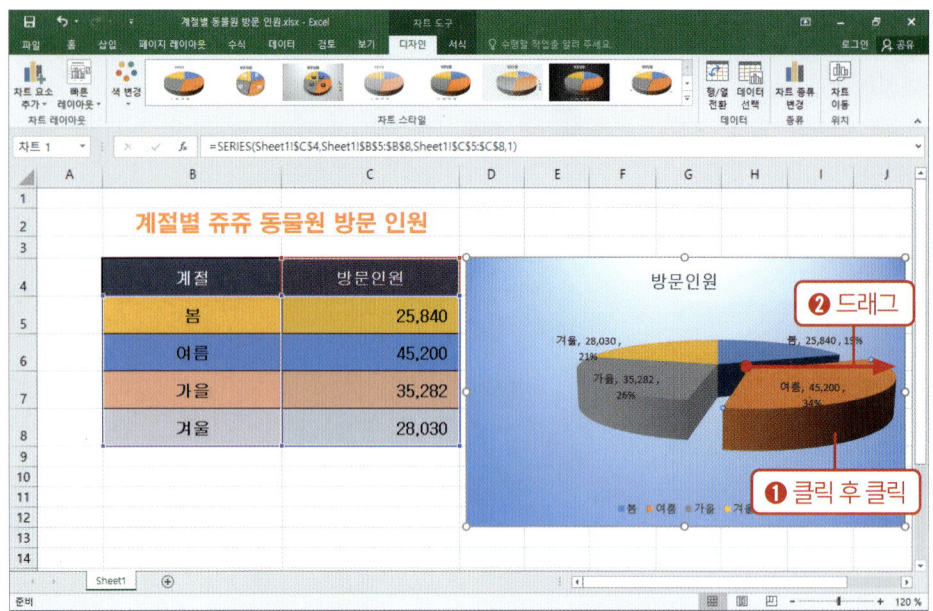

6 차트 제목과 데이터 레이블을 각각 선택한 후 글꼴 서식을 다음과 같이 변경합니다.

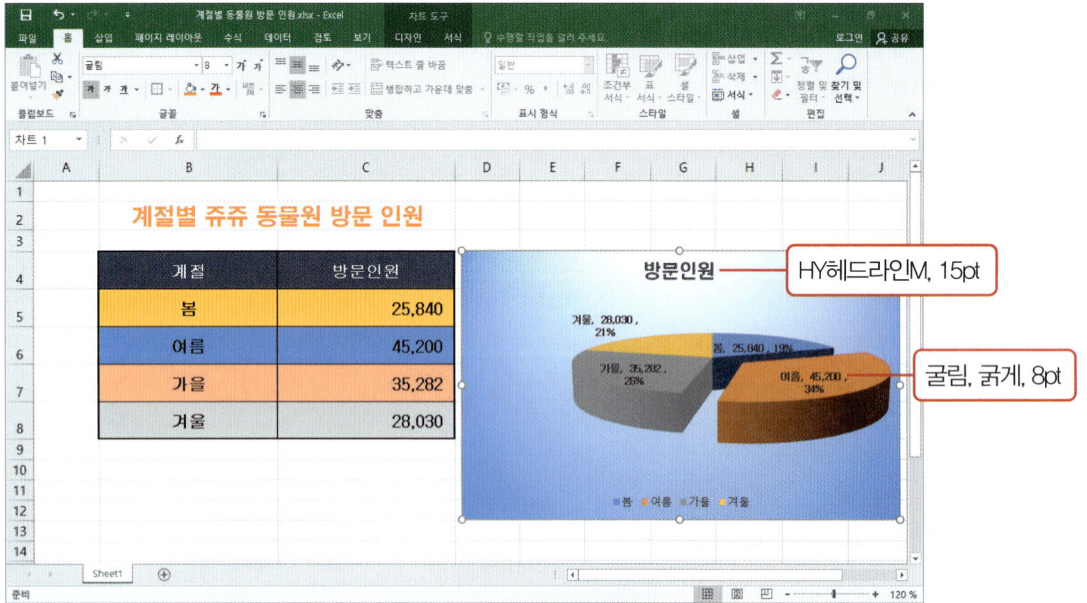

쑥쑥! 실력 키우기

1 '테마공원 티켓 구매처.xlsx' 파일을 불러와 다음과 같은 문서를 만들고 차트를 삽입해 보세요.

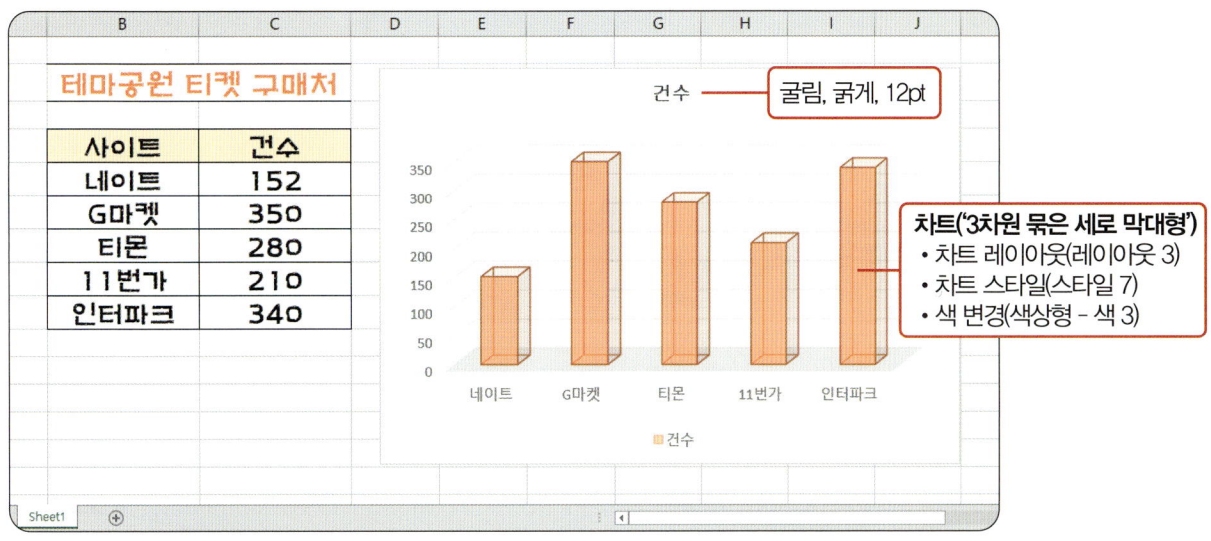

- 굴림, 굵게, 12pt
- **차트('3차원 묶은 세로 막대형')**
  - 차트 레이아웃(레이아웃 3)
  - 차트 스타일(스타일 7)
  - 색 변경(색상형 – 색 3)

2 차트 종류를 원형 차트로 변경하고 서식을 지정해보세요.

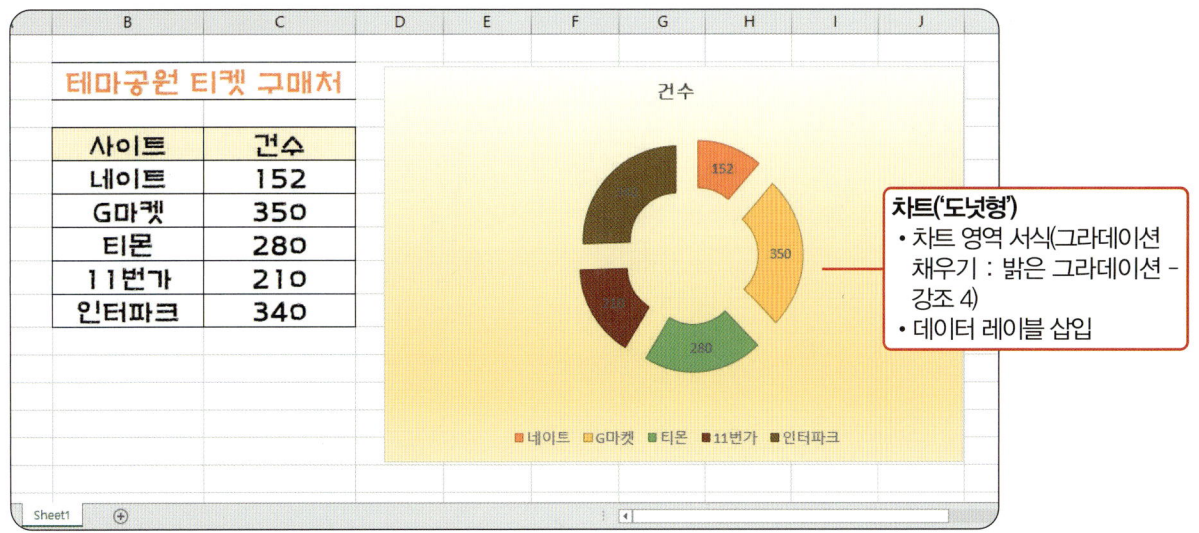

- **차트('도넛형')**
  - 차트 영역 서식(그라데이션 채우기 : 밝은 그라데이션 – 강조 4)
  - 데이터 레이블 삽입

01 연간회원만 표시해보아요.

많은 회원 명단 목록 중에서 원하는 조건에 맞는 회원들만 확인하고 싶다고요? 자동 필터를 이용하면 조건에 맞는 회원들의 명단만 추출할 수 있어요.

① '테마공원 회원 명단.xlsx' 파일을 불러온 후 다음과 같이 회원 명단을 작성합니다.

② 필터를 적용하기 위해 [C5] 셀을 선택하고 [데이터] 탭-[정렬 및 필터] 그룹-[필터(▼)]를 클릭합니다.

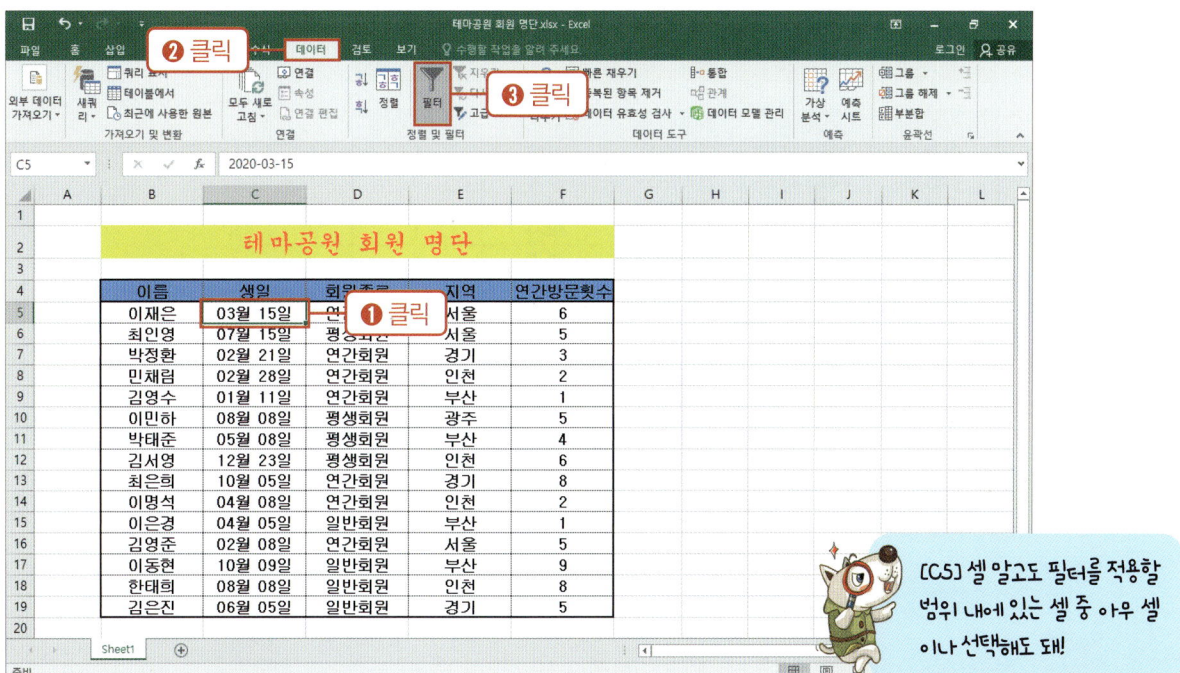

[C5] 셀 말고도 필터를 적용할 범위 내에 있는 셀 중 아무 셀이나 선택해도 돼!

③ 회원종류 중 연간회원 목록만 표시하기 위해 '회원종류'의 필터 목록 단추(▼)를 클릭하고 '연간회원'을 제외한 다른 항목은 체크를 해제한 후 [확인] 단추를 클릭합니다.

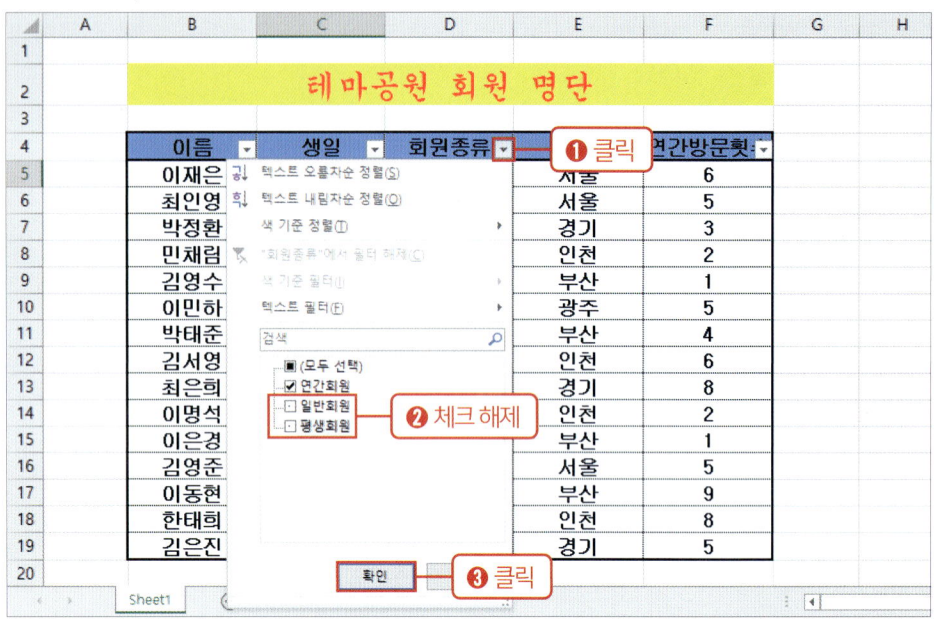

 필터가 적용되면 필터 목록 단추가 '▼' 모양으로 표시돼!

④ 연간회원 목록만 표시되는 것을 확인합니다.

 적용한 필터를 해제하고 목록을 모두 표시하려면 필터 목록 단추(▼)를 클릭하고, '모두 선택'을 선택한 후 [확인] 단추를 클릭하면 목록이 모두 표시돼!

⑤ 연간방문횟수 중 상위 5번째까지 해당하는 회원 목록만 표시하기 위해 '연간방문횟수'의 필터 목록 단추(▼)를 클릭하고 [숫자 필터]-[상위 10]을 선택합니다. [상위 10 자동 필터] 대화상자가 나타나면 [표시]에서 '상위', '5', '항목'으로 지정한 후 [확인] 단추를 클릭합니다.

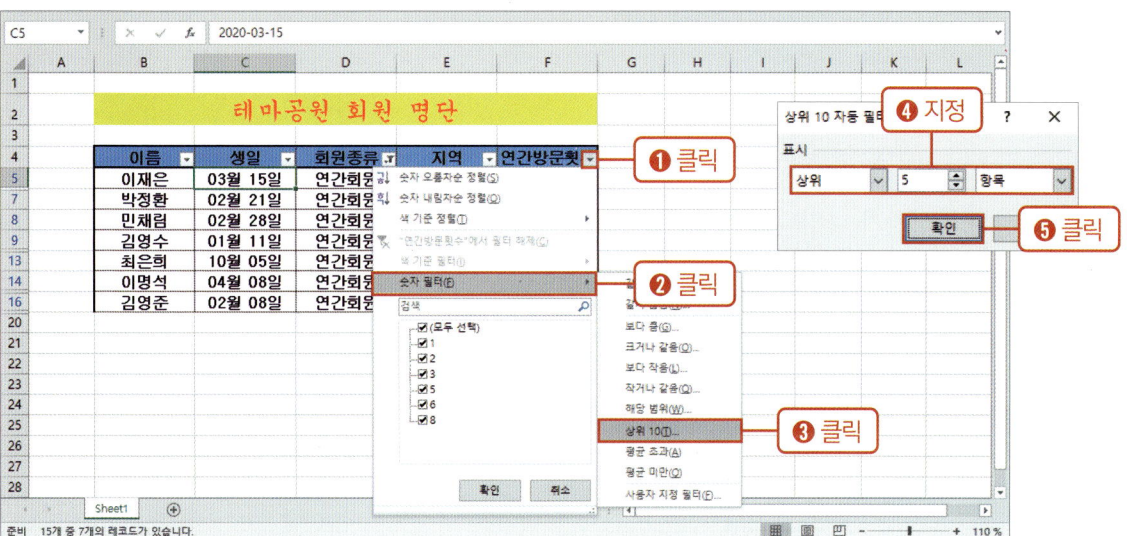

⑥ 연간회원 중 연간방문횟수가 상위 5번째까지인 회원 목록들만 표시되는 것을 확인합니다.

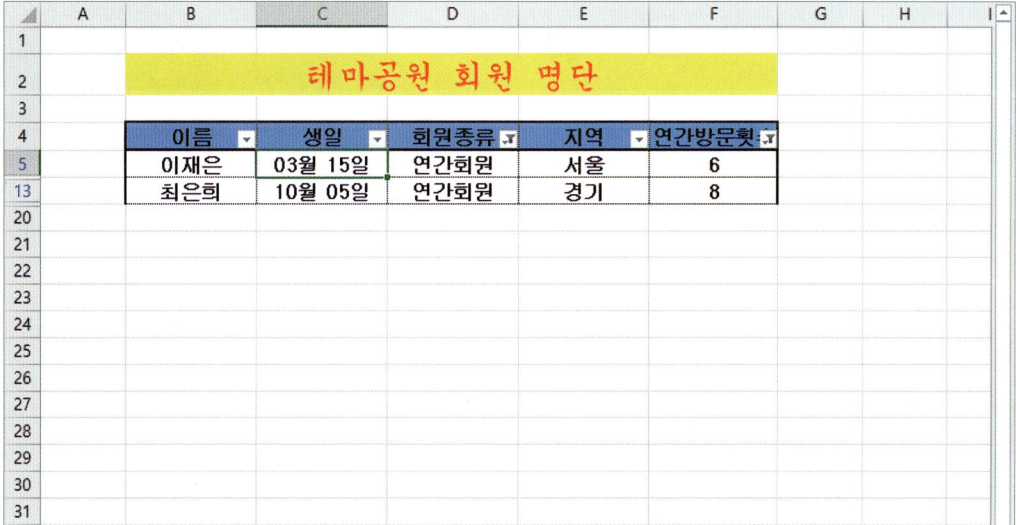

02 생일인 회원만 표시해보아요.

생일인 회원 목록만 표시하고 싶은데 방법을 모르겠다고요? 사용자 지정 자동 필터를 이용해보세요. 특정 기간이나 특정 글자가 포함된 데이터 목록만 추출해서 확인할 수 있어요.

1 '생일'의 필터 목록 단추(▼)를 클릭한 후, [텍스트 필터]-[사용자 지정 필터]를 클릭합니다. [사용자 지정 자동 필터] 대화상자가 나타나면 [찾을 조건]에서 다음과 같이 지정하고 [확인] 단추를 클릭합니다.

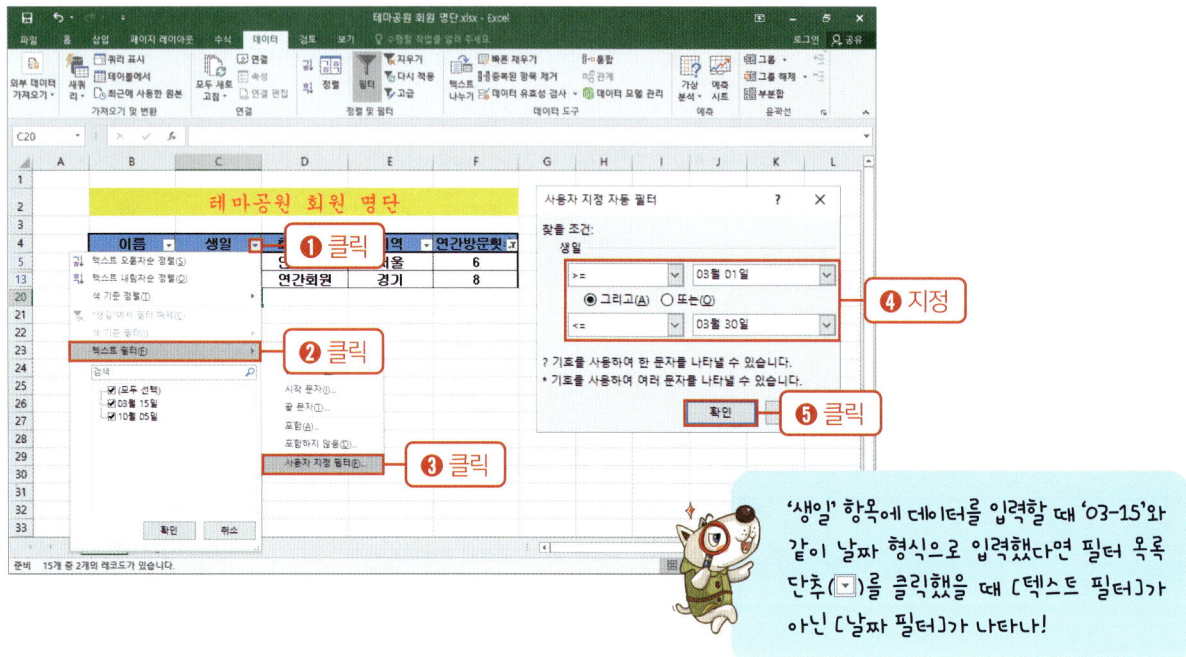

'생일' 항목에 데이터를 입력할 때 '03-15'와 같이 날짜 형식으로 입력했다면 필터 목록 단추(▼)를 클릭했을 때 [텍스트 필터]가 아닌 [날짜 필터]가 나타나!

2 사용자 지정 자동 필터가 적용된 것을 확인한 후 적용된 필터를 모두 취소하기 위해 [데이터] 탭-[정렬 및 필터] 그룹-[지우기(▼)]를 클릭하여 적용된 모든 필터를 취소합니다.

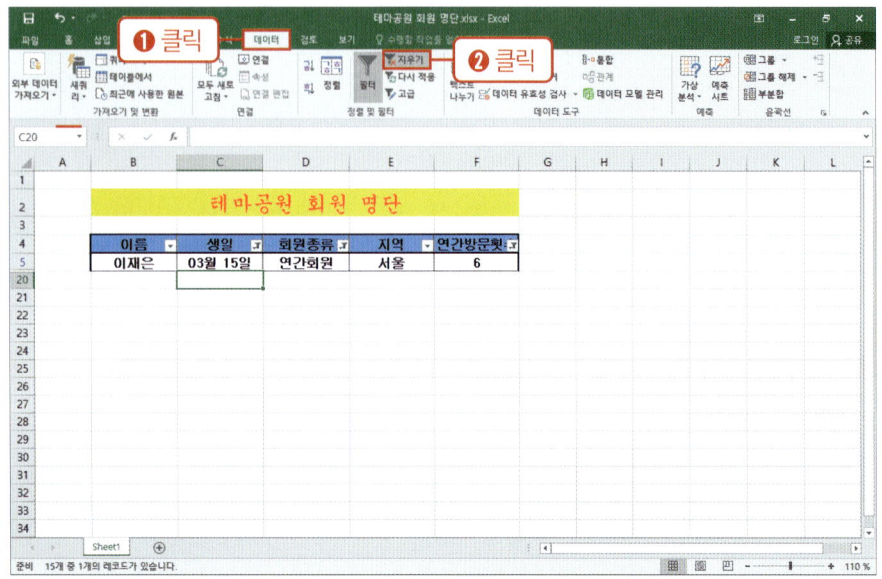

쑥쑥! 실력 키우기

1 '테마공원 방문 현황.xlsx' 파일을 불러와 다음과 같이 문서를 작성하고 자동 필터를 이용해 수영장과 놀이공원에 방문한 방문객 목록만 표시되도록 해보세요.

2 자동 필터가 적용된 목록을 모두 표시하고 성이 '이'씨이거나 '김'씨인 사람만 표시해보세요.

 [텍스트 필터]-[사용자 지정 자동 필터]-[시작 문자]를 이용해보세요.

01 고급 필터를 이용하여 목록을 표시해보아요.

고급 필터를 이용하면 조건을 변경하면서 원하는 데이터를 확인할 수 있어요. 그럼 고급 필터로 놀이시설이면서 고객등급이 A등급인 시설을 찾아볼까요?

1 '테마공원 만족도 조사.xlsx' 파일을 불러온 후 다음과 같이 문서를 작성합니다.

시설이름	시설분류	고객등급	관리등급	담당책임자
놀이동산	놀이시설	A	A+	까비
쥬쥬동물원	공원시설	B	A	슬기
워터피아	놀이시설	A+	A	슬기
눈썰매장	놀이시설	A	B	까비
하늘공원	공원시설	A+	A	뭉치
이벤트홀	행사시설	B	A	까비
플라워존	공원시설	A	A+	뭉치
매직피아	행사시설	B	A	뭉치

2 [H4:H5] 셀에 다음과 같이 조건을 입력하고 [B5] 셀을 선택한 후 [데이터] 탭-[정렬 및 필터] 그룹-[고급(▼)]을 클릭합니다.

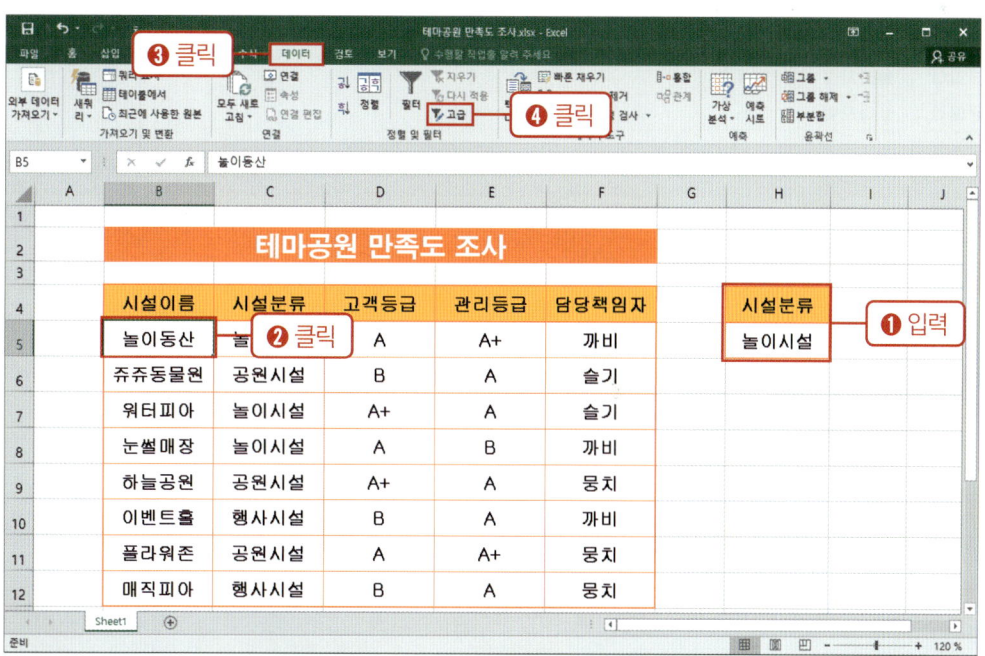

조건영이 필터링될 항목영과 정확하게 일치하지 않으면 조건이 적용되지 않으므로 정확하게 입력해야 해!

③ [고급 필터] 대화상자가 나타나면 [결과]에서 '현재 위치에 필터'를 선택하고 [목록 범위]와 [조건 범위]를 다음과 같이 지정한 후 [확인] 단추를 클릭합니다.

④ 시설분류가 놀이시설로 분류되어 있는 목록만 표시되는 것을 확인한 후 모든 목록을 표시하기 위해 [데이터] 탭-[정렬 및 필터] 그룹-[지우기]를 클릭합니다.

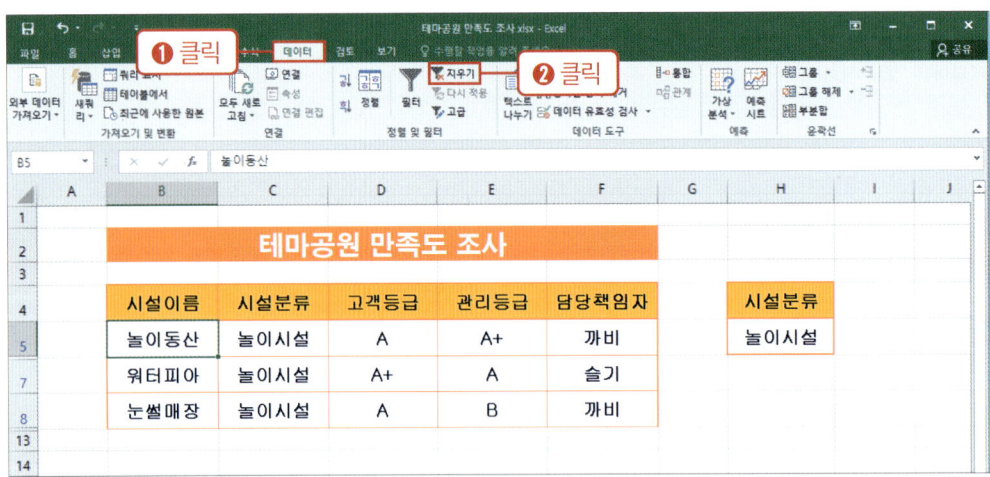

⑤ [I4:I5] 셀에 다음과 같이 조건을 입력하고 Enter 를 누른 후 [데이터] 탭-[정렬 및 필터] 그룹-[고급]을 클릭합니다.

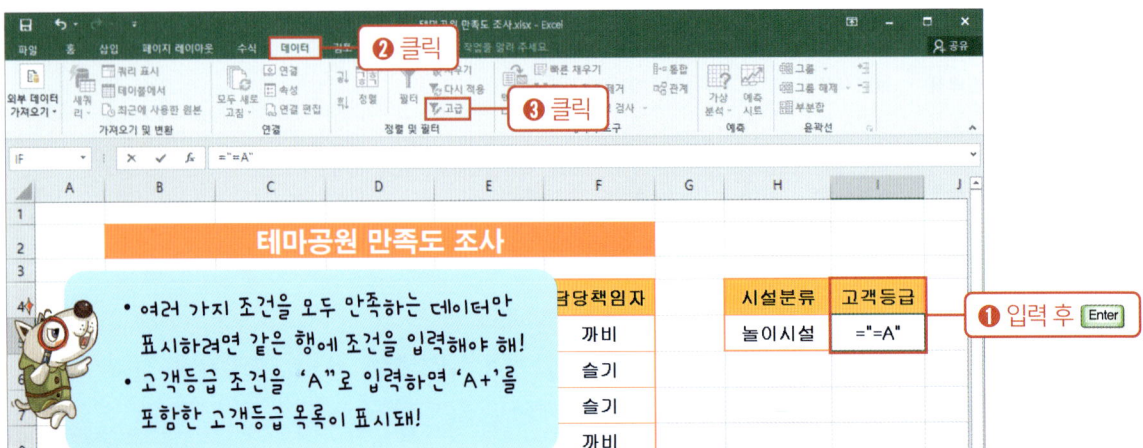

6 [고급 필터] 대화상자가 나타나면 [결과]에서 '현재 위치에 필터'를 선택하고 [목록 범위]와 [조건 범위]를 다음과 같이 지정한 후, [확인] 단추를 클릭합니다.

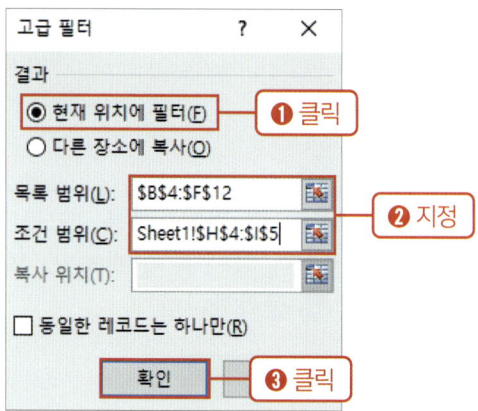

7 시설분류가 놀이시설이고 고객등급이 A인 목록만 표시되는 것을 확인한 후 [데이터] 탭–[정렬 및 필터] 그룹–[지우기]를 클릭합니다.

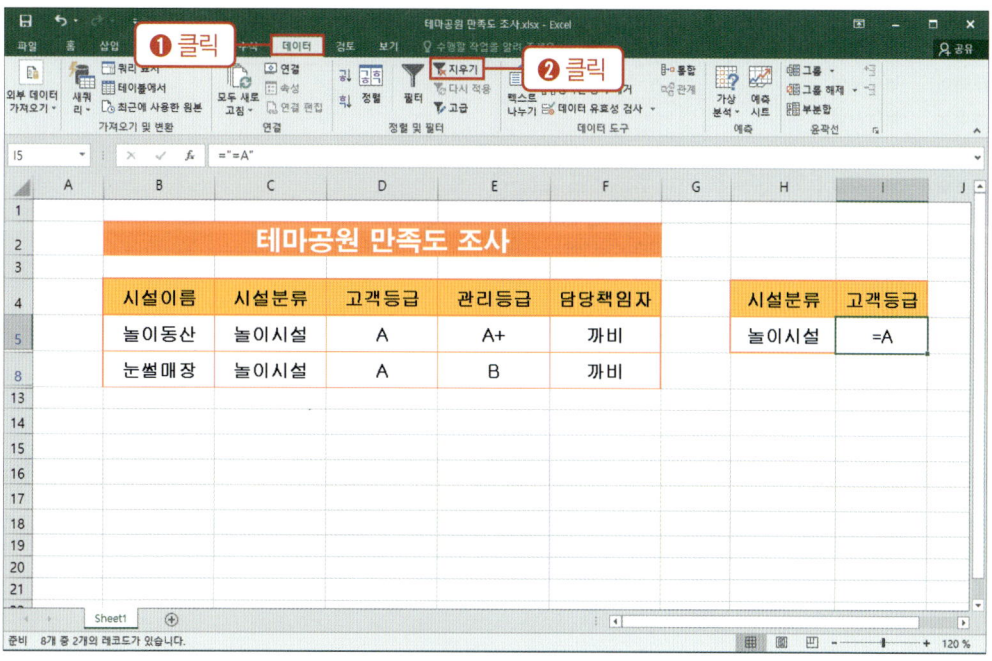

고급 필터 조건 지정 방법

- AND 조건 : 고객등급과 관리등급이 A+인 경우

고객등급	관리등급
A+	A+

- OR 조건 : 가격이 30000 이상 또는 판매량이 350 이상인 경우

가격	판매량
>=30000	
	>=350

02 고급 필터를 이용하여 목록을 복사해보아요.

고급 필터를 이용하면 조건에 맞는 데이터들을 다른 곳에 복사해 표시할 수도 있어요. 그럼 고객등급이나 관리등급이 A+인 시설을 복사하고 다른 곳에 표시해보아요.

1 조건을 고객등급 'A+', 관리등급 'A+'로 변경하고 [데이터] 탭-[정렬 및 필터] 그룹-[고급]을 클릭합니다. [고급 필터] 대화상자가 나타나면 [결과]에서 '다른 장소에 복사'를 선택하고 [목록 범위], [조건 범위], [복사 위치]를 다음과 같이 지정한 후 [확인] 단추를 클릭합니다.

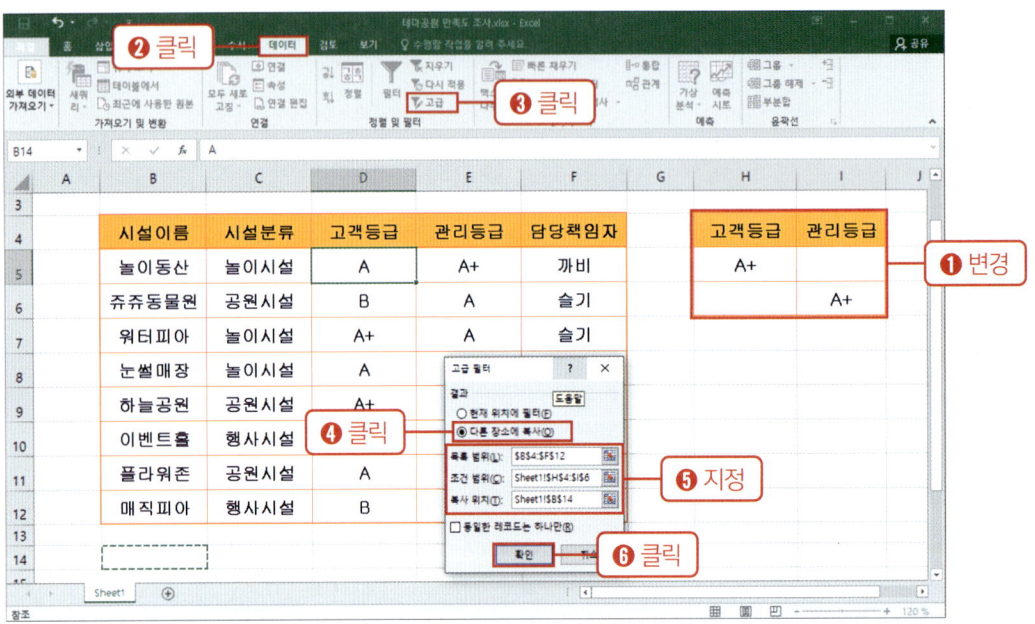

2 고급 필터가 적용되어 복사 위치로 지정했던 [B14] 셀에 조건에 맞는 목록이 표시되는 것을 확인합니다.

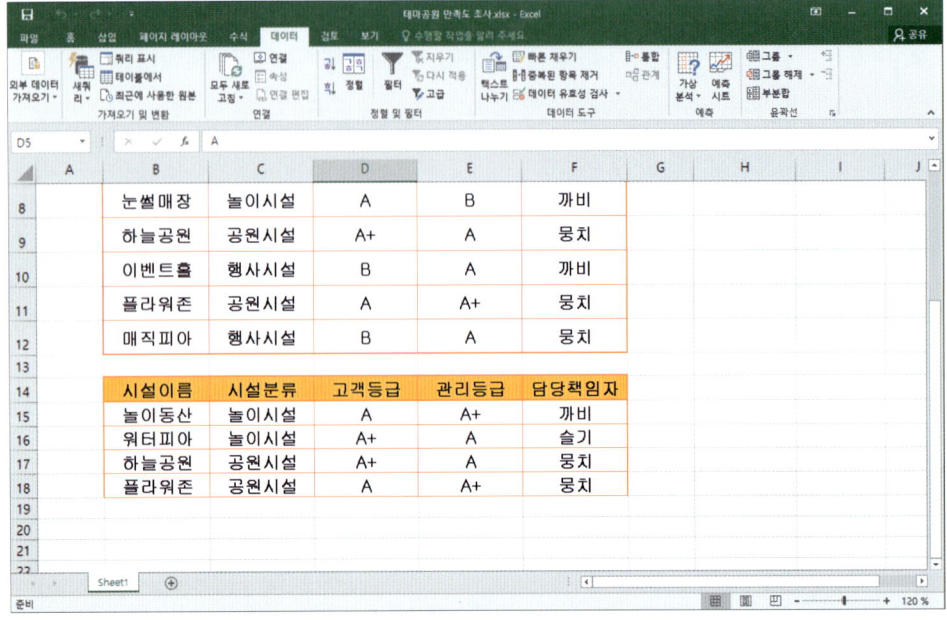

쑥쑥! 실력 키우기

1 '테마공원 방문 기록.xlsx' 파일을 불러와 다음과 같이 문서를 작성하고 고급 필터를 이용해 성별이 '남'이고, 방문횟수가 '15 이상'인 방문객 목록만 표시해보세요.

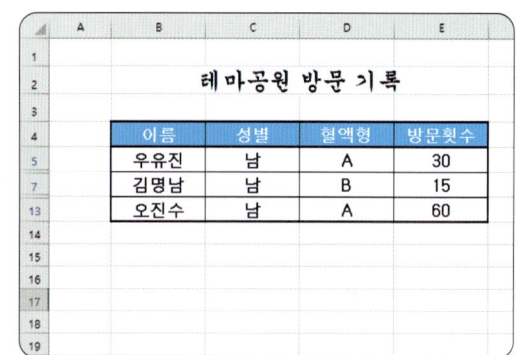

2 고급 필터가 적용된 목록을 모두 표시한 후 성별이 '여'이거나 혈액형이 'O'형인 방문객 목록만 [B15] 셀에 표시해보세요.

이름	성별	혈액형	방문횟수
양희수	여	AB	25
권기숙	여	A	10
강희정	여	B	3
고양희	여	O	23
오윤희	여	O	22

22장 테마공원 만족도 조사하기 151

01 시설별 방문객의 평균 나이를 구해보아요.

테마공원 시설별로 방문객들의 평균 나이를 구하려면 먼저 시설별로 그룹을 묶고 나이의 평균을 구해야 해요.
부분합을 이용해 시설별로 방문객들의 평균 나이를 구해보아요.

① '테마공원 방문객 목록.xlsx' 파일을 불러온 후 다음과 같이 문서를 작성합니다.

② 표 안의 셀을 선택한 후, [데이터] 탭-[정렬 및 필터] 그룹-[정렬]을 클릭합니다. [정렬] 대화상자가 나타나면 [열]을 '방문시설', [정렬 기준]을 '값', [정렬]을 '오름차순'으로 지정한 후 [확인] 단추를 클릭합니다.

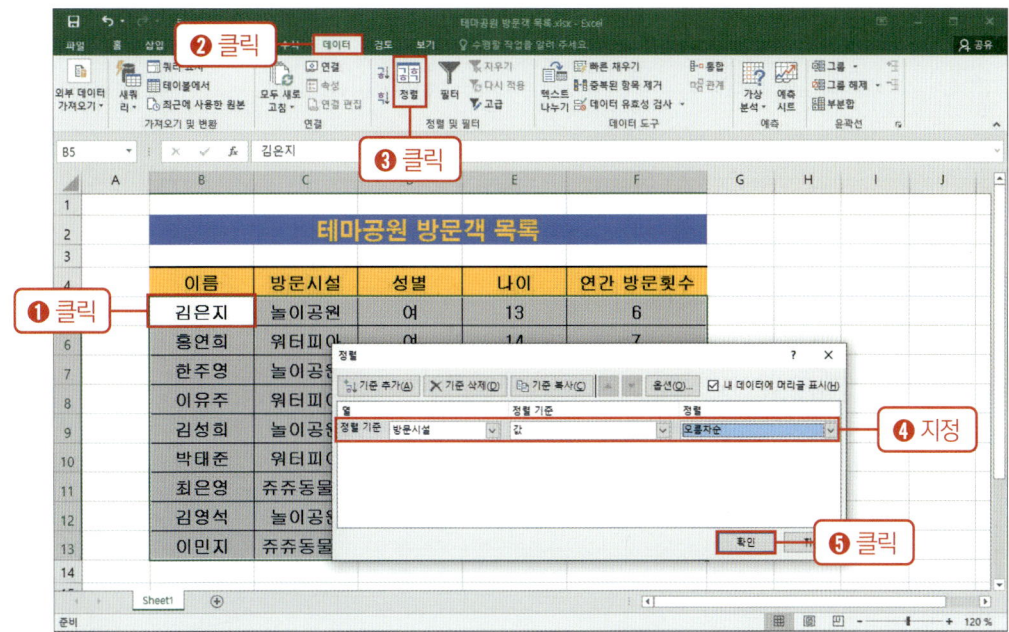

 부분합을 지정하려면 먼저 그룹화될 항목을 정렬해야 해!

❸ 이어서 [데이터] 탭-[윤곽선] 그룹-[부분합(📊)]을 선택합니다. [부분합] 대화상자가 나타나면 [그룹화할 항목]을 '방문시설', [사용할 함수]를 '평균', [부분합 계산 항목]을 '나이'로 지정한 후 [확인] 단추를 클릭합니다.

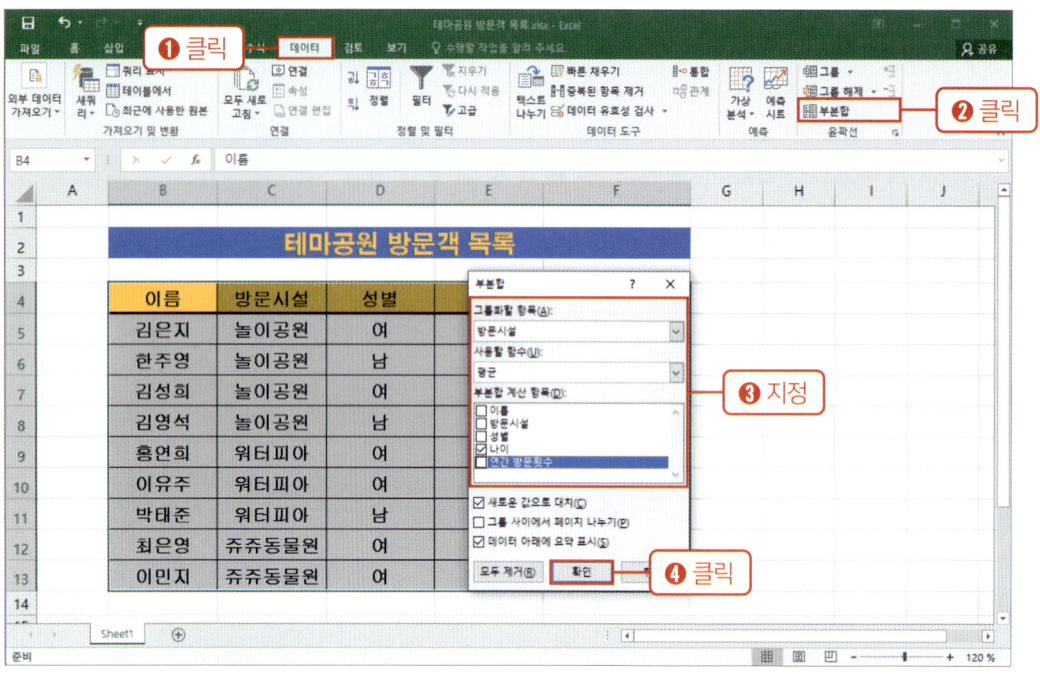

❹ 부분합이 지정되면서 방문시설별 평균 나이와 그룹 윤곽 기호가 표시되는 것을 확인합니다.

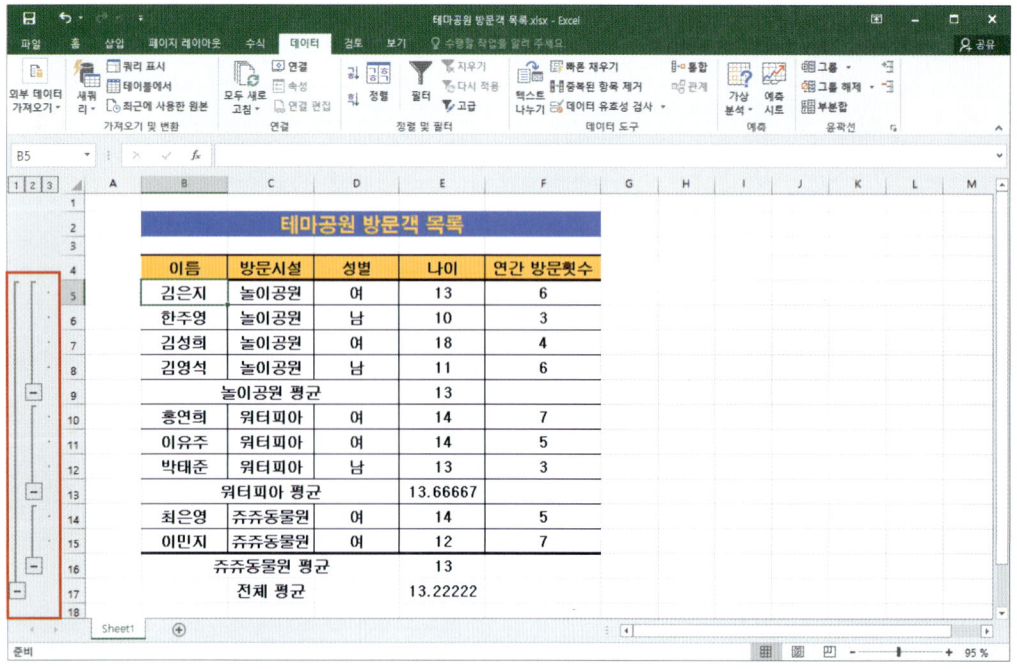

부분합을 제거하려면 [부분합] 대화상자의 [모두 제거] 단추를 클릭하면 돼!

평균 방문횟수를 구해보아요.

만들어진 부분합에 연간 방문횟수의 평균을 추가할 수 있어요.
그럼 부분합을 추가하고 윤곽 기호를 사용해 내용을 요약해보아요.

1. [데이터] 탭-[윤곽선] 그룹-[부분합(🔲)]을 클릭하여 [부분합] 대화상자가 나타나면 [부분합 계산 항목]에서 '연간 방문횟수'를 선택한 후 [확인] 단추를 클릭합니다.

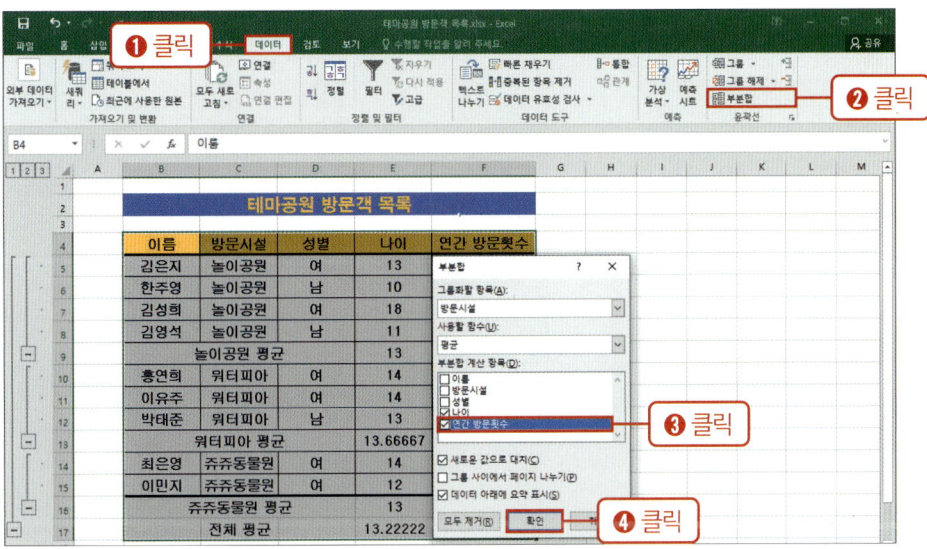

2. Ctrl 을 누른 상태로 평균이 표시된 셀을 클릭하여 선택한 후 [홈] 탭-[표시 형식] 그룹-[자릿수 줄임(🔽)]을 클릭하여 소수점 첫째 자리까지 자릿수를 줄입니다. 이어서 그룹 윤곽 기호의 [-] 기호를 클릭하여 평균에 대한 항목만 표시합니다.

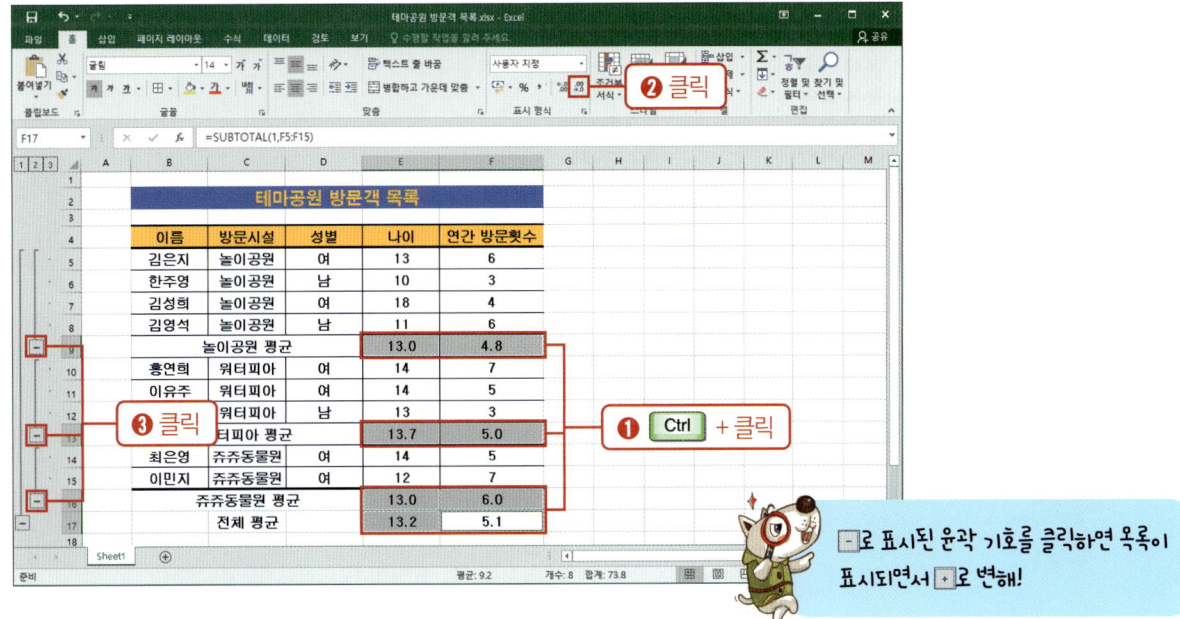

쏙쏙! 실력 키우기

1 '테마공원 4층 식당 판매량.xlsx' 파일을 불러와 다음과 같이 문서를 작성하고, 식당 기준으로 정렬한 후 식당별로 그룹화하여 판매량의 합계를 표시하는 부분합을 작성해보세요.

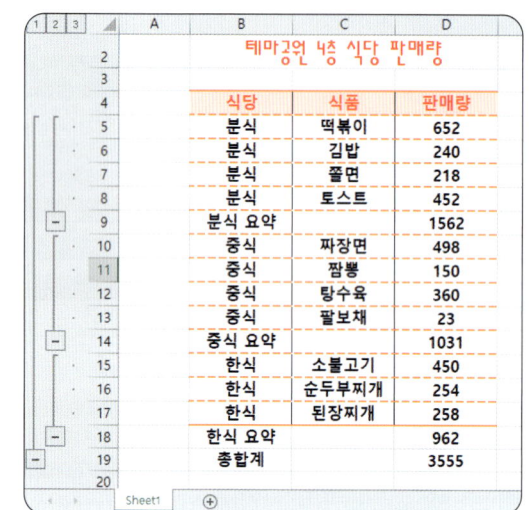

2 부분합에 판매량 평균을 추가하고 윤곽 기호를 이용해 다음과 같이 지정해보세요.

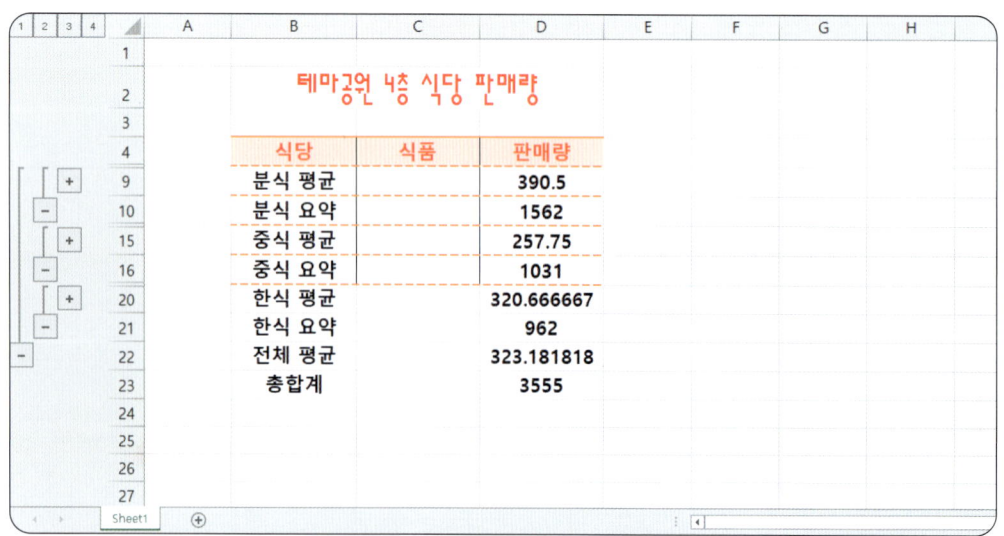

> **Hint** '새로운 값으로 대치' 항목에 체크를 해제하고 '판매량' 항목을 추가해보세요.

01 피벗 테이블로 수입을 확인해보아요.

피벗 테이블을 이용하면 테마공원 방문객들이 사용한 금액을 쉽게 집계할 수 있어요. 그럼 피벗 테이블로 테마공원 방문객 수와 매출액이 얼마인지 확인해볼까요?

① '테마공원 입장 현황.xlsx' 파일을 불러온 후 다음과 같이 문서를 작성하고 표 안쪽 셀을 클릭한 후 [삽입] 탭-[표] 그룹-[피벗 테이블]을 클릭합니다.

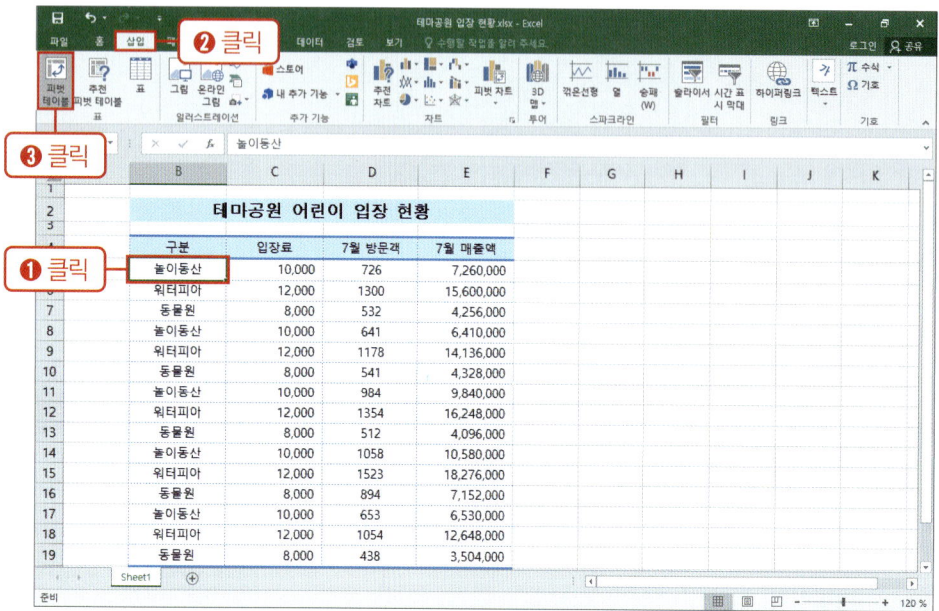

② [피벗 테이블 만들기] 대화상자가 나타나면 [표/범위]에서 [B4:E19] 영역을 지정하고 [피벗 테이블 보고서를 넣을 위치를 선택하십시오.]에서 '새 워크시트'를 선택한 후 [확인] 단추를 클릭합니다.

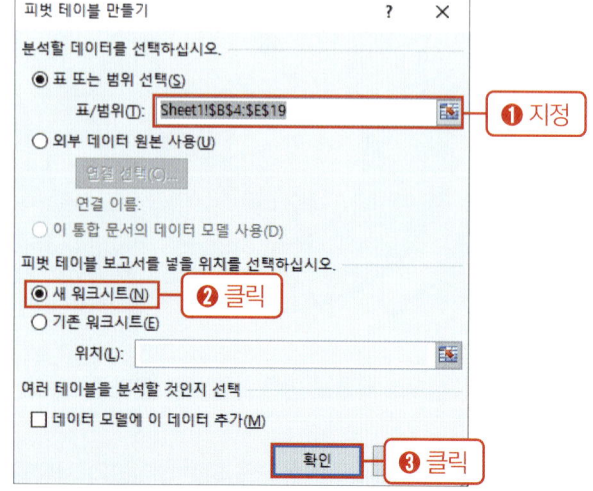

③ [Sheet2]에 피벗 테이블이 생성되면 [피벗 테이블 필드] 창에서 '입장료' 필드를 [열] 영역으로 드래그합니다. 같은 방법으로 '7월 매출액', '7월 방문객' 필드는 [값] 영역으로, '구분', '값' 필드는 [행] 영역으로 드래그합니다.

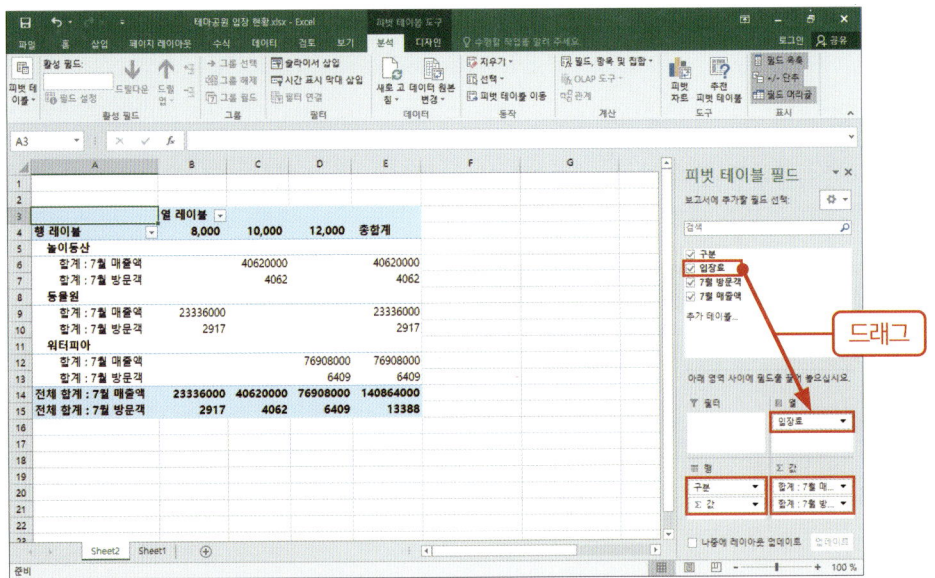

④ [피벗 테이블 도구]-[분석] 탭-[피벗 테이블] 그룹-[옵션]을 클릭하여 [피벗 테이블 옵션] 대화상자가 나타나면 [레이아웃 및 서식] 탭-[서식]에서 빈 셀 표시에 "**"을 입력하고 [확인] 단추를 클릭합니다.

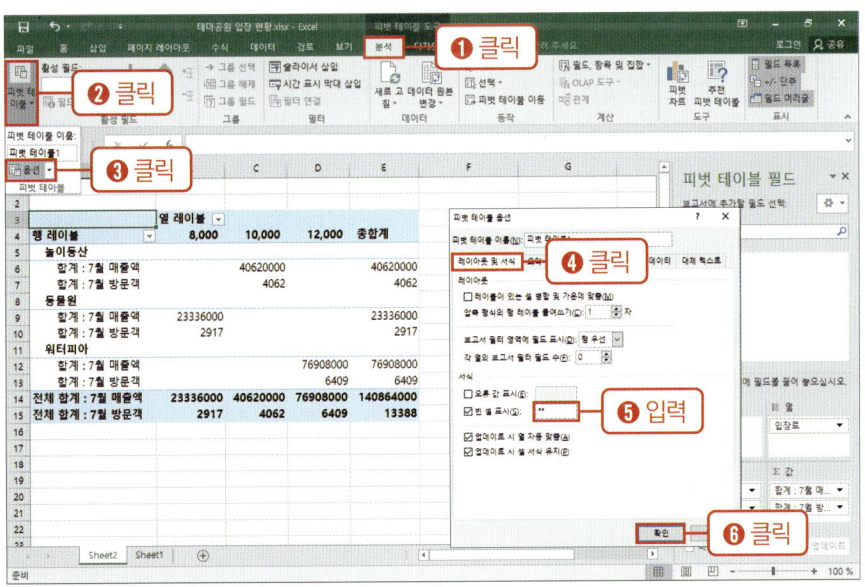

피벗 테이블 활용 방법

- 필드 추가 : 피벗 테이블 필드 목록에서 필드명을 드래그하여 추가해요.
- 필드 삭제 : 피벗 테이블에서 필드명을 엑셀 창 밖으로 드래그하여 삭제해요.

02 피벗 테이블 스타일을 변경해보아요.

피벗 테이블 도구 모음을 이용하면 피벗 테이블의 스타일을 다양하게 변경할 수 있어요. 그럼 함께 피벗 테이블의 스타일을 변경해볼까요?

1 피벗 테이블 항목 중 원하는 목록만 표시하기 위해 '행 레이블' 목록 단추(▼)를 클릭하고 '동물원' 항목을 체크 해제한 후 [확인] 단추를 클릭합니다.

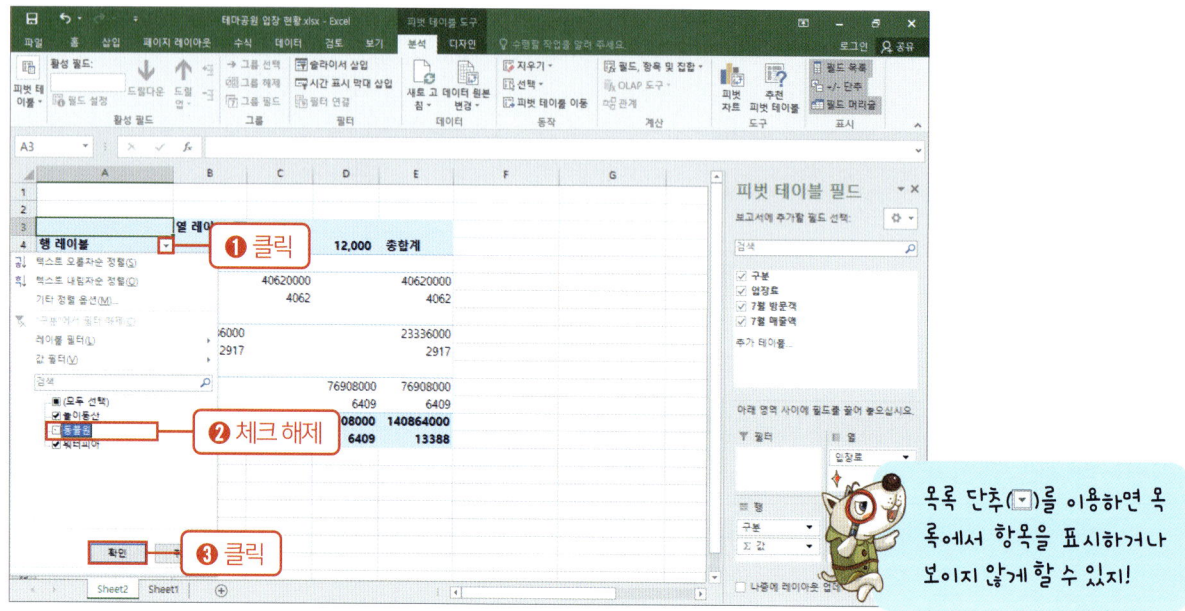

목록 단추(▼)를 이용하면 목록에서 항목을 표시하거나 보이지 않게 할 수 있지!

2 테이블 형식을 변경하기 위해 [피벗 테이블 도구]-[디자인] 탭-[레이아웃] 그룹-[보고서 레이아웃]-[테이블 형식으로 표시]를 클릭합니다.

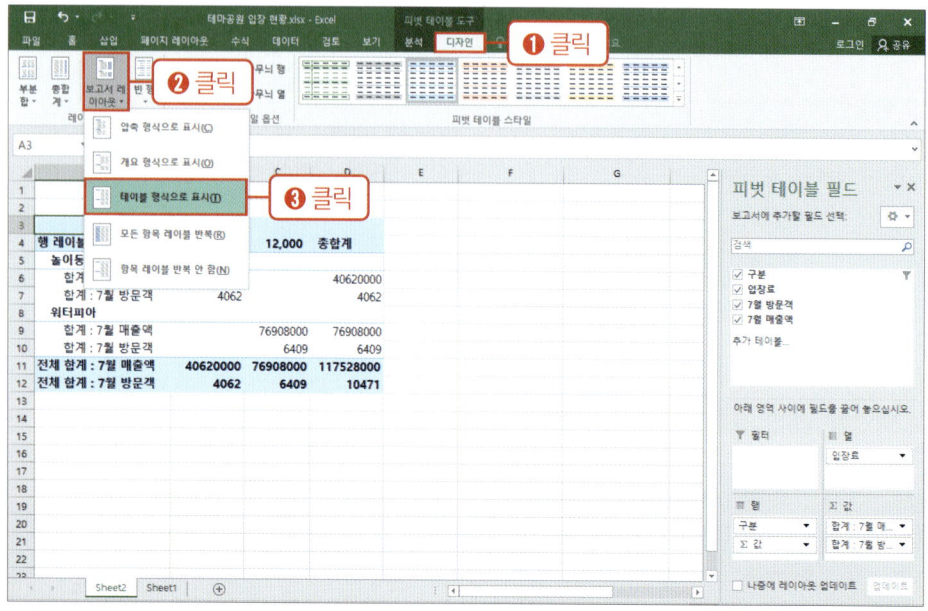

③ 피벗 테이블의 스타일을 변경하기 위해 [피벗 테이블 도구]-[디자인] 탭-[피벗 테이블 스타일]에서 '피벗 스타일 보통 7'을 선택합니다.

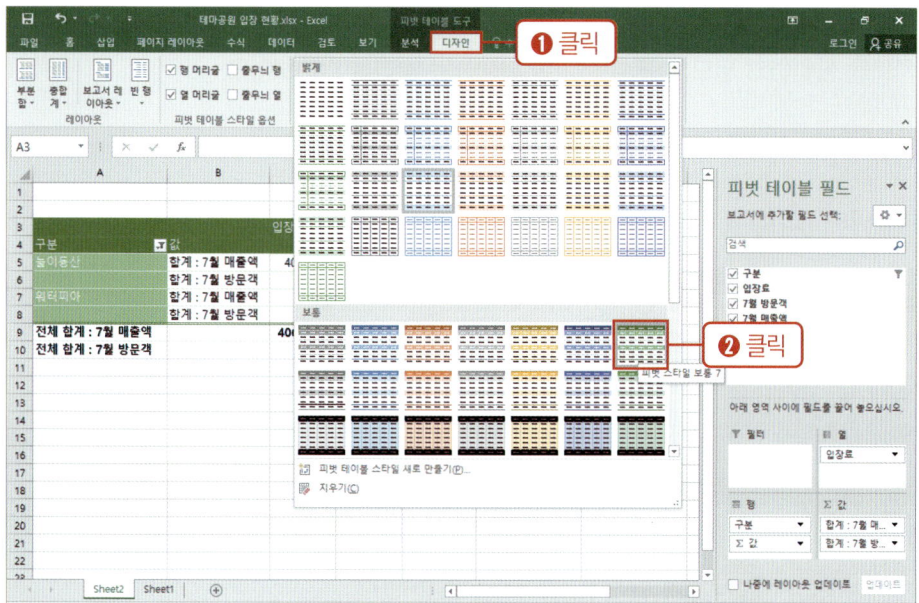

03 피벗 차트를 만들어보아요.

피벗 테이블 도구 모음을 이용하면 피벗 차트를 삽입하여 피벗 테이블의 내용을 한 눈에 확인할 수 있어요.
그럼 지금부터 피벗 차트를 삽입하고 필드의 표시 형식을 지정하는 방법을 알아보아요.

1 피벗 차트를 만들기 위해 [피벗 테이블 도구]-[분석] 탭-[도구] 그룹-[피벗 차트()]를 클릭합니다.

2 [차트 삽입] 대화상자가 나타나면 [세로 막대형]-[묶은 세로 막대형]을 선택하고 [확인] 단추를 클릭합니다. 차트가 삽입되면 다음과 같이 크기와 위치를 조절하고 피벗 차트를 선택한 후 [피벗 차트 도구]-[분석] 탭-[표시/숨기기] 그룹-[필드 단추]-[값 필드 단추 표시]를 체크 해제합니다.

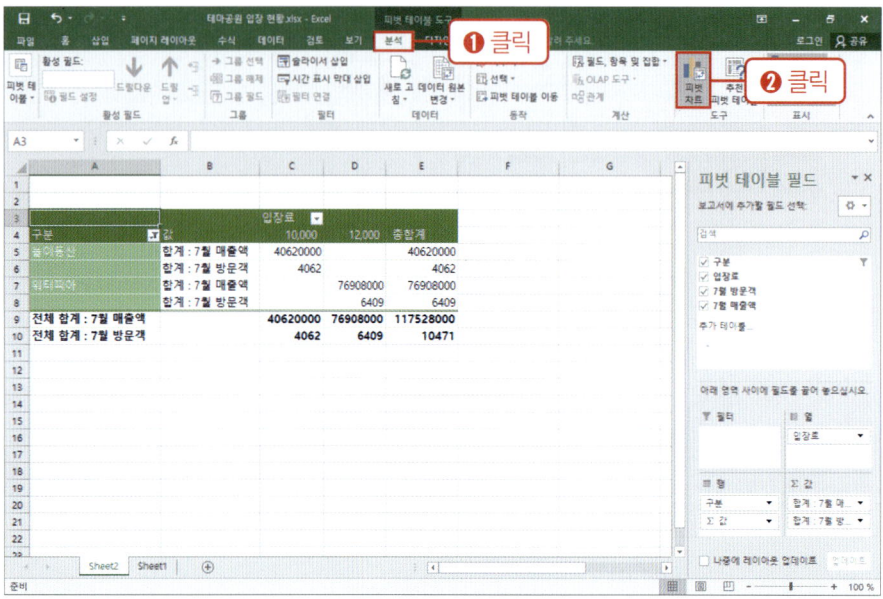

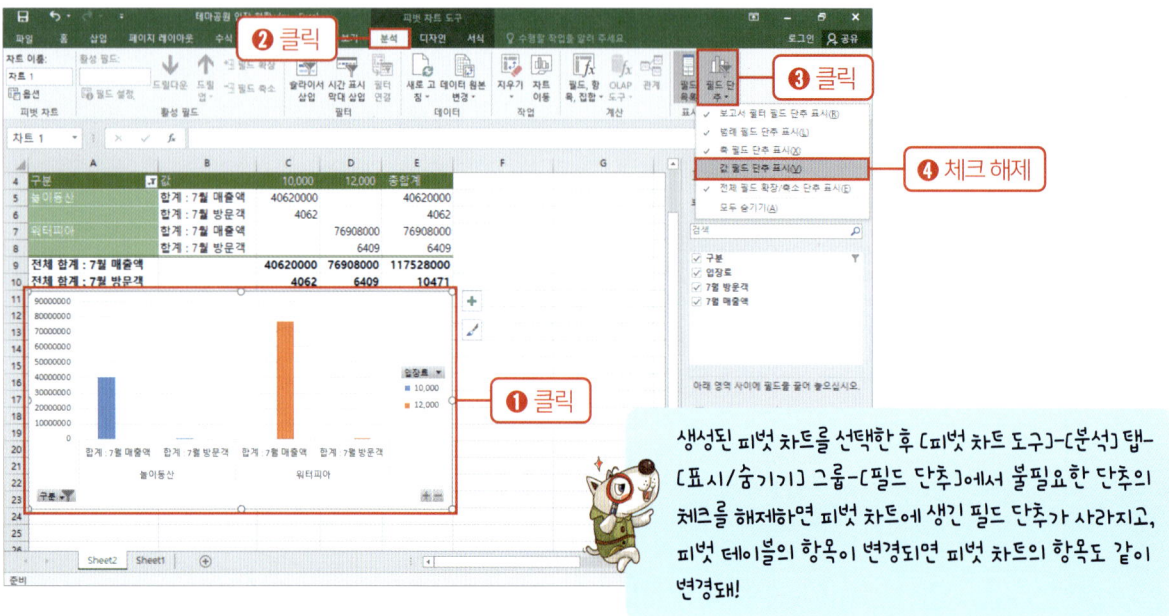

생성된 피벗 차트를 선택한 후 [피벗 차트 도구]-[분석] 탭-[표시/숨기기] 그룹-[필드 단추]에서 불필요한 단추의 체크를 해제하면 피벗 차트에 생긴 필드 단추가 사라지고, 피벗 테이블의 항목이 변경되면 피벗 차트의 항목도 같이 변경돼!

❸ [값] 영역의 [합계 : 7월 매출액] 필드의 목록 단추(▼)를 클릭한 후 [값 필드 설정]을 클릭합니다. [값 필드 설정] 대화상자가 나타나면 [표시 형식] 단추를 클릭하여 [셀 서식] 대화상자가 나타나면 [범주]에서 '사용자 지정'을 클릭하고 [형식]에서 '#,###"원"'을 입력한 후 [확인] 단추를 클릭합니다. 같은 방법으로 [합계 : 7월 방문객] 필드의 표시 형식을 '#,###"명"'으로 지정합니다.

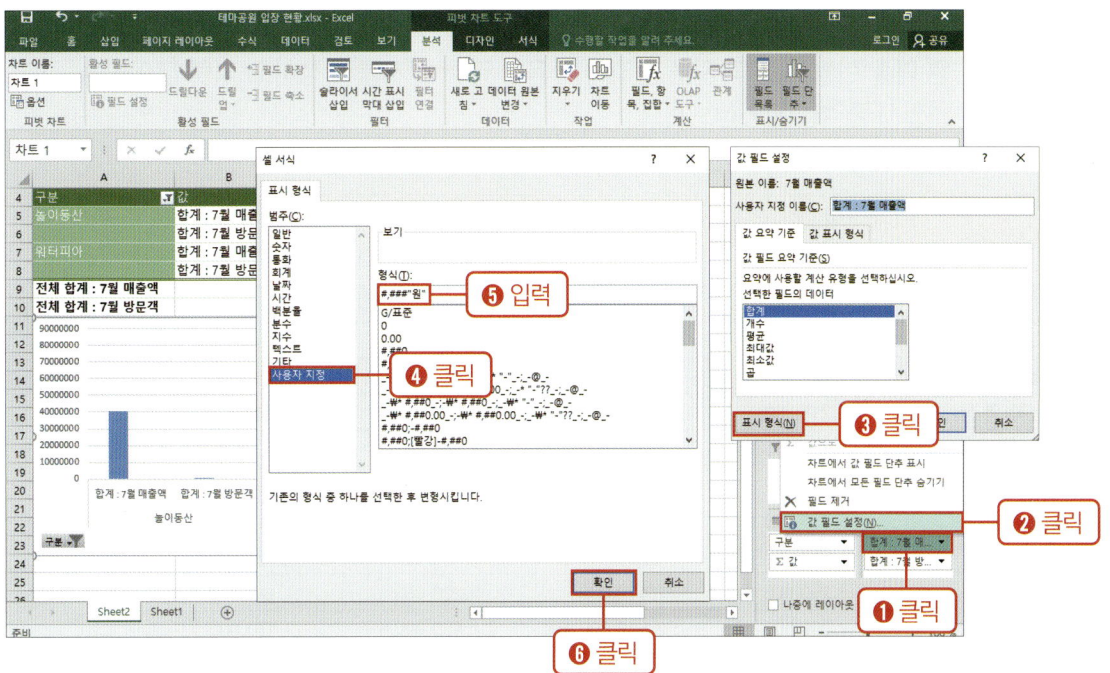

쑥쑥! 실력 키우기

1 '테마공원 매출 현황.xlsx' 파일을 불러와 다음과 같이 문서를 작성하고 피벗 테이블을 이용해 월별 매출액을 확인해보세요.

방문	1월	2월	3월	4월
	테마공원 1월~4월 매출 현황			
사파리	1,254,500	2,145,000	3,524,000	3,230,000
놀이공원	2,685,000	3,652,000	1,254,000	1,452,000
수영장	4,215,000	1,523,000	3,210,000	2,230,000
수영장	1,548,000	1,852,000	3,256,000	1,414,000
수영장	1,254,000	1,475,000	1,412,000	2,151,000
놀이공원	6,428,000	3,250,000	2,325,000	3,232,000
사파리	1,250,000	6,231,000	1,472,000	2,521,000
사파리	3,250,000	1,472,000	2,223,000	1,111,000
놀이공원	1,250,000	2,542,000	1,420,000	2,530,000

2 '놀이공원'의 매출액만 표시되는 피벗 차트를 만들어보세요.

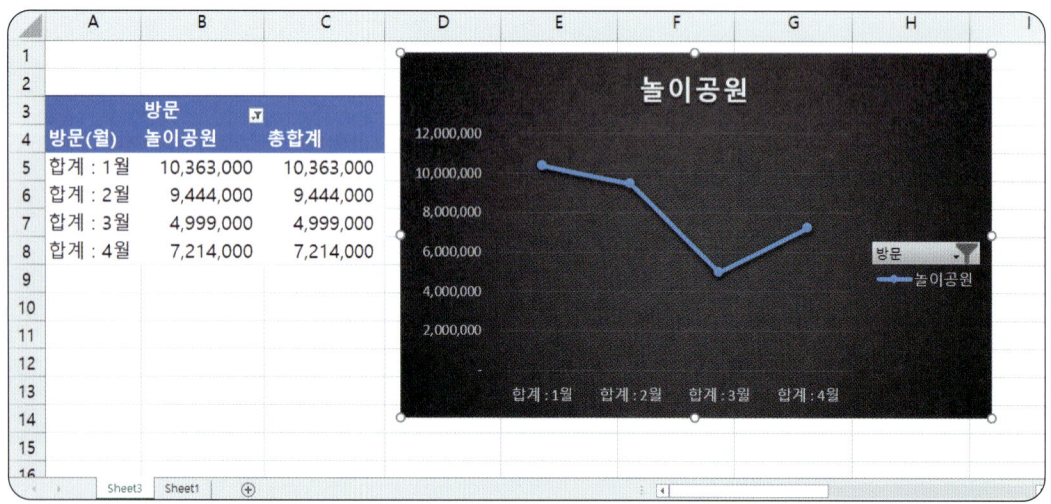

Hint 표식이 있는 꺾은선형 차트를 이용하세요.

도전! 테마공원 운영자 자격증

학교	초등학교	학년 / 반		학년 반
이름		컴퓨터 수련기간		개월
타자 최고 점수	타	합격 여부		합격 / 불합격

✏️ 다음과 같은 문서를 완성하고 조건에 맞게 지정해보세요.   [작성시간 : 20분]

《출력형태》

	A	B	C	D	E	F	G	H	I
1				개봉일별 영화 관객 수					
2	제목	장르	등급	1일	2일	3일	합계	순위	비고
3	닥터두리틀	어드벤처	전체	107,984	103,497	129,073	340,554명	7위	
4	천문	드라마	12세이상	147,537	110,763	215,272	473,572명	5위	
5	스타워즈	액션	12세이상	73,091	45,219	48,491	166,801명	10위	
6	백두산	드라마	12세이상	450,171	424,465	798,673	1,673,309명	2위	흥행영화
7	시동	드라마	15세이상	233,340	136,261	164,483	534,084명	4위	흥행영화
8	미드웨이	액션	15세이상	131,880	174,407	55,793	362,080명	6위	
9	겨울왕국2	애니메이션	전체	606,618	632,547	1,661,836	2,901,001명	1위	흥행영화
10	신비아파트	애니메이션	전체	22,805	18,709	136,559	178,073명	8위	
11	포드V페라리	액션	12세이상	52,484	50,135	69,070	171,689명	9위	
12	터미네이터	어드벤처	15세이상	269,270	153,473	186,050	608,793명	3위	흥행영화
13	'등급'이 "전체"인 '3일'의 평균				642,489				
14	'1일'의 최대값-최소값 차이				583,813				
15	'2일' 중 세 번째로 큰 값				174,407				

《작성조건》

▶ 1행의 행 높이를 '80'으로 설정하고, 2행~15행의 행 높이를 '18'로 설정하시오.
▶ 제목("개봉일별 영화 관객 수") : 순서도의 '순서도: 문서'를 이용하여 입력하시오.
  – 도형 : 위치([B1:H1]), 도형 스타일(보통 효과 - '파랑, 강조 5')
  – 글꼴 : 돋움체, 24pt, 기울임꼴
  – 도형 서식 : 텍스트 상자(세로 맞춤 : 정가운데, 텍스트 방향 : 가로)
▶ 셀 서식을 아래 조건에 맞게 작성하시오.
  – [A2:I15] : 테두리(안쪽, 윤곽선 모두 실선, '검정, 텍스트 1'), 전체 가운데 맞춤
  – [A13:D13], [A14:D14], [A15:D15] : 각각 병합하고 가운데 맞춤
  – [A2:I2], [A13:D15] : 채우기 색('파랑, 강조 5, 40% 더 밝게'), 글꼴(굵게)
  – [D3:F12], [E13:G15] : 셀 서식의 표시형식-숫자를 이용하여 1000단위 구분 기호 표시
  – [G3:G12] : 셀 서식의 표시형식-사용자 지정을 이용하여 #,##0"명"자를 추가
  – [H3:H12] : 셀 서식의 표시형식-사용자 지정을 이용하여 #"위"자를 추가
  – 조건부 서식[A3:I12] : '등급'이 "전체"인 경우 레코드 전체에 글꼴(파랑, 굵게) 적용
▶ ① 순위[H3:H12] : '합계'를 기준으로 큰 순으로 순위를 구하시오. **(RANK 함수)**
▶ ② 비고[I3:I12] : '합계'가 500000 이상이면 "흥행영화", 그렇지 않으면 공백으로 구하시오. **(IF 함수)**
▶ ③ 평균[E13:G13] : '등급'이 "전체"인 '3일'의 평균을 구하시오. **(DAVERAGE 함수)**
▶ ④ 최대값-최소값[E14:G14] : '1일'의 최대값과 최소값의 차이를 구하시오. **(MAX, MIN 함수)**
▶ ⑤ 순위[E15:G15] : '2일' 중 세 번째로 큰 값을 구하시오. **(LARGE 함수)**

도전! 테마공원 운영자 자격증

학교	초등학교	학년 / 반	학년 반
이름		컴퓨터 수련기간	개월
타자 최고 점수	타	합격 여부	합격 / 불합격

✏ 다음과 같은 문서를 완성하고 조건에 맞게 지정해보세요.   [작성시간 : 10분]

《출력형태》

도서코드	도서명	출판사	지은이	출간일	도서가격	E-Book가격 (단위:원)
E0525	지지 않는다는 말	마음의숲	김연수	2018-03-22	13,200원	7,600
E1019	나는 나로 살기로 했다	마음의숲	김수현	2020-03-16	13,800원	9,660
H1027	플레인 센스	웨일북	김동현	2018-11-16	14,000원	9,800
H1020	심리학이 나를 안아주었다	웨일북	이정미	2020-01-14	14,000원	9,800
A1011	방구석 미술관	블랙피쉬	조원재	2018-08-03	16,800원	11,000
H0522	열한 계단	웨일북	채사장	2016-12-10	17,000원	7,200
A1026	킹덤2	마음의숲	김은희	2020-03-23	15,000원	6,800
H0523	하나도 괜찮지 않습니다	블랙피쉬	오찬호	2018-01-22	14,500원	10,150
마음의숲 도서가격 평균						14000

도서코드	출간일
A*	
	>=2020-01-01

도서코드	도서명	지은이	도서가격
E1019	나는 나로 살기로 했다	김수현	13,800원
H1020	심리학이 나를 안아주었다	이정미	14,000원
A1011	방구석 미술관	조원재	16,800원
A1026	킹덤2	김은희	15,000원

《작성조건》

▶ 목표값 찾기 – 「B11:G11」 셀을 병합하여 "마음의숲 도서가격 평균"을 입력한 후 「H11」 셀에 마음의숲 도서가격 평균을 구하시오. 단, 조건은 입력데이터를 이용하시오. (DAVERAGE 함수, 테두리, 가운데 맞춤)
  – '마음의숲 도서가격 평균'이 '14,000'이 되려면 지지 않는다는 말의 도서가격이 얼마가 되어야 하는지 목표값을 구하시오.

▶ 고급필터 – 도서코드가 'A'로 시작하거나, 출간일이 '2020-01-01' 이후(해당일 포함)인 자료의 도서코드, 도서명, 지은이, 도서가격 데이터만 추출하시오.
  – 조건 범위 : 「B14」 셀부터 입력하시오.
  – 복사 위치 : 「B18」 셀부터 나타나도록 하시오.

도전! 테마공원 운영자 자격증

학교	초등학교	학년 / 반	학년 반
이름		컴퓨터 수련기간	개월
타자 최고 점수	타	합격 여부	합격 / 불합격

✏️ 다음과 같은 문서를 완성하고 조건에 맞게 지정해보세요.   [작성시간 : 20분]

《출력형태》

	청년 취업 아카데미 교육 현황							확인	담당	팀장	부장
교육코드	운영기관명	연수 과정명	관할지역	개강일	연수인원 (단위:명)	연수시간	강의실 수	개강일 순위
G1920	정보기술협회	자바 웹 개발과정	대구	2020-06-22	1,350	600시간	60	7
M2678	여성인력개발센터	공연기획 아카데미	부산	2020-06-29	2,450	250시간	40	8
M3212	미래인재육성기업	빅데이터 분석	대구	2020-05-25	850	500시간	40	5
G2932	스마트융합개발원	화장품 전문가 양성	서울	2020-04-13	540	150시간	40	1
G3431	의료기기산업협회	의료기기 디자인	서울	2020-05-04	2,280	580시간	60	3
M4542	미디어컴퓨터학원	디지털 크리에이터	부산	2020-04-20	2,300	550시간	60	2
G6826	글로벌산학협력단	자동차부품 설계과정	대구	2020-05-11	1,935	220시간	40	4
G4692	한국미디어협회	문화콘텐츠 유통과정	서울	2020-06-21	1,890	400시간	40	6

관할지역	서울			부산			대구		
연수시간	개수 : 연수 과정명	평균 : 연수인원(단위:명)	개수 : 연수 과정명	평균 : 연수인원(단위:명)	개수 : 연수 과정명	평균 : 연수인원(단위:명)
101-300	1	540	1	2,450	1	1,935
301-500	1	1,890	***	***	1	850
501-700	1	2,280	1	2,300	1	1,350
총합계	3	1,570	2	2,375	3	1,378

《작성조건》

▶ 셀 서식 ⇒ 「H5:H12」 영역에 셀 서식을 이용하여 숫자 뒤에 '시간'을 표시하시오(예 : 600시간).
▶ 강의실 수 ⇒ 연수인원(단위:명)이 1,000 이상이면서 연수시간이 500 이상이면 60, 그 외에는 40으로 구하시오(IF, AND 함수).
▶ 개강일 순위 ⇒ 개강일의 오름차순 순위를 구하시오(RANK.EQ 함수).
▶ 조건부 서식의 수식을 이용하여 연수시간이 '500' 이상인 행 전체에 다음의 서식을 적용하시오 (글꼴 : 파랑, 굵게).
▶ 시트를 이용하여 피벗테이블을 완성하시오.
   – 연수시간 및 관할지역별 연수 과정명의 개수와 연수인원(단위:명)의 평균을 구하시오.
   – 연수시간을 그룹화하고, 관할지역을 《출력형태》와 같이 정렬하시오.
   – 레이블이 있는 셀 병합 및 가운데 맞춤 적용 및 빈 셀은 '***'로 표시하시오.
   – 행의 총합계는 지우고, 나머지 사항은 《출력형태》에 맞게 작성하시오.

도전! 테마공원 운영자 자격증

학교	초등학교	학년 / 반	학년 반
이름		컴퓨터 수련기간	개월
타자 최고 점수	타	합격 여부	합격 / 불합격

✏️ 다음과 같은 문서를 완성하고 조건에 맞게 지정해보세요.   [작성시간 : 15분]

《출력형태》

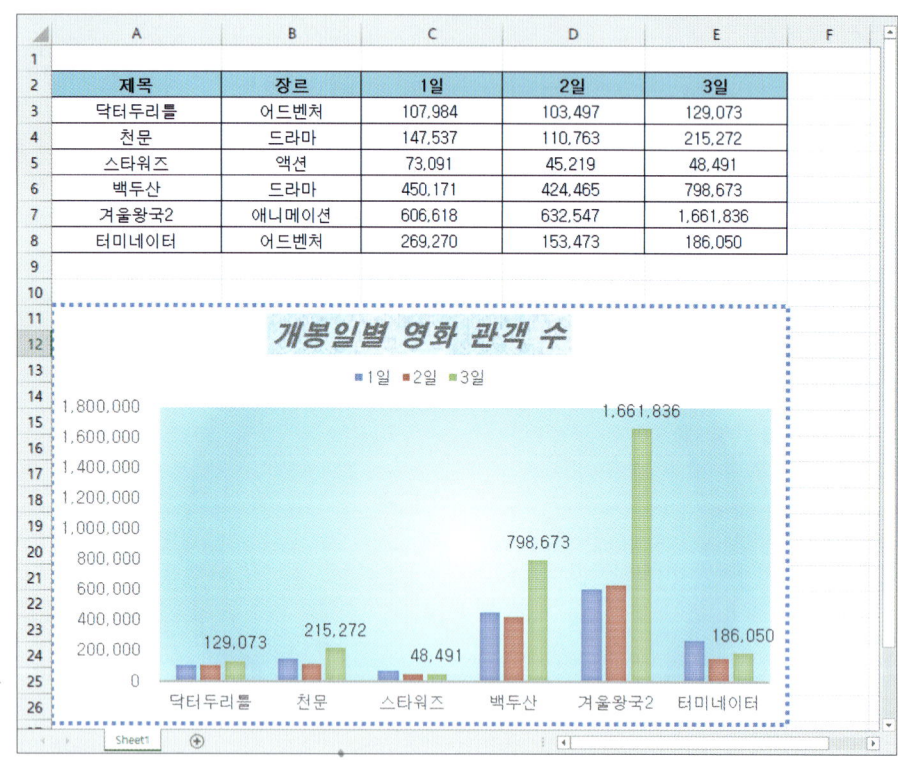

《작성조건》

▶ "차트" 시트에 주어진 표를 이용하여 '묶은 세로 막대형' 차트를 작성하시오.
- 데이터 범위 : 현재 시트 [A2:A8], [C2:E8]의 데이터를 이용하여 작성하고, 행/열 전환은 '열'로 지정
- 차트 제목("개봉일별 영화 관객 수")
- 범례 위치 : 위쪽
- 차트 스타일 : 스타일 3
- 차트 위치 : 현재 시트에 [A11:E26] 크기에 정확하게 맞추시오.
- 차트 영역 서식 : 글꼴(돋움, 11pt), 도형 윤곽선(테마 색 : 파랑, 강조 1, 두께 : 3pt, 대시 : 둥근 점선)
- 차트 제목 서식 : 글꼴(HY견고딕, 18pt, 기울임꼴), 채우기(그림 또는 질감 채우기, 질감 : 파랑 박엽지)
- 그림 영역 서식 : 채우기(그라데이션 채우기, 그라데이션 미리 설정 : 밝은 그라데이션 - 강조 5, 종류 : 방사형, 방향 : 가운데에서)
- 데이터 레이블 추가 : '3일' 계열에 "값" 표시